O QUE AS PESSOAS ESTÃO FALANDO SOBRE

CUSTOMER EXPERIENCE

> "A importância vital da centralidade no cliente, ou *centralidade do cliente*, é uma máxima dos negócios há bastante tempo. O livro de Newman e McDonald estabelece uma perspectiva contemporânea sobre como as empresas podem adotar esse objetivo por novos caminhos. Tipicamente, suas ideias são extremamente práticas e simples para as empresas implementarem."

DAVID WILD,
CEO, Domino's

> "Escrito por um dos maiores *experts* em *customer experience* no mundo, em parceria com um dos acadêmicos mais consagrados da área de marketing, este guia prático para a melhoria da experiência do cliente é leitura essencial para quem deseja prosperar em um mundo cada vez mais disruptivo, hiperlocal e *mobile*. Eu já trabalhei com ambos, separadamente, mas essa combinação de autores é uma poderosa fusão."

ANDY RUBIN,
Chairman, Pentland Brands

"100 maneiras de transformar disrupção em oportunidades. Este livro deveria se tornar o seu melhor amigo nesse ambiente de mudança acelerada do varejo. O senso comum de Newman é brilhante!"

PAUL DELAOUTRE,
Presidente, Al-Futtaim Retail

"Se você é um CEO, compre este livro para o seu time e dedique um ou dois dias para conduzir uma avaliação honesta sobre a classificação da sua empresa em relação às 100 recomendações de Martin Newman acerca da cultura de serviços. E, se você não é um CEO, compre este livro para ele."

RICHARD PENNYCOOK,
Co-presidente, Retail Sector Council

CUSTOMER
EXPERIENCE

Copyright © 2016 Cris Beswick, Derek Bishop e Jo Geraghty

Tradução publicada mediante acordo com a Kogan Page.

Título original: *Building a Culture of Innovation:*
A Practical Framework for Placing Innovation at the Core of your Business

Todos os direitos reservados pela Autêntica Editora Ltda.
Nenhuma parte desta publicação poderá ser reproduzida,
seja por meios mecânicos, eletrônicos, seja via cópia xerográfica,
sem autorização prévia da Editora.

EDITOR
Marcelo Amaral de Moraes

EDITORA ASSISTENTE
Luanna Luchesi

PREPARAÇÃO DE TEXTO E
REVISÃO TÉCNICA
Marcelo Amaral de Moraes

REVISÃO
Bruni Fernandes

TRADUÇÃO
Maíra Meyer Bregalda
Marcelo Amaral de Moraes

CAPA
Diogo Droschi

PROJETO GRÁFICO E DIAGRAMAÇÃO
Christiane S. Costa
Diogo Droschi

Dados Internacionais de Catalogação na Publicação (CIP)
(Câmara Brasileira do Livro, SP, Brasil)

Newman, Martin
  Customer Experience : como alavancar o crescimento e rentabilidade do seu negócio colocando a experiência do cliente em primeiro lugar / Martin Newman, Malcolm McDonald ; tradução Maíra Meyer Bregalda , Marcelo Amaral de Moraes. -- 1. ed. -- São Paulo, SP : Autêntica Editora, 2023.

  Título original: *100 Practical Ways to Improve Customer Experience: Achieve end-to-end customer engagement in a multichannel world*
  ISBN 978-65-5928-253-1

  1. Marketing 2. Marketing Digital 3. Customer Experience CX 4. Centralidade no Cliente 5. Atendimento I. McDonald, Malcolm. II. Título.

23-142711 CDD-658.812

Índices para catálogo sistemático:
1. Customer experience : Serviço ao cliente : Administração 658.812

Aline Graziele Benitez - Bibliotecária - CRB-1/3129

A **AUTÊNTICA BUSINESS** É UMA EDITORA DO **GRUPO AUTÊNTICA**

São Paulo
Av. Paulista, 2.073 . Conjunto Nacional
Horsa I . Sala 309 . Bela vista
01311-940 . São Paulo . SP
Tel.: (55 11) 3034 4468

Belo Horizonte
Rua Carlos Turner, 420
Silveira . 31140-520
Belo Horizonte . MG
Tel.: (55 31) 3465-4500

www.grupoautentica.com.br
SAC: atendimentoleitor@grupoautentica.com.br

MARTIN NEWMAN | MALCOLM McDONALD

CUSTOMER EXPERIENCE

Como **alavancar** o **crescimento** e
a **rentabilidade** do seu negócio colocando a
experiência do cliente em primeiro lugar

TRADUÇÃO:
MAÍRA MEYER BREGALDA
MARCELO AMARAL DE MORAES

autêntica
BUSINESS

Sumário

18	**Sobre o autor**
20	**Agradecimentos**
22	**Introdução**
26	A chave para o sucesso
27	Não pense que este livro é apenas sobre varejo, definitivamente ele não é – é sobre clientes
27	Você deve ter clareza sobre as ameaças que enfrenta
37	Com a palavra, o professor Malcom McDonald
38	Referências

40	**Coloque o cliente em primeiro lugar: se você não o fizer, alguém o fará**
41	A *web* mudou tudo, para sempre
44	Sempre comece com o cliente. De outra forma, como você saberá o que precisa ser feito para ser bem-sucedido?
49	Se você não pode vencê-los, junte-se a eles: tudo bem se você imitar outros negócios bem-sucedidos
50	Pense em você como um negócio de serviços que, por um acaso, vende coisas
53	Pense no empoderamento do cliente: o que você pode fazer em cada etapa para empoderá-lo?
58	Sempre empodere os seus funcionários para que eles entreguem a experiência certa aos clientes
58	Com a palavra, o professor Malcolm McDonald
60	Referências

2

62 ***Marketplaces* e disruptores estão comendo o seu almoço: pegando a sua fatia de mercado**

64 Vamos começar pelo fator "ameaça"
69 Por que não responder à ameaça da Amazon e de outros *marketplaces*?
70 As marcas *Fast-Moving Consumer Goods* (FMCG) e *Consumer Packaged Goods* (CPG) encontram novos caminhos para o mercado
71 Produtos exclusivos podem ajudá-lo a defender a sua posição
71 Escute a voz do cliente
72 *Marketplaces* são um caminho eficaz para o mercado
72 Proporcione uma experiência multicanal sem atritos
72 Considere oferecer uma opção de entrega do tipo Amazon Prime
74 Mantenha os amigos por perto, e os inimigos mais perto ainda
75 Com a palavra, o professor Malcolm McDonald
76 Referências

3

78 Removendo o atrito da jornada do cliente: fazendo o básico da forma correta em viagens, varejo, alimentos e bebidas, lazer e serviços financeiros

79 O ritmo da mudança e da disrupção é assombroso
80 Vamos começar pelo setor de turismo
81 O setor automotivo
82 O setor de saúde e lazer
83 O setor de alimentos e bebidas
84 O setor de imprensa e mídia
84 Os setores de serviços essenciais e telecomunicações – os próximos a passar pela disrupção?
86 Percorra regularmente a jornada do cliente (*customer journey*)
87 Repense a sua proposta de valor para o cliente
88 Adote KPIs voltados para o cliente
88 Aprenda com outras verticais de mercado ou segmentos
88 Treine seus colegas de trabalho removerem os atritos da jornada do cliente
89 Com a palavra, o professor Malcolm McDonald
90 Referências

4

92 Como ser disruptivo no seu próprio negócio

93 Seja disruptivo para melhorar
94 Sempre comece garantindo que o básico seja feito de forma correta
95 Permita que os clientes ajudem a definir como melhorar as coisas para eles
96 Incentive o pensamento disruptivo para gerar inovação
98 Torne-se um negócio *agile*
99 Crie uma cultura de inovação
100 Com a palavra, o professor Malcolm McDonald
102 Referências

5

104 O papel da loja e sua nova configuração

106 O papel da loja
109 Da Apple à M&S: experiências *instore* estão se polarizando
110 Lojas: ser ou não ser, eis a questão
112 Pense em adquirir, converter e reter
115 Revise continuamente como você pode eliminar o atrito para o cliente em todos os canais e pontos de contato
115 Pense sobre como você promove os seus produtos e permite que os clientes possam descobri-los e adquiri-los
116 Explore todo o potencial das tecnologias digitais nos provadores para impulsionar as vendas
117 Use caixas móveis para eliminar o atrito e aumentar o engajamento no ponto de venda
117 Meça o *Net Promoter Score* (NPS) dentro da loja e em todos os outros canais
118 Promova uma imersão no seu produto e na sua marca
118 Expanda o seu mix e o ofereça por meio de um "corredor sem fim"
119 Ofereça mais benefícios aos clientes além da simples fidelidade baseada em pontos
119 Com a palavra, o professor Malcolm McDonald
121 Referências

124 Vivemos em um mundo hiperlocal, onde o *mobile* é a chave

127 Sempre pense no *mobile* primeiro (*mobile first*)
127 Equilibre a abordagem *apps versus web* móvel
130 Use *iBeacons* e *wi-fi* grátis para aumentar o engajamento dos clientes dentro da loja
130 Reveja o *checklist* de melhores práticas para aplicativos
131 Planeje-se para o comércio conversacional
131 Com a palavra, o professor Malcolm McDonald
132 Referências

134 Design organizacional para colocar o cliente em primeiro lugar

135 Dividindo o palco com o homem que inventou a rede mundial de computadores
136 Então, quem de fato é o dono do cliente?
139 Em favor da mudança
140 Como o digital precisa incorporar-se ao negócio?
144 A transformação digital da organização
150 Priorizando os times para a qualificação digital
151 A estrutura departamentalizada atual
157 Os papéis requeridos para realizar a mudança
160 Desenvolva novas funções que possam ajudar a estimular a centralização no cliente
161 Delegue a alguém a propriedade do cliente e de sua experiência e, principalmente, o encargo para proporcionar a mudança necessária a fim de se tornar uma empresa que prioriza o cliente
161 Crie uma cultura em que o cliente venha em primeiro lugar
161 Crie um time multifuncional responsável por colocar o cliente em primeiro lugar
162 Adote uma estrutura organizacional em dois níveis em áreas como TI (Tecnologia da Informação): um focado em BAU (*business as usual*, ou rotina atual), e outro no desenvolvimento de novos projetos
162 Certifique-se de ter um líder que entenda o que realmente significa colocar o cliente em primeiro lugar

163	Com a palavra, o professor Malcolm McDonald
166	Referências

8 Mudança cultural: deve ser de cima para baixo e de baixo para cima

169	A importância da cultura
170	Definindo cultura
173	A mudança cultural da perspectiva digital
174	A verdadeira cultura e *éthos* da centralidade no cliente
177	Use o modelo dos 6Vs para desenvolver a sua cultura empresarial tendo o cliente em primeiro lugar
178	Surpreenda e encante os clientes
178	Lidere pelo exemplo: a cultura vem do topo
178	Crie um time multifuncional para garantir que a sua cultura seja mantida
178	Seja sempre 100% transparente com os clientes
179	Desenvolva um plano de marketing para comunicar a sua cultura tanto para os clientes externos quanto para os internos
179	A cultura devora a estratégia de café da manhã – nunca se esqueça disso
179	Com a palavra, o professor Malcolm McDonald
185	Referências

9 Menos sobre a empresa, mais sobre responsabilidade social

191	Varejistas devem agir em conjunto
192	As prioridades dos *millennials* e como as grandes marcas as estão atendendo
193	Nem tudo é sobre lucro
193	Potencialize a sua comunidade
195	Crie um plano de longo prazo e objetivos claros
197	A falta de autenticidade pode destruir uma marca
198	Esqueça a palavra "empresa" e foque a responsabilidade social
198	Implemente um código de conduta para funcionários, fornecedores e parceiros

199	Tome decisões de compras que coloquem a sustentabilidade em primeiro lugar
199	Dê suporte à sua comunidade local
199	Encoraje seus clientes a participarem de suas iniciativas de Responsabilidade Social Corporativa (RSC)
199	Implemente uma contabilidade de perdas e ganhos ambientais *(EP&L)*
199	Com a palavra, o professor Malcolm McDonald
201	Referências

10

204 O varejo como serviço

205	Por que se tornar um prestador de serviço?
207	Mantenha sua relevância prestando serviços
207	Assinaturas estão entregando serviço
210	Qual serviço funcionaria melhor no seu caso?
212	Você conseguiria facilitar a vida dos clientes permitindo que eles paguem uma assinatura ou uma recompra automática para produtos grandes, volumosos ou de uso frequente?
212	Permita aos clientes que interajam por meio de um serviço de *chat* on-line em tempo real
213	Quais serviços você pode oferecer para melhorar a experiência de compra do cliente? Você pode ajudá-lo a construir, instalar e manter o que ele adquiriu?
213	Certifique-se de haver mensagens claras do tipo "comprar do meu jeito" em todos os canais e pontos de contato
214	Use o modelo de serviços que você criou
214	Com a palavra, o professor Malcolm McDonald
218	Referências

11

220 Conquistando os corações e as mentes dos clientes em mercados internacionais

221	Os consumidores estão contentes em comprar para além das fronteiras
223	Quais são as oportunidades oferecidas pela internacionalização?
224	Abordagens atuais à internacionalização

227	Os fatores críticos de sucesso
229	O grande shopping da China
230	Marcas estadunidenses precisam viajar mais
232	Principais barreiras
233	Os 11Cs da internacionalização
234	Escolha o país (*country*) certo para onde expandir
234	Entenda o *comportamento do consumidor* do mercado local
235	Adeque a *comunicação* com o cliente ao local
235	Adeque a *cultura* e o *clima* ao local
235	Ofereça um *serviço ao cliente* (*customer service*) adequado à localidade
236	Entenda a cadeia de valor e a proposta dos seus *concorrentes*
236	Ofereça *câmbio* e *meios de pagamento* apropriados
236	Saiba o que é uma boa *conversão* e como entregá-la
236	Considere os *canais de vendas* mais apropriados para o mercado
237	Pense no *conteúdo* local
237	Equipe (*crew*): considere os recursos humanos e a estrutura adequados à internacionalização
237	Dica extra: determine como você ganhará confiança nos novos mercados
238	Com a palavra, o professor Malcolm McDonald
241	Referências

12

242 Comunicação de marketing centrada no cliente

245	*Growth hacking* em mais detalhes
247	Competências e habilidades requeridas no marketing atual
248	Não subestime o valor do marketing viral
249	Marketing de proximidade: fique mais perto de seus clientes no "momento da intenção"
251	"Veja agora, compre agora" estimula a satisfação imediata
253	A atribuição de responsabilidades deve levar à integração dos times e das atividades
259	Certifique-se de ter a mistura certa de atividades de marketing digital, construção e consciência de marca
259	Conduza a atribuição de responsabilidades de todas as atividades de marketing: certifique-se de ter a mistura certa de habilidades e, idealmente, uma estrutura mais integrada e menos departamentalizada
260	Certifique-se de focar a retenção de clientes tanto quanto a prospecção

260	Seja claro sobre a jornada do cliente, onde os pontos de contato com ele entram em jogo e qual será a sua abordagem para cada um deles
260	Reflita sobre *growth hacking* e em como você pode potencializar o marketing viral para otimizar os custos com publicidade
261	Busque alavancar o marketing de proximidade para proporcionar uma melhor experiência dentro da loja para os clientes
261	Foque o marketing de experiência, pois isso impulsionará o engajamento e o envolvimento com a sua marca, produtos e serviços
261	Com a palavra, o professor Malcolm McDonald
262	Referências

13

264 Um novo modelo para o marketing mix: o customer mix ou 6Ws

265	O modelo dos 6Ws
266	O marketing mix ainda faz sentido?
267	Seja a vítima ou o vitorioso – você decide
268	Introduzindo o *customer mix*
277	Adote o *customer mix* – viva-o, respire-o e integre essa abordagem em tudo o que você fizer
277	Jogue fora o marketing mix, sua data de validade já expirou há mais de vinte anos
278	Foque "o que vem a seguir" para o cliente
278	Entenda uma coisa: se você não cuidar dos seus clientes, alguém vai cuidar – há um campo de batalha lá fora. Você tem um plano para vencer essa guerra?
279	Com a palavra, o professor Malcolm McDonald
281	Referências

14

282 Mídia social estratégica e sua importância para a empresa como um todo

283	Serviço ao cliente
285	CRM (*Customer Relationship Management* ou Gestão de Relacionamento com o Cliente)
286	Multicanal

287	Propaganda
287	Marketing
287	Relações públicas e marketing de influência
289	Recursos Humanos
290	Inovação e desenvolvimento de produto
290	Conheça os canais de vendas que te servem melhor
293	Trate as mídias sociais como um veículo estratégico de oportunidades para o seu negócio – elas não serão apenas um canal promocional
293	Coloque as pessoas certas para trabalhar suas mídias sociais – não se limite a colocar a pessoa mais jovem para fazer isso
294	Assegure-se de que os níveis de serviço e o tempo de resposta são apropriados
294	Não seja antissocial – o comércio por meio das redes sociais é uma oportunidade palpável
295	Pense nas oportunidades e nas ameaças potenciais com as quais você não está lidando atualmente por ainda tratar as mídias sociais como uma ferramenta meramente promocional
296	Com a palavra, o professor Malcolm McDonald
296	Referências

15

298 O impacto da inteligência artificial (IA), realidade virtual aumentada, *machine learning* e voz na experiência do cliente

299	A inteligência artificial é a 4ª revolução industrial
300	Um mundo baseado na voz
301	A IA impulsiona o engajamento multicanal e a eficiência da cadeia de suprimentos
303	A inteligência artificial entrega recomendações de produtos altamente personalizados
305	Logística e entrega
310	Pense em onde a IA pode aprimorar sua cadeia de valor
310	Potencialize o uso da IA para melhorar o serviço ao cliente
311	Use a IA para proporcionar experiências mais personalizadas
312	Nunca se esqueça de que você precisa recuperar quando a IA não puder responder à pergunta do cliente!
312	Com a palavra, o professor Malcolm McDonald
314	Referências

16

316 A emergência das "izações" para se diferenciar

317 Premium*ização*
320 Custom*ização*
321 Personal*ização*
322 Os varejistas estão começando, lentamente, a se tornar pessoais
324 Proporcione experiências personalizadas aos principais segmentos de clientes
324 Proporcione aos clientes a possibilidade de personalizar seus produtos
324 Considere a oportunidade de criar mais produtos ou serviços premiumizados
325 Com a palavra, o professor Malcolm McDonald
326 Referências

17

328 Entendendo o comportamento do cliente: transformando dados em *insights* práticos e os fatores críticos para a gestão do relacionamento com o cliente

330 Mude ou, pelo menos, mude seus dados
330 LGPD: Lei Geral de Proteção de Dados
331 Retorno sobre o envolvimento
335 Mude da gestão da transação para a gestão da relação com o cliente
337 Uma hierarquia do CRM
341 Use as impressões dos clientes para aprimorar produtos e serviços
342 Modelagem da propensão
343 Construa uma relação com os clientes, mas não apenas da boca para fora
344 Entenda a hierarquia do CRM e como ela ajuda os clientes
345 Segmente a sua base de clientes – não existe "o cliente"
345 Mensure e trabalhe em direção ao valor vitalício ou *lifetime value* (LTV) dos seus clientes
345 Construa uma lista do que é importante para o seu negócio, como *insights* práticos para melhorar a performance
346 Teste e aprenda: falhe rápido, aprenda o que funciona melhor e continue se aprimorando. Aprenda o que não funciona e não faça mais isso!

346   A lealdade não é algo dado, ela precisa ser conquistada
347   Com a palavra, o professor Malcolm McDonald
349   Referências

18

350   **E então, por onde você começa a transformar o seu negócio?**

351   Estrutura da jornada de transformação rumo à centralidade no cliente

360   **100 maneiras práticas de melhorar a experiência do cliente**

368   **Índice remissivo**

Sobre o autor

RECONHECIDO MUNDIALMENTE como um grande pensador, Martin Newman é uma das maiores autoridades sobre *customer experience*.

As conquistas de Martin somam mais de quarenta anos no varejo, incluindo a liderança de operações multicanal de algumas das maiores marcas globais, como Burberry, Intersport, Pentland Brands (Speedo, Berghaus), Harrods e Ted Baker.

Martin figurou em vários *rankings*, incluindo o da *Retail Week* – Top 50 eTail Power List – por cinco anos consecutivos, o Top 100 Retail Insider's Movers and Shakers e o Top 100 da *British Vogue* Online Fashion 100.

Ele compõe o júri de vários prêmios, incluindo o World Retail Awards, o Customer Experience Awards, o Retail Insider Awards, o PayPal eTail Awards e o Online Retail Awards da Austrália.

Martin faz palestras e modera painéis em mais de vinte eventos anualmente, entre os quais:

- Customer Futures (Hong Kong);
- Global *e-commerce* Leaders Forum (Nova York);
- Retail Week Hackathon Head Judge (Londres);
- Shop.org (Chicago, Las Vegas);
- Retail Week Live (Londres);
- Seamless Retail (Dubai, Singapura, Austrália);
- World Retail Conference (Dubai, Roma, Paris, Madri);

- Retail Plus (Amsterdam);

- Savant *e-commerce* (Berlim e Londres);

- iMedia (Austrália);

- Sports Interactive (Amsterdam);

- Sun Capital (Mountain View, CA);

- UPS (Roma);

- Etail (Londres);

- Etail Connect (Chester).

Martin é colaborador assíduo de várias revistas, incluindo a *Retail Week* (Reino Unido) e a *Power Retail* (Austrália), e já foi citado em dezenas de outras publicações. Martin também pode ser visto prevendo o desempenho da Black Friday na BBC, no Dia dos Solteiros (11/11) na Alizila (portal de notícias do grupo Alibaba), além de levar a sua expertise para uma série de organizações globais.

Ele dividiu um palco com o fundador da *world wide web*, Tim Berners-Lee, no World Retail Congress, para falar sobre o futuro da web e o que isso significa para os varejistas.

Martin orienta, regularmente, as diretorias de seus clientes sobre suas principais questões e desafios estratégicos, incluindo: como colocar o cliente em primeiro lugar; estratégia *omnichannel*; o papel da loja; como priorizar investimentos e traçar o caminho para o crescimento; como internacionalizar-se e para quais mercados; como transformar dados em *insights*; e como estruturar a organização para se tornar centrada no cliente.

Martin também é membro do conselho de renomadas empresas de varejo, incluindo a varejista de moda White Stuff. Ele faz parte do grupo KPMG IPSOS Retail Think Tank e está no conselho consultivo da Yext, uma plataforma de gestão de ativos digitais. ■

Agradecimentos

HÁ VÁRIAS PESSOAS que eu gostaria de nomear, por seu apoio durante o processo de escrita deste livro. Minha esposa Laura e minhas filhas Antonia e Saskia, que sempre apoiaram minhas aventuras e tiveram de passar um bom tempo sem mim durante esse processo. Não só por escrever deste livro, mas minhas longas viagens significaram passar tempo demais num avião. Ótimo para escrever o livro, mas nem tanto para lembrar Laura e as meninas do porquê de eu ser um marido e pai tão maravilhoso!

Eu nunca teria escrito este livro se não tivesse conhecido o incrível Malcolm McDonald e o convencido a contribuir para ele. Ele também me colocou diante de suas editoras na Kogan Page. Não há dúvida de que uma indicação de Malcolm tem peso. Também tenho que agradecer-lhe pelos excelentes comentários – os "Com a palavra, o Professor Malcolm McDonald – ao final de cada capítulo. Eu queria dar ao leitor tanto perspectivas práticas quanto acadêmicas do que significa colocar o cliente em primeiro lugar. Sobre isso, acredito que conseguimos um bom equilíbrio.

Ficarei devendo para sempre à minha assistente executiva, Tiffiny, sem cujo apoio eu jamais teria terminado o livro no prazo previsto. Ela ajudou muito com as fontes, autorizações das entrevistas, edição, coordenação com Malcolm e com a Kogan Page, e até na formatação do manuscrito. Obrigado, Tiff. A assistente da Tiffiny, Martha, também ofereceu fontes e pesquisas para este livro, e por isso eu lhe agradeço.

Entrevistei vários dos meus amigos, colegas e experts, e todos eles me ajudaram a embasar algumas das principais mensagens que quero transmitir. Sinto-me honrado por todos eles terem doado seu tempo e conhecimento para me apoiar. Muito obrigado às seguintes pessoas:

- Morgan Tan, Shiseido (Hong Kong);
- Aaron Faraguna, David Jones (Austrália);
- Andy Harding, Alamy (ex-House of Fraser);
- Robin Phillips, Boots;
- Nadine Neatrour, Revolution Beauty;
- Ruth Chapman, Matches Fashion;
- Tim Kobe, Eight Inc.;
- Livia Firth, Eco-Age;
- Dave Elston, Clarks;
- Philip Mountford, Hunkemöller;
- Julian Burnett, House of Fraser;
- Mike Logue, Dreams;
- Craig Smith, Ted Baker;
- Jonathan Wall, Missguided;
- Sean McKee, Schuh;
- Dr. Leila Fourie, Australian Payments Network.

Quero agradecer à *Retail Week*, da qual sou colunista, por autorizar que eu usasse o conteúdo de minhas muitas colunas ao longo destes anos, e à *Retail Insider* por permitir que eu aproveitasse os exemplos do seu relatório sobre inovações digitais. Quero agradecer à editora Kogan Page e à encantadora Charlotte pelos seus apoio e feedback. Espero ter feito um bom trabalho com o livro que escrevi, em retribuição à sua confiança em mim.

Por último, mas não menos importante, quero agradecer aos meus colegas da Practicology, tanto pelo apoio durante este processo como pelos *insights* que eles criam, alguns dos quais estão contidos nas partes críticas deste livro. ■

Introdução

SE VOCÊ ESTÁ LENDO ESTE LIVRO, então você sabe **porque** é tão importante colocar os clientes em primeiro lugar. Abordo todos os elementos que acredito que as marcas voltadas para o consumidor precisam enfrentar para se aproximar de seus clientes e entregar uma proposta de valor mais relevante. Isso responde à questão sobre **o que** você precisa fazer para colocar os clientes em primeiro lugar. Ao final do livro, apresentarei os próximos passos sobre **como** começar a transformar a sua empresa em um negócio que coloca o cliente em primeiro lugar.

Qualquer que seja o setor de consumo em que você atue, este livro não só lhe dará mais de 100 dicas práticas para melhorar a experiência do cliente e, portanto, o seu desempenho comercial, como também ampliará a sua visão de futuro e as implicações disso para o seu negócio. Eu detalho as graves ameaças que todas as marcas voltadas para o consumidor enfrentarão, e as soluções que eu sugiro para enfrentá-las.

Como prova da previsão do futuro, segue o último parágrafo da minha coluna publicada na *Retail Week* (NEWMAN, 2013): "Embora seja insensato tentar prever a estratégia da Amazon, é altamente provável que ela adote uma estratégia multicanal, abrindo lojas físicas para permitir que seus clientes escolham como querem comprar". Eu estava certo. A Amazon agora é multicanal, com livrarias físicas, a rede de supermercados Amazon Fresh, a aquisição da rede de supermercados Whole Foods e as lojas de conveniência Amazon Go.

A Amazon e outras empresas têm demonstrado que colocar o cliente em primeiro lugar proporciona um **valor significativo para os acionistas**. Perguntei a Mike Logue, CEO (Chief Executive Officer) da Dreams, a principal varejista de camas e colchões do Reino Unido, o que significava para ele ser um negócio centrado no cliente e como ele tem ajudado na transição da Dreams para a entrega dessa proposta de valor. Ele disse que simplicidade era a chave: "A Dreams como uma empresa centrada no cliente é uma organização em que todos os funcionários têm o entendimento de que são os clientes que estão pagando os seus salários. Não é a empresa que paga os salários. O cliente tem a capacidade de tornar a empresa bem-sucedida ou de impactar no seu crescimento futuro, o que afetará todos que trabalham nela".

Além disso, eu perguntei ao Mike: 'Como você faz para apoiar isso?". Ele disse que você deve garantir que cada funcionário tenha clareza sobre o que o cliente está falando sobre a empresa. A Dreams criou a "conversa de travesseiro", onde 3.500 clientes compartilham semanalmente com a empresa suas experiências com o serviço de *delivery*, no ponto de venda, com a qualidade dos produtos e nas compras on-line. Portanto, os funcionários não se limitam a ouvir, do gerente, sobre os clientes. Eles também os escutam diretamente. Logo, conseguem compreender se estão evoluindo ou regredindo enquanto negócio. Obviamente, para alguns deles, essa iniciativa representa uma oportunidade para ajudá-los a lidar com as questões que os clientes estão experimentando. O Mike me falou que "não se trata do que eu ou qualquer gestor pensa, mas sim da experiência do cliente. Se nós desapontarmos os clientes, será um desastre para a empresa".

De fato, as primeiras coisas que ele discutia em toda reunião eram os dados e o feedback dos clientes. Por isso, todo mundo que tem contato com o Mike percebe que ele sempre coloca o cliente em primeiro lugar, em toda reunião! Eles veem os gestores trabalhando nas lojas, na fábrica e até acompanhando as entregas. Os funcionários não veem a centralidade no cliente como se fosse um "mantra" proclamado por gestores que não agem. A centralidade no cliente é praticada todos os dias.

Além disso, com 100 milhões de libras em crescimento de vendas e 50 milhões de libras em lucros em quatro anos, acho que é justo dizer que o foco da Dreams no cliente realmente valeu a pena. Eles passaram de uma situação pré-falimentar a uma empresa das empresas de artigos para cama mais rentáveis e recomendadas do mundo.

Se ainda assim for necessária alguma prova a mais para se comprovar os benefícios comerciais em melhorar a experiência do cliente, a KPMG Nunwood publicou, em 2017, um relatório denominado "The Connected Experience Imperative" (KPMG, 2017). Ele faz referência à pesquisa do Customer Experience Excellence Centre (CEEC), que pesquisou, durante oito anos ininterruptos, 1.550 *reviews* detalhados de marcas, em dezessete mercados. Durante essa pesquisa e a preparação do relatório, foram comparados dois grupos de empresas: o primeiro formado pelas empresas do FTSE100 – índice da Bolsa de Valores de Londres que reúne 100 ações relevantes –, e o segundo grupo composto pelas 100 principais empresas líderes em experiência do cliente, de acordo com o relatório da CEEC. Os resultados são bastante reveladores. A seguir está o que eles encontraram na comparação do crescimento do faturamento em três verticais, ou segmentos:

- **Serviços financeiros:** o crescimento do faturamento das 100 principais líderes em experiência do cliente foi **duas vezes superior** ao das empresas do FTSE100.

- **Varejo não alimentício:** o crescimento do faturamento das 100 principais líderes em experiência do cliente foi **três vezes e meia superior** ao das empresas do FTSE100.

- **Turismo e hotelaria:** o crescimento do faturamento das 100 principais líderes em experiência do cliente foi **uma vez e meia superior** ao das empresas do FTSE100. E se a carapuça servir...

Outro varejista que tira proveito da sua forte orientação para o cliente é a Schuh, uma das principais varejistas de calçados europeias.

Eles sempre focaram o cliente e a qualidade do serviço: 1) procurando identificar onde podem aumentar o consumo e 2) onde podem aplicar seus pontos fortes, por exemplo, fazendo entregas no mesmo dia. São orientados para sistemas e têm um controle rigoroso dos estoques, e, portanto, estão bem preparados para proporcionar uma excelente experiência aos clientes.

Sean McKee, Diretor de Comércio Eletrônico e Experiência do Cliente, relatou uma verdadeira corrida do comércio eletrônico para tornar as experiências atraentes e emocionantes. Da sua perspectiva, trata-se de como julgar o que não vale a pena fazer e como priorizar as iniciativas que irão realmente agregar valor para o cliente e para o negócio. "Entretanto, você não quer ser tão avesso ao risco – uma pequena dose de fracasso é positiva".

A Schuh tem sido uma das pioneiras na adoção de tecnologias que proporcionem a excelência do serviço ao cliente. Eles implementaram o *chat* em vídeo, ao vivo. A empresa também oferece serviços ao cliente por mensagem de texto. Cerca de 60% dos atendimentos agora são prestados com o uso de interação por texto via dispositivos móveis.

Além disso, a Schuh também fez a transição para um negócio mais centrado no cliente, reconhecendo o tipo de experiência que os clientes demandam. Um exemplo disso é que todo o inventário está disponível em tempo quase real em todos os canais, podendo, dessa forma, satisfazer as necessidades dos clientes. Eles usam todas as lojas como centros de distribuição, que são abastecidos quatro vezes ao dia. Têm um serviço de entrega em domicílio que entrega em até 90 minutos, na maioria das lojas. Eles usam o *mobile POS* – uma tecnologia que possibilita ao varejista receber pagamentos em dispositivos móveis, como se fosse um caixa. Isso reduziu o tempo de espera do cliente para fazer uma compra em 100 segundos, e é ótimo para a emissão de recibos e cupons fiscais digitais. Eles até reaproveitaram áreas de caixa como áreas infantis. Tudo isso leva a retornos para os acionistas.

A CHAVE PARA O SUCESSO

A Timpson é a principal empresa de conserto de calçados e serviços de chaveiro do Reino Unido, com mais de 1.800 lojas e um quadro de pessoal superior a 5.000 pessoas. O fundador John Timpson dá ao seu pessoal a liberdade de cuidar dos clientes como eles acharem melhor. Na verdade, ele diz que eles têm uma estrutura organizacional invertida, com o CEO na base. Dá-se autonomia aos funcionários para gastarem até 500 libras para resolver problemas relacionados aos clientes sem precisar de qualquer autorização de um gestor. A Timpson tem um faturamento de mais de 260 milhões de libras e lucros de mais de 20 milhões de libras (Timpson. co.uk).

Empoderar os funcionários para que possam atender aos clientes vale muito a pena.

NÃO PENSE QUE ESTE LIVRO É APENAS SOBRE VAREJO, DEFINITIVAMENTE ELE NÃO É – É SOBRE CLIENTES

Seja qual for o setor de consumo em que você opera, seja ele de serviços financeiros, viagens, lazer, automobilístico, alimentos e bebidas: seus clientes passam mais tempo nas lojas de varejo do que na sua vertical. Portanto, há muitas lições a serem aprendidas com o setor varejista em termos de compreensão do comportamento do cliente.

VOCÊ DEVE TER CLAREZA SOBRE AS AMEAÇAS QUE ENFRENTA

Este livro detalhará quais são as ameaças para os varejistas, bancos, companhias de seguros, concessionárias de automóveis, restaurantes, agências de turismo e muito mais, e fará recomendações detalhadas sobre como defender a sua posição, aproximando-se dos seus clientes. Num mundo em que todos os setores de consumo estão sofrendo disrupções, já não é aceitável nem sustentável aparentar colocar o cliente em primeiro lugar, mas não fazer nada efetivo a respeito.

Muitas empresas falam sobre o assunto, e por vezes isso até fica explícito em suas declarações de missão ou visão da organização. No entanto, na prática, a política de colocar o cliente em primeiro lugar raramente é bem implementada, se o for. As empresas de consumo, em grande parte, consideram que seus clientes são cativos. Pense nisso por um minuto. Quantas vezes ao dia você entra em contato com uma marca de consumo? Quando foi a última vez que você teve uma experiência realmente fantástica como cliente? Normalmente, é possível contá-las nos dedos das mãos – se é que você teve alguma. É por isso que, quando se tem uma ótima experiência, ela se sobressai e você se lembra dela. É raro encontrar uma empresa que realmente compreenda o significado de colocar o cliente em primeiro lugar. Como resultado, quando isso acontece, tem um impacto ainda maior e pode se tornar um importante diferencial para o seu negócio.

À medida que cada vez mais disruptores entram em todos os setores – sejam eles a Uber, a Airbnb, a Tesla, a Alibaba ou a Amazon –, no mínimo as empresas têm de acertar no básico. Esse processo deve começar colocando o cliente em primeiro lugar. Se não o fizerem, só os verão perdendo participação de mercado e, muito provavelmente, saindo do negócio, uma vez que serão ultrapassados por outras empresas centradas no cliente que desenvolveram cultura, sistemas, pessoas e processos ao seu redor, colocando o cliente em primeiro lugar.

A Figura 0.1 ilustra que há bastante a ser feito nos bastidores para se transformar num negócio centrado no cliente, muito do que pode-se fazer no curto prazo. Mais adiante no livro, forneço um extenso *checklist* de todas as vitórias rápidas (*quick wins*) e iniciativas que você pode usar para melhorar a sua performance em vendas.

FIGURA 0.1 Transformação centrada no cliente

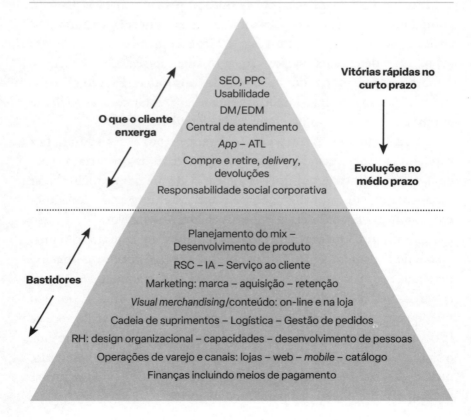

Alguns exemplos de vitórias rápidas incluem a otimização de motores de busca (SEO) e o marketing de prospecção via *pay per click* (PPC), os quais possibilitam aos clientes apropriados encontrá-lo mais facilmente e melhorias na usabilidade do site, facilitando, assim, a compra por eles. Outras vitórias rápidas incluem a melhoria da sua publicidade direta e eletrônica para os clientes (DM/EDM) e a sua publicidade em mídia tradicional, ou *above-the-line* (ATL).

Existem muitos outros aspectos que levam mais tempo para produzir mudanças e melhorias a partir do produto ou serviço que oferece, tais como: definir a sua abordagem em relação à responsabilidade social corporativa (RSC) e integrá-la ao seu negócio, bem como fomentar o uso da inteligência artificial (IA) para aumentar os níveis de eficiência.

Sem dúvida há muitas coisas que uma empresa pode fazer no curto prazo para melhorar a experiência do cliente. Por exemplo, em relação à minha experiência quando comprei um carro novo.

Eu sonhava com um Jaguar. Fiz uma pesquisa on-line e encontrei a Lookers. Eles eram os mais distantes da minha casa, mas estavam no topo dos *rankings* dos motores de busca, além de terem anúncios pagos nesses sites. Desde o momento em que os contatei, percebi que estava nas mãos de uma empresa extremamente profissional. A recepcionista me fez uma série de perguntas para assegurar que eu fosse encaminhado ao vendedor mais apropriado. Neste caso, foi o Jason. Ele conseguiu lidar muito bem com as minhas expectativas. Depois de averiguar o quanto eu estava disposto a gastar e as especificações do carro que eu queria, ele me disse que entraria em contato comigo no dia seguinte. E ele fez! Eu recebi um texto com um *link* de um vídeo feito por ele próprio, mostrando o carro que ele me ofereceu. Uau! Eu nunca tinha vivenciado uma experiência dessas antes, e foi realmente fantástico. Deu-me vida, transformou a experiência em algo realmente pessoal e envolvente.

Quando cheguei ao *showroom* da concessionária para fazer o meu *test drive*, fui recebido com um drink (sem álcool) e petiscos enquanto aguardava o Jason e o demonstrador com quem eu iria testar o carro. Fiz o *test drive*. Fui fisgado. Comprei o carro. Faziam-me sentir importante e valorizado como cliente.

Posteriormente, desde a compra, me enviaram um e-mail com uma pesquisa para avaliar a minha experiência e receber o meu feedback sobre o que poderia ser melhorado, e também para me agradecer pela compra. Essa situação contrasta com a de um negócio focado apenas na captação de clientes. E, ainda mais importante, eles estão fazendo de tudo para que eu sempre me lembre deles em primeiro lugar quando estiver procurando um novo carro no futuro. Além disso, é bastante provável que eu conte aos meus amigos, familiares e colegas de trabalho sobre a incrível experiência que tive com eles. As recomendações e a propaganda boca a boca são vitais para qualquer negócio. Isto é o que eu considero um negócio verdadeiramente focado na retenção de clientes e que tem uma visão do Lifetime Value (LTV) dele. Das minhas experiências com concessionárias de automóveis, 99% pareceram não se importar se eu nunca mais voltasse, contanto que eu comprasse o carro que eles queriam me vender naquele dia.

Tudo isso que foi visto são vitórias rápidas. Nada disso é um bicho de sete cabeças.

> Ouço várias vezes a expressão "transformação digital". Será que essa é a resposta? Não, é um termo impróprio. Digital é a tecnologia. É o condutor e o estímulo para proporcionar a experiência do cliente adequada. Não é o ponto de partida. Na verdade, deveria se chamar transformação centrada no cliente, pois definiria a agenda para alavancar a tecnologia a fim de colocar o cliente em primeiro lugar.

Este livro lhe permitirá ter uma compreensão muito mais profunda do que faz com que os clientes se sintam à vontade neste mundo multicanal e lhe dará exemplos práticos e modelos de como as empresas podem criar um valor duradouro e defender o seu posicionamento de mercado ao se tornar verdadeiramente centradas no cliente – tudo isto proporcionado pelo conceituado estrategista de marketing do Reino Unido, o professor Malcolm McDonald, e pelo especialista mundial em varejo e experiência do cliente (este sou eu), Martin Newman.

A seguir, apresento um resumo dos principais assuntos abordados em cada capítulo:

CAPÍTULO 1

Coloque o cliente em primeiro lugar: se você não o fizer, alguém o fará

- Como o equilíbrio do poder migrou da marca/varejista para o cliente.
- O tipo de experiência e serviço que o cliente espera receber.
- Não há problema em imitar as empresas de sucesso.

CAPÍTULO 2

Marketplaces e disruptores estão comendo o seu almoço: pegando a sua fatia de mercado

- A grave ameaça imposta aos varejistas pelos *marketplaces*.
- A estratégia dos *marketplaces* é ser multicanal.
- Defendendo a sua posição: estratégias para manter a sua fatia de mercado (incluindo produtos exclusivos ou únicos, construindo relações com os clientes, criando experiências envolventes na loja);
- Os *marketplaces* também representam uma nova oportunidade como canal de entrada nos mercados. Você deveria ou não entrar nessa?

CAPÍTULO 3

Removendo o atrito da jornada do cliente: fazendo o básico da forma correta em viagens, varejo, alimentos e bebidas, lazer e serviços financeiros

- Os principais pontos de atrito em cada vertical ou segmento e em cada canal.
- Apresento uma visão de como as empresas disruptoras estão criando propostas de valor altamente eficazes para o cliente e apresento estudos de caso sobre como essas mesmas organizações estão conquistando mercado.
- Destacar algumas oportunidades claramente inexploradas para impulsionar as vendas.
- O foco está na hotelaria, nos restaurantes, no setor automotivo, na saúde e lazer, nos meios de comunicação, nos serviços públicos e em turismo e viagens.

CAPÍTULO 4

Como ser disruptivo no seu próprio negócio

- Da Uber à Airbnb, todas as verticais estão sofrendo disrupções por parte dos novos competidores que oferecem aos clientes propostas de valor inovadoras e mais relevantes.
- Como se tornar um disruptor no seu próprio negócio, criando e potencializando a inovação por meio de laboratórios que ajudarão a sua empresa a evoluir.
- A necessidade de se adotar um desenvolvimento dos negócios mais ágil para se manter um passo à frente da concorrência.

CAPÍTULO 5

O papel da loja e sua nova configuração

- Como alavancar o digital dentro da loja para promover a prospecção, conversão e retenção de clientes.
- Por que a imersão no produto e na marca são elementos fundamentais para o engajamento do cliente e o que isso significa para a nova configuração da loja.
- À medida que o digital cresce, de quantas lojas precisa?
- Estudos de caso de marcas que redefiniram suas lojas para proporcionar experiências diferenciadas a seus clientes.

CAPÍTULO 6

Vivemos em um mundo hiperlocal, onde o *mobile* é a chave

- Desenvolver uma estratégia *mobile-first*.
- Expectativas dos clientes em relação ao *mobile*.
- *Mobile versus apps:* ou você precisa de ambos?
- Usabilidade do *mobile*.
- O papel do mobile na loja.

CAPÍTULO 7

Design organizacional para colocar o cliente em primeiro lugar

- Como as estruturas organizacionais estão evoluindo para colocar o cliente em primeiro lugar.
- As lacunas de capacidades que precisam ser preenchidas para que a empresa seja mais centrada no cliente.
- Como os modelos operacionais estão se adaptando a uma abordagem do tipo "o cliente em primeiro lugar".

CAPÍTULO 8

Mudança cultural: deve ser de cima para baixo e de baixo para cima

- O CEO deve ser a pessoa mais obcecada do que qualquer outra em pôr o cliente em primeiro lugar.
- Como conduzir a mudança para uma cultura centrada no cliente.
- Como empoderar os funcionários para que eles coloquem o cliente em primeiro lugar.
- Estudos de caso de marcas que fazem isto bem.
- A importância da transparência em todas as interações com os clientes.

CAPÍTULO 9

Menos sobre a empresa, mais sobre responsabilidade social

- O que você defende conta.
- Aqui nós apresentamos marcas cuja responsabilidade social tem tido grande impacto junto aos clientes (p. ex.: Toms, Warby Parker, Magrabi).
- Por que os *millennials* se importam, e como se posicionar de forma autêntica e crível.

CAPÍTULO 10

O varejo como serviço

- As empresas de bens de consumo precisam se tornar organizações prestadoras de serviços.
- Como os varejistas podem agregar valor aos clientes, prestando serviços como o autorreabastecimento de mercadorias consumidas em grandes quantidades ou compradas regularmente?
- Como outros verticais podem se tornar mais orientadas para serviços?

CAPÍTULO 11

Conquistando os corações e as mentes dos clientes em mercados internacionais

- Nos mercados internacionais, os clientes caracterizam-se pela diversidade de elementos que lhes interessam mais. Por exemplo, na Alemanha o pagamento por débito automático ou transferência bancária é fundamental (as devoluções gratuitas também são, uma vez que a Alemanha possui uma forte tradição de compra por catálogo e uma grande propensão para se devolver produtos).
- Como ganhar a confiança dos clientes em novos mercados geográficos.
- Opções de estrutura e modelos operacionais.
- A China e as oportunidades que lá existem.

CAPÍTULO 12

Comunicação de marketing centrada no cliente

- Como o mix da comunicação de marketing mudou e o que isso significa para o conjunto de competências e atividades.
- O *growth hacking* – ou *hacking* de crescimento – explicado, e a oportunidade que ele representa.
- As oportunidades apresentadas pelo marketing de proximidade.

- A evolução da jornada do cliente, e o que isso significa para as atividades de prospecção.
- Os pontos de contato próprios, comprados e ganhos na jornada do cliente.

CAPÍTULO 13

Um novo modelo para o marketing mix: o *customer mix* ou 6Ws

- Por que os 4Ps do marketing mix já não são relevantes.
- O novo modelo dos 6Ws: o *customer mix*.
- Quais são os principais instrumentos para se implementar uma estratégia do tipo "o cliente em primeiro lugar".

CAPÍTULO 14

Mídia social estratégica e sua importância para a empresa como um todo

- As redes sociais não devem ser geridas pela pessoa mais jovem da empresa só porque ela está no Instagram e no Pinterest!
- Compreender como oportunidades estratégicas e os imperativos das redes sociais.
- Quais as áreas nas quais as redes sociais têm impacto, por exemplo: serviços, desenvolvimento de produtos, sentimento do cliente etc.

CAPÍTULO 15

O impacto da inteligência artificial (IA), realidade virtual aumentada, *machine learning* e voz na experiência do cliente

- Os *chat bots* são a bola da vez.
- Quem os está usando e será que eles oferecem um serviço melhor?

> Que outras áreas de relacionamento com o cliente podem ser afetadas por *machine learning* e IA?

CAPÍTULO 16

A emergência das "izações" para se diferenciar

- Premiumização.
- Customização.
- Personalização (*me-ization*).

CAPÍTULO 17

Entendendo o comportamento do cliente: transformando dados em *insights* práticos e os fatores críticos para a gestão do relacionamento com o cliente

- O que pode ser alcançado por meio de uma visão individualizada do cliente.
- Qual é a estrutura da gestão do relacionamento com o cliente (CRM), desde o envio de e-mails relevantes em termos de gênero até a personalização total?
- Estudos de caso de marcas que se comunicam de forma extremamente eficaz com os clientes.
- Como se consegue chegar a uma compreensão mais profunda a respeito do comportamento do cliente?
- O que se deve procurar primeiro?
- Como estes *insights* contribuem para proporcionar uma experiência do cliente ainda melhor?

CAPÍTULO 18

E então, por onde você começa a transformar o seu negócio?

- Um plano de ação prático para embarcar na jornada para se tornar um negócio centrado no cliente.
- Como acontece em cada capítulo, agora passaremos aos comentários do professor Malcolm McDonald, que compartilhará suas reflexões a respeito dos tópicos, de uma perspectiva acadêmica e de marketing. Esperamos que isso lhe dê ainda mais elementos para refletir.

COM A PALAVRA, O PROFESSOR MALCOLM McDONALD

A centralidade no cliente também pode acarretar consequências negativas para os fornecedores, a não ser que se tome os devidos cuidados. Há numerosos estudos acadêmicos que atestam que o sucesso financeiro no longo prazo é resultante de:

- Compreensão profunda do funcionamento do mercado e de quem toma a decisão sobre o que comprar.

- Segmentação baseada em necessidades – ou seja, segmentação baseada nas necessidades do comprador, em oposição à concentração em tópicos habituais das escolas de negócios, como economia social, demografia, geodemografia entre outros. (Afinal, Ozzy Osbourne e o príncipe Charles integram o grupo socioeconômico A, porém não se comportam do mesmo modo!) A verdade é que não existe um cliente/consumidor. Eles são todos distintos, e temos de procurar grupos com necessidades iguais ou semelhantes. Trata-se, portanto, de **segmentos**.

- O desenvolvimento de propostas de valor para cada segmento. Alguns segmentos serão, inevitavelmente, mais importantes para um fornecedor do que para outros. O ponto central aqui é que o serviço ao cliente que cada um deles requer será, em todos os casos, diferente. Portanto, a marca e o posicionamento dependerão de quão bem a organização é capaz de operacionalizá-los.

Steven Sheil, da L'Oréal, disse: "A L'Oréal é centrada no consumidor, mas de uma forma especial. Trata-se de compreender quando e de que forma nossos consumidores desejam que nos comuniquemos com eles. Os consumidores buscam diferentes tipos de informação, em diferentes lugares e querem ter interações variadas com as suas marcas" (SHEIL, 2017).

O melhor que temos conseguido fazer na chamada "ciência do marketing" é colocar os nossos milhões de clientes em grupos que compartilham mais ou menos necessidades e comportamentos iguais ou semelhantes. É o que chamamos de **segmentos**. Há um processo para isso que é fundamental para a centralidade no cliente, e nos aprofundaremos neste assunto mais adiante no livro.

Eu gostaria de complementar as reflexões de Martin sobre experiência do cliente com algumas outras tendências inquietantes. Por exemplo, o modelo das companhias aéreas de tentar arrancar até o último centavo dos clientes tem sido reproduzido na hotelaria. IHG, Hilton, Marriott, Choice, Wyndham e Hyatt acumulam agora cerca de 60% de todos os quartos de hotel dos Estados Unidos e começaram a cobrar taxas adicionais, como a de bagagem, à semelhança do que é feito pelas quatro grandes companhias aéreas. Tudo isso, claro, é visando aumentar os lucros, mas esquecendo, ao mesmo tempo, o conceito global de satisfação do cliente. ∎

REFERÊNCIAS

KPMG. The Connected Experience Imperative: 2017 UK Customer Experience Excellence Analysis. On-line, 2017. Disponível em: <http://www.nunwood.com/media/2216/the-connected-experience-imperative-uk- 2017-cee-analysis-single-page-spread.pdf>. Acesso em: 18 dez. 2017.

NEWMAN, M. Comment: Amazon's Dogged Determination Will Continue To Threaten Other Retailers. *Retail Week*, on-line, 15 out. 2013. Disponível em: <https://www.retail-week.com/on-line-retail/comment-amazons-dogged-determination-will-continue-to-threaten-other-retailers-/5053953.article?authent=1>. Acesso em: 23 out. 2017.

SHEIL, S. L'Oréal On Why Communicating the Science Behind the Beauty Takes True Collaboration. *Marketing Week*, on-line, 3 ago. 2017. Disponível em: <https://www.marketingweek.com/2017/08/03/loreal-science-behind-beauty>. Acesso em: 23 out. 2017.

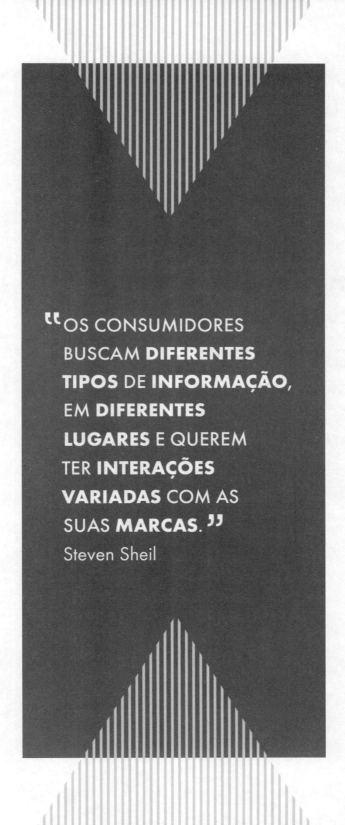

"OS CONSUMIDORES BUSCAM **DIFERENTES TIPOS** DE **INFORMAÇÃO**, EM **DIFERENTES LUGARES** E QUEREM TER **INTERAÇÕES VARIADAS** COM AS SUAS **MARCAS**."
Steven Sheil

1

Coloque o cliente em primeiro lugar:
se você não o fizer, alguém o fará

O QUE VOCÊ APRENDERÁ NESTE CAPÍTULO?

▶ O *mobile* e a internet empoderaram o cliente.

▶ Isso forneceu-lhe todas as informações necessárias para que tomasse suas decisões de compra de forma imediata. Isso é válido seja para uma cotação do seguro do seu automóvel, uma viagem, uma passagem de avião, um móvel para a cozinha, um novo celular ou ainda um vestido novo. Os clientes esperam, de fato, satisfação e informação imediatas.

▶ Não há problema em imitar as empresas de sucesso. Você não tem que reinventar a roda.

A WEB MUDOU TUDO, PARA SEMPRE

▶ Ela fomenta a multiplicação das escolhas.

▶ Ela favorece a transparência dos preços.

▶ Ela impõe novas e mais convenientes propostas em termos de logística.

▶ Ela coloca o poder nas mãos do consumidor, e **não** na do varejista ou da marca.

Neste capítulo, detalho os diferentes tipos de experiência e serviços que os clientes requerem em vários segmentos de consumo e o que acontece quando as suas demandas não são atendidas. Apresento as minhas cinco principais dicas práticas para colocar o cliente em primeiro lugar, que se aplicam a praticamente todos os segmentos, podendo ajudá-lo a fazer uma diferença imediata no seu negócio.

Imagine o seguinte cenário. Suas lojas estão fechadas. O seu site já não recebe mais pagamentos de clientes. Você demitiu todos os seus funcionários. O pessoal do administrativo, recursos humanos, compradores e vendedores, promotores, marketing, financeiro, operações de varejo, pessoal de loja, serviço ao cliente, logística, patrimônio e, claro, diretoria. Todos se foram. Até a última pessoa, incluindo você. O seu negócio acabou. Você sente bastante pena de si mesmo. Simplesmente não conseguiu enxergar o que estava por vir. Há apenas cinco anos, as coisas estavam indo bem. O faturamento aumentava, as vendas pela internet cresciam bem e tudo parecia tranquilo. Então, o que aconteceu? Bem, **você achou os seus clientes eram cativos, foi isso que aconteceu**.

Não estamos mais na década de 1990, quando os clientes não tinham opções de onde comprar seus produtos, passagens aéreas, viagens de férias etc. A internet estava na sua fase embrionária, e, portanto, os clientes só tinham as lojas de varejo, que na sua maioria ficavam na rua principal da sua região, para comprar, além de um monte de catálogos. Desta forma, você poderia confiar no que vinha fazendo. A internet mudou tudo. Ela criou uma profusão de escolhas para os consumidores, e deu-lhes poder de decidir onde, quando, como e de quem comprar. *Eles estão no comando, e não você.* O varejo tradicional do século XX está em desarmonia com as necessidades e desejos dos clientes do século XXI.

Mudamos do antigo modelo de "localização, localização, localização" para "conveniência, conveniência, conveniência", e agora passamos ao único modelo no qual o cliente está de fato interessado: "qualquer coisa, a qualquer hora, em qualquer lugar".

Parece ridículo dizer que o motivo da sua falência foi o fato de não ter colocado o cliente em primeiro lugar. Mas essa é a verdade, a realidade é dura. Você não colocou o cliente em primeiro lugar, enquanto muitos dos seus concorrentes já existentes, e outros que nem sequer existiam há um ano atrás, colocaram. Eles comeram o seu mercado bem na frente dos seus olhos. Com uma proposta de logística e entrega de ponta, transparência nos preços e uma arquitetura de mix de produtos cada vez mais relevante, *marketplaces*, incluindo a Amazon, também tomaram uma boa fatia da sua base de clientes.

Conforme abordarei detalhadamente no Capítulo 2, os *marketplaces* dispõem de cadeias de valor muito interessantes. O Quadro 1 apresenta uma visão geral da cadeia de valor dos *marketplaces* comparativamente à da maioria dos varejistas.

Se você pensa que este livro é uma obra de ficção, então reconsidere. Basta perguntar aos antigos CEOs da Clintons Cards, American Apparel, Jaeger, HMV, Blockbuster, Kodak, Brantano, Woolworths (UK), Borders, Comet, Maplin, Toys 'R' Us (UK), Aussie Farmers Direct, entre outros.

QUADRO 1.1 Cadeia de valor dos *marketplaces*

Fonte	Amplitude: do suprimento mais barato ao mais caro	Faixa de preços: do mais barato ao mais caro	Cadeia de suprimentos	Logística e entrega	Atendimento ao cliente
Marketplaces como a Amazon e o AliBaba	✓	✓	✓	✓	✓
Varejistas	Não conseguem competir	Não conseguem competir	A maioria não consegue competir	Não conseguem competir com rapidez, tampouco oferecer um serviço Prime	Conseguem competir, mas a maioria não o faz

Alguns deles não perceberam a mudança, enquanto outros foram incapazes de reagir com a rapidez necessária. Paralelamente, surgiu a internet e a oportunidade para novas marcas entrarem no mercado, eliminando os atritos na experiência do cliente e tornando mais fácil a compra dos produtos nas suas respectivas categorias. Possivelmente, muitos varejistas demoraram demasiadamente a se adaptar simultaneamente ao mundo multicanal e aos concorrentes, novos ou já existentes, que também melhoraram suas ofertas e criaram propostas de valor mais atraentes para os clientes.

É fácil se surpreendido pelo aqui e agora. No varejo, provavelmente mais do que em qualquer outro setor de consumo, vive-se e morre-se pelo desempenho no presente. Talvez não se dê ênfase suficiente ao médio e ao longo prazos. É uma situação da qual não há escapatória. Mesmo que em relação ao fluxo de caixa e os níveis de endividamento e contratos bancários estejam focados no curto prazo, o que é compreensível, se você também não tiver uma visão de longo prazo poderá descobrir que, dezoito meses a três anos depois, o seu modelo de negócio já não é mais relevante. Os seus clientes já terão migrado, há muito tempo, para outras empresas que têm propostas mais relevantes, mais convenientes e mais fáceis de satisfazer. Desta forma, as marcas de consumo devem encontrar outras métricas de valor para além do retorno de curto prazo para os acionistas. Caso contrário, não farão os investimentos necessários para assegurar a sua relevância para os clientes no longo prazo.

DICAS PRÁTICAS PARA MELHORAR A EXPERIÊNCIA DO CLIENTE

Focadas em colocar o cliente em primeiro lugar, em qualquer tipo de mercado de consumo:

1. Sempre comece pelo cliente. De outra forma, como você saberia o que precisa ser feito para ser bem-sucedido?
2. Se você não pode superá-los, junte-se a eles: tudo bem se você imitar outros negócios bem-sucedidos.
3. Pense em você como um negócio de serviços que, por um acaso, vende coisas.
4. Pense no empoderamento do cliente: o que você pode fazer em cada etapa para empoderá-lo?
5. Sempre empodere os seus funcionários para entregarem a melhor experiência aos clientes.

1 SEMPRE COMECE PELO CLIENTE. DE OUTRA FORMA, COMO VOCÊ SABERÁ O QUE PRECISA SER FEITO PARA SER BEM-SUCEDIDO?

Nunca, jamais comece pela tecnologia. A tecnologia é um facilitador. Pessoas e processos são imprescindíveis para proporcionar uma experiência do cliente adequada.

A desculpa para muitas empresas não colocarem o cliente em primeiro lugar é o seu legado tecnológico. De novo, isso é focar absolutamente a coisa errada. Muito embora eu reconheça verdadeiramente o desafio que os sistemas legados podem implicar para a velocidade com que uma empresa possa se transformar, deve-se começar pela compreensão de que tipo de experiência os seus principais segmentos de clientes requerem. Qual é a estratégia? Só então você poderá decidir qual a tecnologia necessária para entregar a experiência adequada. Quando estiver tomando decisões sobre tecnologia, você também precisa ter clareza sobre a sua estratégia a longo prazo. Caso contrário, acabará tendo de reestruturar os seus sistemas, ou de se desfazer da sua plataforma web, do seu CRM, do seu ERP ou de qualquer outra tecnologia que tenha adquirido recentemente. A vantagem que as empresas exclusivamente baseadas na web potencialmente têm é não possuírem o legado tecnológico. Portanto, elas são capazes de criar uma arquitetura de sistemas que se ajuste aos objetivos de curto, médio e longo prazos.

Eu acredito sinceramente que os sistemas legados são exageradamente usados como desculpa para não se conseguir proporcionar uma experiência adequada ao cliente. Exemplo disso é quando compro o creme para a pele da Lab Series, minha marca preferida de produtos de higiene pessoal para homens. Eu costumava comprar esses produtos da John Lewis. Em 2014, deixei de comprar deles por dois motivos: 1) Eu não tinha como pedir que me enviassem os mesmos produtos a cada seis semanas; eu era obrigado a repetir os pedidos. 2) Eles me mandavam e-mails com dicas para eu "melhorar o meu look (vestuário) de trabalho **feminino**". No entanto, contrariando a crença popular, eu não uso roupas femininas!

Nesse caso, simplesmente registrar o meu sexo na base de dados já teria resolvido a questão. Acredito que depois disso já tenham corrigido as duas situações descritas anteriormente. Infelizmente, tarde demais para mim, já que agora compro diretamente da própria marca.

Se você realmente compreender os seus clientes, saberá que os consumidores estão cada vez mais à procura de experiências, e já não são motivados por "fazer compras" como eram no passado. Isso levou a uma mistura de ambientes de socialização com a proposta tradicional do varejo. No Emporium Shopping Center, em Melbourne, Austrália, a varejista Autonomy integrou bares de café/expresso à sua loja. Uma barbearia no shopping oferece uma cerveja grátis com o corte de cabelo. Nesses dois casos, a ideia é agregar valor à experiência do cliente, promover a socialização e, no caso da Autonomy, também estimular que ele fique mais tempo na loja.

Na White Stuff, onde tenho o privilégio de ser diretor não executivo, temos praticado a socialização no varejo há anos. Seguindo a mesma linha, temos uma sala de chás para os clientes na loja. Isso aumenta o tempo de permanência deles e permite que mergulhem numa experiência com a marca White Stuff. Eles podem ler uma revista, discutir sobre os novos modelos com os atendentes da loja ou socializar com amigos ou outros clientes.

◢ Uma boa experiência do cliente consiste em fazer o básico direito

A Practicology analisou, em 2017, a experiência multicanal de 30 varejistas líderes de produtos não alimentícios, no Reino Unido. De forma surpreendente, descobrimos que muitos varejistas não faziam sequer o básico muito bem; a seguir estão algumas das descobertas (*Omnichannel CX Report*, 2017):

- **50%** deles respondiam a uma consulta por e-mail no prazo de 24 horas.
- **37%** tinham um *chat* ao vivo no seu site.
- **43%** ofereciam a verificação dos estoques da loja no site.
- **37%** ofereciam cupom fiscal eletrônico quando se comprava na loja.

É espantoso que ainda hoje, em tempos em que os clientes esperam satisfação imediata e retorno, mais da metade dos principais varejistas pesquisados não respondam aos e-mails dos clientes no prazo de 24 horas. Os mesmos níveis de serviço são esperados dos consumidores que utilizam bancos, restaurantes, concessionárias de automóveis e outros setores de negócios B2C (*business-to-consumer*).

Apenas um terço dos varejistas oferecia o serviço de atendimento por *chat* em seu site. Para os 63% que não o oferecem, esta é uma oportunidade de vendas perdida. Vivemos num mundo digital e, enquanto mais e mais vendas estão sendo feitas on-line, uma parte dos clientes procura a segurança de entrar em contato com alguém antes de fazer a compra. Em moda, as pessoas querem saber: "Será que o meu traseiro vai parecer grande nisto?". "Este vestido combina com aquela blusa, ou este terno com aquela cor de camisa?". Eles fariam as mesmas perguntas se estivessem na loja. Será interessante ver se os *chat bots* de IA, cada vez mais presentes nos serviços de *chat* ao vivo, conseguirão responder à variedade de perguntas complexas e, por vezes, muito pessoais que os clientes fazem.

Entre os varejistas entrevistados na nossa pesquisa, 57% não ofereceram em seu site uma verificação dos estoques da loja. Seria bom saber qual é o impacto disso em termos de vendas perdidas. Quantos clientes teriam visitado as suas lojas para fazer uma compra, mas não se deram ao trabalho de se certificar de que havia estoque daquilo que queriam comprar? E isso não é uma exigência exclusiva do varejo. Se você estivesse à procura de um restaurante, especialmente um bastante badalado, provavelmente gostaria de reservar uma mesa em vez de correr o risco de aparecer no restaurante à noite sem uma reserva.

Se tivesse de ir a um banco, gostaria de obter informações on-line sobre os produtos financeiros disponíveis. Se quisesse comprar um carro novo, gostaria de agendar um *test drive* na concessionária, e você certamente iria querer saber se havia estoque do carro que intencionava adquirir.

Apenas 43% dos varejistas entrevistados na nossa pesquisa oferecem nota fiscal eletrônica. Isso representa uma oportunidade desperdiçada pelos outros 57% dos varejistas de obterem dados sobre os clientes, evoluírem no sentido de uma visão singular do cliente, impulsionarem a conversão, permitindo aos clientes passarem pelo caixa mais rapidamente e terem a oportunidade de fazer vendas cruzadas para eles.

A Practicology identificou que:

- **63%** oferecem *wi-fi* gratuito aos clientes dentro da loja.
- **67%** promovem os seus canais on-line dentro da loja.

▶ **37%** têm escaninhos dedicados para compras feitas on-line e retiradas na loja, o chamado "clique e retire" (ou compre on-line e retire na loja).

▶ **10%** fornecem a localização dos pontos de "clique e retire" em seus sites.

Um terço não considerou ser importante promover o site na loja.

É perigoso supor que todos os clientes saibam que a sua empresa tem um site de *e-commerce*. Elimine quaisquer potenciais dúvidas que os clientes possam ter. O que você realmente precisa fazer é oferecer uma proposta de valor do tipo "compre do seu jeito". Esta é a proposta definitiva de empoderamento do cliente. Compre on-line, na loja, pelo celular, clique e retire, compre na loja e mande entregar na sua casa. Em última instância, você quer que o cliente escolha de onde ele fará a compra e para onde terá a sua encomenda despachada ou atendida. Essa é uma proposta de serviço verdadeiramente segmentada, já que o "compre do seu jeito" ajuda a satisfazer as necessidades de diferentes grupos de clientes.

Refiro-me especificamente a estas lacunas acima descritas como "micromomentos de disrupção". Não uma ruptura no aspecto positivo de uma nova tecnologia ou serviço ter melhorado a minha vida cotidiana – é o oposto. É quando tenho uma experiência que me faz questionar se quero voltar a me relacionar com o negócio com o qual estava negociando.

Sei que alguns de vocês, ao lerem isto, pensarão que nem sempre devemos fazer o que os clientes querem e que precisamos, como varejistas, oferecer serviços que nos convêm e que nos proporcionem uma margem satisfatória. Antes de mais nada, você não pode se dar ao luxo de não oferecer a experiência apropriada de "compre do seu jeito" aos clientes, porque muitos dos seus concorrentes irão disponibilizar esse serviço a eles. Trata-se de satisfazer as expectativas dos clientes e de ter a capacidade de se adaptar e de dar uma resposta para se manter à frente.

Em segundo lugar, a maioria dos clientes é multicanal. Às vezes, preferem a comodidade de fazer compras on-line sem ter de visitar uma loja. Contudo, quando uma média superior a 50% dos clientes de um varejista "pesquisam on-line mas fazem a compra off-line", eles impulsionarão uma porcentagem significativa das vendas realizadas nas lojas. Portanto, é necessário que haja uma análise dos lucros e perdas que reflita essa situação, para que se comece a demonstrar o verdadeiro valor do on-line.

Não se trata apenas de vendas adicionais. Claro, sem se esquecer de que, numa perspectiva meramente de lucros e perdas, um cliente multicanal é consideravelmente mais valioso do que um cliente monocanal. O "compre do seu jeito" aumenta a propensão dos clientes de se tornarem multicanal.

Isso também os torna "mais aderentes" e leais, dada a conveniência de "comprarem do seu jeito".

Apenas dois terços dos varejistas entrevistados ofereciam o serviço de *wi-fi* gratuito dentro da loja. Embora muitos clientes visitem a loja e verifiquem os preços noutros lugares antes de decidir comprar, o fato de se oferecer ou não o *wi-fi* gratuito não mudará esse comportamento. Então por que não fazer o que a rede de lojas David Jones fez na Austrália e transformar quase numa virtude a oferta de *wi-fi* gratuito nas lojas?

37% têm escaninhos dedicados para compras feitas on-line e retiradas na loja, o chamado "clique e retire" (ou compre on-line e retire na loja). E em relação a todos os clientes que escolheram "clicar e retirar" nos 63% dos varejistas que não tinham escaninhos dedicados a esse tipo de escolha? O que eles deveriam fazer? Andar sem rumo pela loja perguntando aos funcionários onde encontrar a sua encomenda?

Os varejistas que não levam esta questão a sério não podem reclamar quando as encomendas por "clique e retire" não atingem o seu potencial máximo. Mais do que isso, eles perderão a oportunidade que o sistema "clique e retire" oferece aos funcionários da loja de fazerem vendas cruzadas (*cross-selling*) aos clientes.

❷ SE VOCÊ NÃO PODE VENCÊ-LOS, JUNTE-SE A ELES: TUDO BEM SE VOCÊ IMITAR OUTROS NEGÓCIOS BEM-SUCEDIDOS

Não é preciso criar algo novo só por isso. Algumas das empresas mais bem-sucedidas do mundo são inspiradas em negócios similares em outros mercados.

Com a oferta *prime* da Amazon – que permite aos clientes não só pagar um valor único para terem tantas entregas quantas quiserem ao longo do ano, mas agora também podem escolher o intervalo de uma hora para receber as entregas nas principais cidades e áreas urbanas –, os varejistas terão de trabalhar muito para poderem competir com essas alternativas logísticas. As melhores práticas de atendimento incluem:

- Encomendar até às 22:00 da noite anterior (alguns varejistas permitem encomendas até a meia-noite) para entrega garantida antes das 10:00 do dia seguinte.
- Um intervalo de tempo de uma hora assegurado para entrega.
- Data de entrega específica.

De acordo com a pesquisa "Pulse of the Online Shopper", realizada pela empresa de remessas expressas UPS, 52% dos compradores acham importante o número de alternativas de entrega oferecidas quando procuram e escolhem produtos para comprar on-line (UPS, 2017).

Se você não pode vencê-los, junte-se a eles? Você consegue oferecer uma proposta de entrega comparável à da Amazon, que aumente a propensão dos clientes a comprar e os encoraje a pensar em você primeiro, tendo em vista que eles já são assinantes de um serviço de entrega anual?

❸ PENSE EM VOCÊ COMO UM NEGÓCIO DE SERVIÇOS QUE, POR UM ACASO, VENDE COISAS

Pense em você como um negócio de serviços em vez de um banco de varejo que vende serviços financeiros ou uma agência de viagens que vende férias ou um varejista que vende roupas. Então, se você fosse o banco mencionado, em vez de se comportar como um banco tradicional de rua, deveria se comportar mais como o Metro Bank, sem dúvida o principal banco desafiante do Reino Unido. Uma das maiores questões em relação aos bancos tradicionais são os horários de funcionamento. Historicamente, o horário normal é das 9h às 17h, de segunda a sexta-feira, e por vezes também aos sábados de manhã. Muitos consumidores querem ter a flexibilidade de poder vir aos finais de semana, ou antes ou depois do horário de trabalho, o que for melhor para eles.

A Net-a-Porter está trabalhando duro para se posicionar como uma prestadora de serviços e ir além dos métodos tradicionais de entrega. Como parte da política "You Try, We Wait", algo como "você experimenta, nós esperamos", os assistentes pessoais de compras da Net-a-Porter entregarão pedidos aos seus clientes extremamente importantes – os chamados EIPs (*extremely important people*) –, em suas casas, no mesmo dia em que eles fazem a solicitação. Em seguida, a loja aguardará até que o cliente tenha provado as peças encomendadas e devolva tudo o que não quiser – a grande novidade é que os clientes já não precisam mais reservar uma coleta extra dos itens que pretendem devolver. Isso o coloca no controle. É mais conveniente e, sem dúvida, levará a um crescimento do número de itens por pedido e nas vendas totais para os EIPs. Há serviços adicionais que eles oferecem, incluindo o "Net-a-Porter at Home" e o "Mr. Porter at Home", em que os assistentes pessoais de compras apresentam aos clientes uma seleção específica de itens de uma nova coleção, além daqueles que eles já têm em suas listas de desejos. Isso não só melhora a relação com o cliente, mas também facilita bastante a sua vida ao oferecer-lhe tamanha conveniência.

Os varejistas e outras marcas de consumo em outros setores devem pensar e comportar-se como prestadores de serviços. Eles precisam criar oportunidades para se envolver com os clientes para além da experiência tradicional, mas sem recorrer a artifícios, nas quais possam verdadeiramente agregar valor e tornar a vida do cliente mais fácil (no Capítulo 10, falo exaustivamente sobre a necessidade do varejo se tornar uma operação de serviços, ou seja, o *Retail as a Service* ou simplesmente RaaS).

A Direct Line diz ser a única seguradora que lhe arranja um táxi no caso de um acidente de automóvel. Isso pode parecer apenas um pequeno gesto, mas que será muito bem-vindo caso você se envolva num acidente. Afinal, a última coisa que desejaria nessa hora seria ficar parado ali, atrás do volante de um carro à espera de que alguém viesse buscá-lo num lugar ermo. Ir para a casa numa situação dessas seria o máximo, e, portanto, um táxi cairia bem e o ajudaria a se recuperar mais prontamente do incidente.

◢ KPIs – Key Performance Indicators ou indicadores-chave de desempenho

Se você for verdadeiramente centrado no cliente, não focará apenas os KPIs (*key performance indicators* ou indicadores-chave de desempenho) de vendas, que são muitos, incluindo:

- Taxas de conversão (por canal).

- Vendas.

- *Ticket* médio dos pedidos.

- Quantidade de itens por pedido.

- Tráfego (visitas únicas e retornos).

- Recência, frequência e valor.

- *Footfall* (análise do caminho percorrido pelas pessoas dentro e fora de um estabelecimento).

- Produtividade alcançada (companhias aéreas, assentos nos trens, ingressos para um evento).

Você também deve medir os seguintes KPIs relacionados ao cliente:

- *Net Promoter Score* (NPS).

- Níveis de retenção e evasão (*churn*) de clientes.

- Classificação dos clientes e comentários (*reviews*) de produtos ou serviços.

- Análise de sentimentos em mídias sociais.

- Níveis de satisfação do cliente.

- Taxa de indicação.

Para se considerar verdadeiramente num negócio de serviço ao cliente, implica colocar o cliente em primeiro lugar em todas as etapas do processo. Você projetará um negócio que tem uma cadeia de valor com o cliente em primeiro lugar.

Afinal de contas, os KPIs operacionais e de vendas são retrospectivos, enquanto os KPIs orientados ao cliente são essencialmente prospectivos. Veja o Quadro 1.2, relativo à cadeia de valor orientada para o cliente.

❹ PENSE NO EMPODERAMENTO DO CLIENTE: O QUE VOCÊ PODE FAZER EM CADA ETAPA PARA EMPODERÁ-LO?

◢ Varejo

Conheço muitos varejistas que cobram dos clientes a devolução dos seus pedidos on-line, considerando o mantra de que as devoluções gratuitas corroem as margens. Bem, isso também corrói as taxas de conversão! Você deve, no mínimo, testar o impacto nas taxas de conversão experimentando as devoluções gratuitas. Muito varejistas tomam decisões sem testar seu impacto sobre os clientes. É importante experimentar diferentes alternativas para verificar o que funciona melhor para os diferentes segmentos de clientes e, portanto, para o negócio. Uma pesquisa realizada nos Estados Unidos, no Reino Unido, na Espanha, na França, na Alemanha e na Holanda sugeriu que 76% dos compradores vissem a política de devolução de um varejista antes de fazer a encomenda. Verificou-se que 51% dos respondentes não realizavam a compra porque a política de devolução oferecida pela empresa não era fácil ou conveniente (*IMRG MetaPack UK Delivery Index Report*, 2015). Isso também inclui os clientes que desistiram da compra porque teriam de pagar pela devolução das encomendas. De acordo com a pesquisa "Pulse of the Online Shopper", realizada pela UPS em 2017, 75% dos clientes consideram importante a devolução gratuita das encomendas para a escolha de com qual empresa comprar on-line.

QUADRO 1.2 A cadeia de valor orientada para o cliente

KPIs e mensuração	Você deve desenvolver KPIs e métricas de performance que sejam orientadas para a satisfação dos clientes.
Serviço ao cliente	Você deve oferecer níveis de serviço que sejam "instantâneos", nos quais o cliente não tenha que esperar 24 horas por uma resposta – você oferece o serviço no momento em que o cliente o deseja.
Logística	Você deve assegurar opções de entrega que coloquem os clientes no controle de quando receberão sua encomenda; você deve oferecer devolução gratuita dos produtos e tornar esse processo fácil para eles.
Cadeia de suprimentos	Você deve assegurar que sempre haja estoque dos produtos desejados pelos clientes.
Marketing	Você não deve focar apenas a conquista de novos clientes; a gestão do relacionamento com o cliente (CRM) pode ser mais importante.
Sua equipe	Você deve sempre empoderar os seus colegas de trabalho para "fazerem a coisa certa", para encantarem os clientes e não apenas cumprirem procedimentos.
Desenvolvimento do produto ou serviço	Você deve sempre começar pelo envolvimento do cliente no desenvolvimento dos produtos e serviços e de inovações.

As devoluções de encomendas não são a única questão: a entrega dos pedidos feitos on-line continua sendo um problema para os clientes. Se o varejista apresentar uma informação genérica do tipo "entrega no prazo de 1 a 3 dias úteis", como o cliente saberá quando irá receber a sua mercadoria? O sábado conta como dia útil? É neste momento que os clientes começam a se fazer perguntas do tipo: "O que acontece se eu não estiver em casa quando o meu pedido chegar? Eles pedirão a minha identidade? Eles deixarão com um vizinho? E se eu não quiser que o meu vizinho saiba o que acabei de comprar? Terei de me ausentar do trabalho para poder estar lá?". Isso leva o cliente a uma sensação de completa falta de poder e de perda do controle da situação. Essa é uma das principais razões pelas quais um número cada vez maior de clientes tem optado pelo "clique e retire" na hora de comprar. O "clique e retire" coloca o cliente no controle da seguinte maneira:

- Saber quando irão buscar seus produtos.

- Se eles não gostarem do produto comprado, poderão devolvê-lo imediatamente no próprio local ou depois.

- Eles também podem solicitar o reembolso ali mesmo, na hora, ou depois.

- E ainda podem escolher outros produtos complementares àquele que compraram on-line.

Turismo

No setor turístico há muitos obstáculos que impedem os clientes de se engajarem por mais tempo. Eu viajo bastante para a Austrália e costumo voar pela Emirates. Embora se trate de uma excelente companhia aérea, tanto em termos de experiência no aeroporto como on-line, descobri ao tentar usar as minhas milhas aéreas para reservar um voo de recompensa que, se não tivesse milhas suficientes, eu não poderia completar o restante com dinheiro, como acontece na maioria das outras grandes companhias aéreas. Por isso, em 2015, passei a usar a rede One World Alliance e AVIOS – BA, Qantas, Cathay Pacific e outras. Posteriormente, a Emirates resolveu essa questão, mas infelizmente já era tarde demais para o meu caso. Se você imaginasse como o empoderamento do cliente se aplicaria aos táxis, consideraria a possibilidade de chamar um táxi e de apanhá-lo em alguns minutos, e em vez de ficar preocupado em saber quando o seu táxi iria chegar – ou até se ele chegaria – você pudesse verificar a sua localização exata. Tcharam! E então surgiram a Uber, a Gett e outros aplicativos de táxi que abordaram esta questão colocando o controle e o poder nas mãos do cliente. Além de tudo, o cliente ainda pode saber antecipadamente quanto custaria a viagem. Tomar um táxi num lugar pouco familiar pode, por vezes, fazê-lo sentir como se estivesse disposto a dar voltas pela região e a pagar mais caro pela corrida.

◢ Serviços financeiros

Se um prestador de serviços financeiros quisesse empoderar seus principais segmentos de clientes, então deveria começar estando aberto para quando a eles quiserem visitá-los ou contatá-los. Ele proporcionaria benefícios adicionais aos clientes atendendo a todas as suas necessidades financeiras num só lugar, onde o cliente também seria reconhecido por adquirir todos esses produtos de um único fornecedor, como:

- A hipoteca da sua casa.

- Empréstimos ou contratos de *leasing* para todos os carros da sua família.

- O seguro dos carros.

- O seguro residencial.

- O seguro viagem.

- Serviço de câmbio.

- Previdência.

Deveria ser alguém que pudesse lhe oferecer uma experiência mais personalizada. Uma experiência baseada em produtos e serviços que você realmente quisesse, adequados ao seu estilo de vida. Por que os prestadores de serviços financeiros não oferecem produtos segmentados de acordo com o estágio de vida dos clientes? A criação de um ecossistema de produtos para a família em que seriam ofertados, por exemplo, um empréstimo para os filhos que estão ingressando na universidade ou para que possam adquirir o seu primeiro automóvel. Uma poupança para o seu bebê que acaba de nascer em que você possa acumular dinheiro suficiente para pagar pela faculdade dele. Considerando que as instituições financeiras têm dificuldades em entregar uma proposta de valor mais personalizada, não surpreende o fato de elas enfrentarem um futuro incerto.

Os aplicativos dos bancos são equivalentes à web 2.0, ou seja, já são do tipo banco 2.0?

De acordo com a empresa CACI, os clientes visitaram seus bancos, em 2015, 427 milhões de vezes. Embora esse pareça um número expressivo, os consumidores verificaram seus dados bancários on-line 1,6 bilhões de vezes. O número de usuários de bancos on-line mais que dobrou desde 2007 (*Financial Times*, 2016). Por que você entraria numa fila de banco quando um celular lhe oferece a possibilidade de resolver as coisas em questão de segundos, além de oferecer produtos e serviços mais personalizados? Isto significa que poucos clientes exigirão a tradicional experiência bancária off-line. Os bancos on-line também parecem estar proporcionando uma experiência mais personalizada e relevante aos clientes. Os líderes incluem Atom e Monzo.

O Monzo Bank, um banco digital lançado em 2015, está provocando uma revolução no setor bancário. Eles utilizam os dados dos clientes para rastrear seus hábitos de compra e, posteriormente, fornecem orientações a eles sobre como economizar dinheiro. Um bom exemplo de como eles estão potencializando o uso dos dados dos clientes para ajudá-los a fornecer orientação e melhores serviços é que 30.000 deles usam seus cartões para pagar pelo transporte público em Londres (metro e ônibus). O banco possui dados sobre essas pessoas: onde vivem, para onde viajam, quanto gastam etc. Desta forma, eles conseguem recomendar aos clientes, por exemplo, que seria melhor adquirir um cartão de viagem válido por um ano e economizar algumas centenas de libras com isso. A análise de dados com o intuito de ajudar os clientes a melhorarem a gestão de suas finanças é parte fundamental da proposição de valor do Monzo. Eles são hábeis em fornecer aos clientes aconselhamento financeiro realmente baseado nos seus padrões de consumo. Isso faz com que esses clientes economizem dinheiro, façam um planejamento do orçamento de forma mais responsável e encontrem as melhores ofertas. Os algoritmos do Monzo conseguem identificar quando um cliente muda a forma de pagamento da energia elétrica, em alguns casos passando de uma tarifa econômica mensal para uma tarifa variável padrão mais cara. Nesse cenário, eles podem sugerir que o cliente economize dinheiro procurando um novo fornecedor (*Raconteur*, 2017).

5 SEMPRE EMPODERE OS SEUS FUNCIONÁRIOS PARA QUE ELES ENTREGUEM A EXPERIÊNCIA CERTA AOS CLIENTES

É importante lembrar que quando um serviço medíocre é prestado, muitas vezes é devido às regras estabelecidas pela própria organização. Embora as regras sejam um requisito necessário, desde que seus funcionários tenham autonomia para fazer exceções quando julgarem oportuno e para encantar o cliente eles entregarão a experiência adequada.

Os seus colegas estão realmente capacitados para "fazer a coisa certa" pelos clientes ou eles foram orientados a seguir as regras? A sua empresa é daquele tipo que penaliza os funcionários quando eles não seguem as regras? Ou proporciona a esses funcionários a flexibilidade necessária para trabalhar fora das regras, a fim de encantar os clientes?

Custa realmente alguma coisa dizer a um cliente "sim, você pode" em vez de "não, você não pode"? Você pode ser discreto a respeito disso. Você pode até mesmo dizer aos clientes que normalmente não faria o que eles lhe pediram e que esta não é a política da empresa. Se você entregar níveis adequados de atendimento ao cliente, eles irão recompensá-lo muitas vezes mais.

COM A PALAVRA, O PROFESSOR MALCOLM McDONALD

Como podemos colocar os nossos clientes em primeiro lugar? Dissemos que "localização, localização, localização" deu lugar a "conveniência, conveniência, conveniência", e embora isto seja em grande parte verdade existem, naturalmente, exceções a este mantra. Eu vivo numa aldeia anglo-saxônica e há um *pub*/restaurante que fica cheio sete dias por semana, 52 semanas por ano, mesmo a comida sendo, sinceramente, abaixo da média. As pessoas vão lá porque os atendentes são simpáticos, a atmosfera, agradável, e, acima de tudo, ele é convenientemente localizado na rua principal. Eles possuem tanto uma boa localização quanto conveniência. Entretanto, Londres está cheia de lugares como este, onde é impossível ser servido, mas, o mais importante, eles estão disponíveis quando os queremos. Eu costumava frequentar 25 *pubs* em

Londres. O mais bem-sucedido deles tinha um bom gerente e uma profunda compreensão sobre como adequar o serviço prestado aos segmentos demográficos de clientes mais importantes da região. Então precisamos ter cuidado ao discutir a conveniência como sendo a única variável crítica, expandindo a necessidade de combinar canais on-line e off-line. Martin mencionou a Blockbuster no início deste capítulo – em 2008, eles tinham 650 lojas, um volume de negócios de cerca de 300 milhões de libras e estavam conseguindo um lucro satisfatório (Hobbs, 2017). Embora a empresa tenha iniciado um negócio de aluguéis on-line, eles não levaram muito a sério que o futuro seria de *downloads* e compras on-line, porque todos os executivos da empresa tinham formação em varejo e a prioridade parecia ser salvar as lojas físicas a todo custo. Eles até introduziram linhas de alimentos como pipocas e sorvetes. Esta divisão on-line parece ter sido tratada como algo inferior ao varejo tradicional, com a possibilidade de canibalizar as vendas das lojas físicas. Ainda mais triste é o fato de que a Blockbuster tinha milhões de clientes com dados detalhados sobre seus comportamentos de compra, e os clientes adoravam a empresa. Portanto, a mensagem que fica é a de que você tem que evoluir em relação às prioridades dos seus clientes ou o progresso irá atropelá-lo mais cedo ou mais tarde. É por meio da compreensão do cenário futuro da atividade individual on-line e off-line que se pode realmente entender os comportamentos e preferências dos clientes. Gostaria de pontuar mais uma questão: das cinco dicas práticas para a experiência do cliente abordadas no Capítulo 1, eu, pessoalmente, acredito que a mais importante é "pensar na sua empresa como um negócio de serviço ao cliente", no qual a experiência do cliente, em todos os pontos de contato, é consistente e sensacional. Você vai ler mais sobre isso neste livro.

De uma perspectiva um pouco mais acadêmica, volto à pesquisa mencionada por mim no final da Introdução. O primeiro fator que liga o sucesso financeiro a longo prazo é uma profunda compreensão de como o mercado funciona.

O que "um profundo entendimento de como o mercado funciona" envolve são tarefas como o mapeamento quantitativo do fluxo de bens e serviços, desde a oferta até o usuário final. Isto implica uma consciência de como os canais e as novas influências estão afetando o funcionamento do mercado. Isto também implica observar o que são essas tendências e antever o futuro.

É muito perigoso ter apenas uma vaga noção das mudanças que estão acontecendo no mercado. É por isso que as melhores e mais longevas empresas incorporam isso em seus processos de planejamento formal. ∎

REFERÊNCIAS

FINANCIAL TIMES. Growth Of Mobile Phone *Apps* Threatens UK Bank Branches, on-line, 9 mar. 2016. Disponível em: <https://www.ft.com/content/a7d81bb0-e-609-11e5-bc31-138df2ae9ee6>. Acesso em: 18 dez. 2017.

HOBBS, T. From Iconic To Punchline: Blockbuster's CMO Reflects On Failure. *Marketing Week*, on-line, 2017. Disponível em: <https://www.marketingweek.com/2017/07/03/blockbusters-cmo-failure>. Acesso em: 5 dez. 2017.

IMRG METAPACK UK Delivery Index Report (2015) e IMRG, London Omnichannel CX Report, Practicology, London, 2017.

RACONTEUR. Getting Personal With Customers Is The Future Of Financial Services, o*nline*. Disponível em: <https://www.raconteur.net/finance/getting-personal-with-customers-is-the-future-of-financial-services>. Acesso em: 23 out. 2017.

UPS. Pulse of the Online Shopper. *Pulse*, on-line, 2017. Disponível em: <https://solutions.ups.com/ups-pulse-of-the-on-line-shopper-LP.html?WT.mc_id=VAN701693>. Acesso em: 2 dez. 2017.

CAPÍTULO 1

" O **PRIMEIRO FATOR** QUE LIGA O **SUCESSO FINANCEIRO** A **LONGO PRAZO** É UMA PROFUNDA COMPREENSÃO DE COMO O MERCADO **FUNCIONA**. "
Malcom McDonald

2

Marketplaces e disruptores estão comendo o seu almoço:
pegando a sua fatia de mercado

O QUE VOCÊ APRENDERÁ NESTE CAPÍTULO?

▶ Você vai ler sobre a ameaça específica dos *marketplaces* para os varejistas, bem como sobre a oportunidade que eles representam para ampliar o alcance do varejo tanto para novos clientes como para novos mercados.

▶ No primeiro, você aprenderá sobre muitas oportunidades estratégicas e dicas práticas sobre como defender e manter a sua participação no mercado, ou *market share* (incluindo a oferta de produtos exclusivos ou únicos, a construção de relacionamentos com os clientes, a criação de experiências envolventes na loja).

▶ Mesmo que você não seja um varejista, este capítulo terá um grande impacto em você, pois os disruptores estão por toda parte e, neste exato momento, planejam como proporcionar uma experiência melhor e mais relevante para seus clientes.

▶ Nunca houve um momento tão importante para se ter uma estratégia e um plano para *marketplaces*.

Se você não tiver cuidado, os *marketplaces* podem comer o seu almoço, o seu jantar e, dependendo, até o seu café da manhã. Ou, pelo menos, oferecer um canal para os seus concorrentes almoçarem. Não pode haver dúvidas de que os *marketplaces* são uma ameaça para os varejistas. Contudo, eles também representam uma oportunidade de expansão do seu alcance e de conquista de novos consumidores que, de outra forma, não comprariam de você ou sequer ouviriam falar da sua marca. Eles trazem um volume de tráfego e uma base de clientes que você nunca imaginaria alcançar por conta própria.

VAMOS COMEÇAR PELO FATOR "AMEAÇA"

Os varejistas tendem a ficar obcecados com seus concorrentes tradicionais, quando os *marketplaces* representam, de fato, uma ameaça muito maior. Lojas de departamento nos Estados Unidos – como a Macy's, a Saks e a Niemen Marcus – ou no Reino Unido – como a John Lewis, a Debenhams ou a House of Fraser – são mais propensas a perder *market share* para um *marketplace* do que para outra loja de departamento. Os conhecidos desafios da House of Fraser são muitos, mas não há dúvidas de que eles perderam *market share* para a Zalando, a Amazon e outras, contribuindo para o declínio das suas vendas.

Frente a isso, é surpreendente que muito poucos comitês diretivos tenham um plano para combater os *marketplaces*. É um desafio muitas vezes passado para a equipe de comércio eletrônico, quando a questão, na verdade, requer uma estratégia e ação da diretoria.

Como diz o ditado, mantenha seus amigos por perto, mas seus inimigos mais perto ainda. Para defender a sua posição contra os *marketplaces*, você precisa entender como eles operam.

Tanto a Amazon quanto o Alibaba oferecem um caminho em direção ao mercado para outras marcas, ao mesmo tempo em que desenvolvem suas próprias propostas de varejo multicanal. A Amazon orgulha-se de ser obcecada pelo cliente. Isso pode certamente ser evidenciado pela proposta do serviço Amazon Prime, que permite aos consumidores pagar uma taxa anual única e ter tantas entregas quantas quiserem ao longo desse período como parte desse modelo de "assinatura de entrega". Além disso, eles têm o Amazon Prime Day, que de certa forma é a sua própria versão da Black Friday. É um dia de ofertas e descontos arrasadores em que eles oferecem incentivos para a compra ou experimentação de produtos da Amazon, bem como incentivam as marcas que usam o seu *marketplace* para oferecer barganhas aos clientes. Em julho de 2017, a Amazon tinha 85 milhões de clientes Prime nos Estados Unidos, 35% a mais que no ano anterior (*Consumer Intelligence Research Partners*, 2018).

Em 2017, eles também acrescentaram uma proposta chamada Amazon Prime Fashion, onde os consumidores podem encomendar até quinze peças de roupa e ter devoluções grátis para os produtos que não cabem ou com os quais eles não querem ficar. É uma jogada inteligente. Isso aumentará o valor médio dos pedidos e o número de peças compradas pelos clientes por transação. Também torna a sua proposta de entrega Prime ainda mais atraente, aumentando a propensão dos assinantes a aproveitarem-na ainda mais, bem como a transforma numa ferramenta bastante eficaz de captação de clientes. A Amazon também possui um bom histórico em níveis de satisfação com o serviço de entrega, e geralmente cumpre com suas promessas.

Em 2018, a Amazon liderou toda a cadeia de valor:

- É difícil competir com sua cadeia logística, sua proposta e seu ritmo de entrega dos pedidos, além da sua proposta de entrega Prime. Depois de assinar esse serviço anual de entrega, pra que comprar em outro lugar?

- Eles têm um mix de produtos mais amplo do que qualquer outro concorrente.

- Eles têm a melhor cadeia de suprimentos.

- Eles têm uma proposta de preço melhor do que qualquer outra empresa.

- Eles usam os dados de clientes, produtos e preços de forma mais eficaz do que qualquer outro varejista, a ponto de o seu objetivo final ser o de enviar ao cliente algo antes mesmo de ele saber que o quer!

- Eles têm um serviço ao cliente, em geral, melhor do que a maioria.

Além disso, uma pesquisa realizada em 2017, nos Estados Unidos, revelou que a Amazon era a marca mais respeitada pelos consumidores estadunidenses (Harris Poll, 2017).

É importante também entender a cultura da Amazon. Jeff Bezos é sempre mencionado por dizer que "todos os dias na Amazon são o primeiro dia". O segundo dia é angustiante, um doloroso declínio. Essencialmente, ele criou um negócio que pensa e se comporta como uma *startup*, há muita inovação emanada da Amazon quase que diariamente. Bom nunca é suficientemente bom. Eles estão continuamente procurando melhorar cada aspecto do seu negócio. A inovação que isso gera torna extremamente desafiador até mesmo para os maiores e mais tradicionais varejistas competir com eles. Para contextualizar isto, de acordo com a Slice Intelligence, em

2016 a Amazon ficou com 53% do crescimento das vendas no comércio eletrônico e com 43% do total da receita on-line nos Estados Unidos (Rupp; Coleman-Lochner; Turner, 2017) (Figura 2.1).

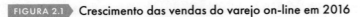
Crescimento das vendas do varejo on-line em 2016

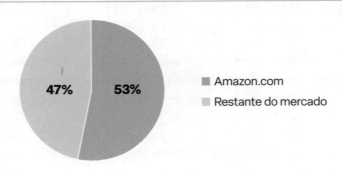

Fonte: Emarketer.com (2017).

Isso, juntamente com a mudança contínua de uma percentagem considerável dos gastos dos consumidores on-line, levou à previsão do banco Credit Suisse (2017) de que aproximadamente 25% a mais de lojas seriam fechadas nos Estados Unidos em 2017 do que durante a crise financeira mundial de 2008.

Embora a mudança da Amazon para o varejo multicanal só tenha começado a evoluir nos últimos anos, eles continuam a expandir para novas categorias de produtos. Uma linha de mobiliário está sendo considerada para ser a sua próxima empreitada off-line, com lojas físicas, complementando o movimento que já fizeram com os supermercados e livrarias. Sim, os seus olhos não se enganaram. Livrarias. Quem teria acreditado nisso se há apenas alguns anos parecia que as livrarias físicas estavam destinadas a entrar para os anais da história? Eles também planejaram usar a realidade aumentada e ferramentas de realidade virtual para permitir aos clientes terem noção de como os móveis ficarão em sua própria casa e ambiente.

Além disso, também há rumores de que estão considerando lançar uma loja-conceito de eletrônicos, parecida com as lojas de varejo da Apple, para promover a venda de equipamentos e serviços da Amazon, como o Amazon Echo. Eles lançaram a Amazon Go, uma proposta de loja de conveniência/mercearia onde consumidores ocupados não precisam nem mesmo de suas carteiras ou bolsas na hora de pagar.

Em abril de 2017, a Amazon revelou detalhes de seus pontos de "clique e retire" para compras de produtos de mercearia, em Seattle, sob a marca AmazonFresh Pickup. Este serviço oferece uma ampla gama de produtos de mercearia e de limpeza para compra on-line e retirada num dos pontos disponíveis, sem custo adicional para assinantes do Amazon Prime. Tendo adquirido a rede de supermercados Whole Foods em 2017, espera-se que a Amazon agilize sua mudança para o supermercado multicanal. A Amazon não ficou só no varejo (Amazon.com, 2017). A Amazon Prime TV está concorrendo com a Netflix e com outros fornecedores de TV por assinatura. Como tudo o que fazem, irão fazê-lo melhor do que a maioria, ou até melhor do que qualquer um. A capitalização de mercado da Amazon é significativa. O seu valor de mercado na bolsa é consideravelmente superior ao do Walmart, Sears, Macy's, JC Penney, Best Buy Nordstrom e Kohl's juntos. Essencialmente, e na minha humilde opinião, a Amazon está começando a se tornar dona do cliente. Eles estão criando um ecossistema de valor e uma proposta de experiência tão convincente para os clientes que será cada vez mais difícil para eles comprar em outro lugar. Não acredito que eles se vejam como varejistas, mas sim como um ecossistema de conveniência. Um verdadeiro "*one-stop shop*".

À medida que a Amazon constrói sua infraestrutura, eles também têm oportunidades incríveis de escalar uma das partes mais lucrativas de seu negócio, o Amazon Web Services (AWS), e de alavancar sua logística para se tornar um fornecedor-chave terceirizado de logística para outros varejistas. Pouco depois de seu lançamento na Austrália em 2018, eles estavam vendendo seu próprio serviço de logística para outros varejistas sob o título "entregue pela Amazon".

Onde fica, nisso tudo, o Alibaba, proprietário do Tmall, TM Global, Taobao, Ali Pay e Ali Express?

> A seguir, está um artigo que escrevi para a *Retail Week* após minha viagem para o Dia dos Solteiros em Xangai. Publicado com a gentil permissão da *Retail Week*, o artigo completo, publicado em 4 de dezembro de 2017, intitulado "How Alibaba is Really Reinventing Retail",

pode ser acessado em: 🔗 **https://www.retail-week.com/opinion/ opinion-how-alibaba-é-really-reinventingretail/7027765.article**.

Recentemente tive o privilégio de assistir ao Dia dos Solteiros, ou 11/11, como é conhecido localmente (agora rebatizado como o Festival Global de Compras). Com mais de 140.000 marcas, das quais 100.000 são marcas internacionais, e com US$ 25,4 bilhões em vendas de mais de 200 países (em um dia), eu acho que esse é um título apropriado.

O Alibaba tem um forte caráter comunitário em seus negócios. Um bom exemplo disto é a Ling Shou Tong, um negócio do Alibaba que fornece aos pequenos varejistas independentes um sistema de PDV, análises, pedidos on-line, cadeia de suprimentos, *merchandising* e soluções de pagamento móvel, bem como uma equipe de consultores capazes de os ajudar a potencializar vários aspectos das suas operações, tais como promoções e *merchandising* na loja.

O Alibaba pretende ampliar seu conceito de mercearia HEMA. Sem um legado, a HEMA criou um espaço de varejo altamente experimental, com a mistura de *live produce* (produção "ao vivo" de gêneros agrícolas), diversas opções de refeições e soluções como os carrinhos de entrega em domicílio. Os carrinhos de supermercado até têm carros de brinquedo para crianças embutidos em sua estrutura.

Existe uma academia, um salão de beleza e outros serviços à comunidade, e todos eles aumentam o tráfego de pessoas, o tempo de permanência na loja e o gasto potencial por cliente.

O Alibaba está reinventando o varejo. Os executivos o chamam "o novo varejo". Eu chamo isso de "o cliente em primeiro lugar". Eles estão tirando proveito de suas imensas capacidades técnicas e casando isso com as necessidades dos consumidores e casos de uso, para oferecer conveniência e experiência no varejo a um nível sem precedentes.

Isso é liderar a inovação digital a nível global. O "Veja agora, compre agora" permite aos clientes encomendar os itens vestidos ou mostrados durante o Gala Countdown Show até o final do dia 11/11 (o Dia dos Solteiros). Estão usando a inteligência artificial (IA) para direcionar um serviço ao cliente mais eficiente e eficaz. Os seus provadores virtuais móveis permitem aos clientes "experimentar virtualmente as roupas", e a Alipay está revolucionando os meios de pagamento.

POR QUE NÃO RESPONDER À AMEAÇA DA AMAZON E DE OUTROS *MARKETPLACES*?

Ganho a curto prazo para dores a longo prazo é a ordem do dia para o restante dos varejistas. Vimos isso com a John Lewis, a House of Fraser e a TK Maxx, entre outras, cobrando dos clientes para clicar e retirar pedidos abaixo de um determinado valor. É uma reação para manter a margem e reduzir o "custo de servir". Uma das razões para a questão da margem é que muitos varejistas incorrem em custos adicionais à medida que preparam os pedidos por "clique e retire" em seus centros de distribuição, e não nas lojas. Em alguns casos, isso significa que eles só poderão oferecer o serviço de "clique e retire" no dia seguinte, o que levanta a dúvida se o modelo operacional que eles adotam é o mais apropriado para atender às necessidades dos clientes. Quando a John Lewis minimiza sua taxa de £2 – apenas 18% das encomendas coletadas ficaram abaixo do valor de £30 –, acaba perdendo o ponto. A entrega gratuita e conveniente tornou-se parte essencial das jornadas de compras multicanal dos consumidores. Desta forma, os varejistas terão dificuldade em conquistar os clientes das ofertas de entrega ou retirada gratuitas. Uma pesquisa da *Retail Week*, em 2016, revelou que três quartos dos consumidores não achavam que deveriam pagar qualquer valor adicional pelo serviço de "clique e retire".

Em dezembro de 2015, foi anunciado que a John Lewis investiria 500 milhões de libras nas vendas on-line, incluindo pessoal de TI, sistemas e depósitos (Gallagher, 2015). Esperamos que isso inclua o exame do seu modelo de negócio para proporcionar melhorias na experiência do cliente.

O meu receio em relação aos varejistas é que os problemas estão sendo acumulados ao focar-se os objetivos financeiros de curto prazo, em vez de assegurar uma experiência relevante para o cliente. Isso se torna ainda mais importante quando se considera o avanço contínuo da Amazon rumo a novas categorias, juntamente com sua liderança de mercado e a experiência de "comprar com 1 clique". Tudo isso faz com que seja cada vez mais provável que até os clientes mais fiéis dos varejistas fiquem tentados a comprar da Amazon. É inevitável que os clientes comprem cada vez mais de quem oferece a proposta de valor mais consistente – combinando variedade, valor e conveniência/serviço.

Tenho certeza de que estes são os principais motivos por detrás da aquisição da Argos pela Sainsbury. Isso permite tanto que o supermercado amplie o seu mix como também adquira uma capacidade de distribuição que, sem sombra de dúvida, compita com a da Amazon.

Você não pode suplantar a Amazon, e nem deve tentar fazê-lo. No entanto, os varejistas precisam redefinir seus modelos operacionais de forma a manter sua relevância para os seus clientes. No Capítulo 3, falo sobre as disrupções que estão acontecendo em todos os setores de consumo, de automóveis a serviços financeiros, e do varejo ao turismo. Também irei compartilhar o que as empresas podem fazer para se tornar disruptivas.

◢ Os mansos herdarão a Terra

Há um sentimento entre alguns varejistas de que, num dado momento, haverá uma revolta contra as virtudes da Amazon, uma vez que ela terá se tornado tão grande e tão dominante que os consumidores escolherão comprar seus produtos em outro lugar. Embora eu aceite que esta seja uma possibilidade, como eles continuam a ampliar sua gama de produtos e serviços, só consigo enxergar a proposta de valor da Amazon se tornar ainda mais relevante e mais conveniente, ao longo do tempo.

AS MARCAS FAST-MOVING CONSUMER GOODS (FMCG) E CONSUMER PACKAGED GOODS (CPG) ENCONTRAM NOVOS CAMINHOS PARA O MERCADO

Em 2017, o CEO de uma das maiores empresas de bens de consumo rápido (FMCG) do mundo se levantou durante uma conferência e disse: "Por que ainda precisamos dos varejistas? Ele o fez em tom sarcástico e provavelmente fazendo um desafio direto aos varejistas presentes no local. No entanto, há alguma verdade no que ele disse. Muitas marcas estão aumentando suas vendas, indo diretamente até os consumidores. Enquanto alguns estão fazendo isso por meio de seus próprios sites recém-criados e vendendo diretamente ao consumidor, grande parte do crescimento vem das vendas realizadas por meio da Amazon e de outros *marketplaces*. Os donos de marcas estão atentos à exigência de se permitir aos consumidores comprar seus produtos a qualquer momento e em qualquer lugar, o que significa estar presente nos canais que eles, os consumidores, frequentam. Existe uma crença genuína dentro de muitas marcas de produtos de grande consumo (FMCG) e de bens de consumo embalados (CPG) de que muitos dos seus atuais clientes varejistas, por meio dos quais vendem atualmente, não existirão no futuro. Uma de suas tarefas é determinar quais serão os canais para o mercado no futuro e preparar seus negócios para a mudança que está por vir.

DICAS PRÁTICAS PARA MELHORAR A EXPERIÊNCIA DO CLIENTE

1. Produtos exclusivos podem ajudá-lo a defender a sua posição.
2. Escute a voz do cliente.
3. *Marketplaces* são um caminho eficaz para o mercado.
4. Proporcione uma experiência multicanal sem atritos.
5. Considere oferecer uma opção de entrega do tipo Amazon Prime.
6. Mantenha os amigos por perto, e os inimigos mais perto ainda.

1 PRODUTOS EXCLUSIVOS PODEM AJUDÁ-LO A DEFENDER A SUA POSIÇÃO

Os varejistas podem optar por atuar nos *marketplaces*, mas desenvolver linhas de produto exclusivas para diferenciar a oferta do *marketplace* da sua própria proposta D2C (*direct-to-consumer*). Falei com muitos varejistas em mercados onde a Amazon acabou de entrar, incluindo a Austrália. Algumas categorias, como os varejistas de mobiliário com marca própria, acreditam que não serão muito afetados por terem a sua própria marca. No entanto, a Amazon procurará outras marcas similares na categoria para construir a sua proposta para o mercado de mobiliário.

2 ESCUTE A VOZ DO CLIENTE

Ouvir a voz do cliente e captar seus sentimentos é a chave para você saber o que deve fazer. É vital que os varejistas compreendam que a simples transação com os clientes e ter os produtos certos no momento certo já não é mais uma vantagem competitiva. Você deve extrair o valor vitalício do cliente. Os clientes precisam de múltiplas razões para voltar repetidas vezes. Como destacado no Capítulo 1, fazer o básico da forma certa é o mínimo. Mas você precisa ir além. Enviar e-mails genéricos não é o suficiente. Os clientes querem ser tratados como indivíduos e receber um nível de serviço e uma experiência personalizados. Falo mais sobre isso no Capítulo 17.

③ MARKETPLACES SÃO UM CAMINHO EFICAZ PARA O MERCADO

Os *marketplaces* oferecem um caminho para o mercado e permitem que seus clientes comprem de você pelo canal que escolherem. Se você não estiver lá, outra marca concorrente estará. Não se esqueça, nos Estados Unidos e no Reino Unido mais clientes começam sua pesquisa de produtos pela Amazon do que pelo Google.

④ PROPORCIONE UMA EXPERIÊNCIA MULTICANAL SEM ATRITOS

Os consumidores querem "comprar à sua maneira". Eles demandam *o que* querem, *quando* querem e *onde e como* querem que seja fornecido. Você tem que, necessariamente, ser capaz de oferecer isso. Se você é um negócio exclusivamente baseado na internet, ou se tem um número limitado de lojas físicas, ainda pode oferecer uma proposta multicanal, permitindo aos clientes pegarem ou devolverem suas mercadorias em sua loja local usando serviços de coleta ou entrega, ou propostas similares.

⑤ CONSIDERE OFERECER UMA OPÇÃO DE ENTREGA DO TIPO AMAZON PRIME

O mesmo se aplica à proposta de atendimento. E se você oferecesse uma experiência do tipo Amazon Prime? Vender uma proposta de frete pago antecipadamente estimula os clientes a comprarem com maior frequência, uma vez que já pagaram pela entrega. Por que isso não poderia funcionar para o caso de uma joalheria? Para materiais esportivos? Para moda? Para utilidades domésticas? Pelo menos teste e aprenda. Experimente. Se não der certo, fracasse rapidamente. Pelo menos você tentou.

O Quadro 2.1 apresenta alguns dos principais *marketplaces* que você pode considerar como um canal adicional para o mercado. Afinal de contas, os *marketplaces* proporcionam tráfego adicional e clientes em potencial. São também uma boa maneira de colocar os pés na internacionalização do seu negócio, antes de se comprometer com novos mercados.

QUADRO 2.1 Principais *marketplaces*

Marketplace	País
Amazon	Estados Unidos, Reino Unido e Irlanda, França, Canadá, Alemanha, Itália, Espanha, Holanda, Austrália, Brasil, Japão, China, Índia e México
Tmall	China, Reino Unido, Canadá, Itália, Alemanha, Dinamarca, Holanda, Bélgica, Estados Unidos, Noruega, França, Espanha
Ali Express	China vendendo para o mundo inteiro
Zalando	Alemanha, Reino Unido
Zalora	Indonésia, Singapura, Malásia, Filipinas, Hong Kong, Taiwan, Brunei
Lazada	Indonésia, Malásia, Filipinas, Singapura, Tailândia e Vietnã. A Lazada também tem escritórios em Hong Kong, Coreia, Reino Unido e Rússia
Noon	Oriente Médio
Namshi	Emirados Árabes Unidos, Arábia Saudita, Kuwait, Bahrein, Omã e Qatar
Flipkart	Índia
eBay	Estados Unidos, Canadá, Argentina, Brasil, México APAC: Austrália, Japão, China, Coreia, Hong Kong, Malásia, Índia, Singapura e Taiwan Europa, Oriente Médio e África: Bélgica, Irlanda, Rússia, República Checa, Espanha, Dinamarca, Israel, Suécia, França, Itália, Suíça, Alemanha, Luxemburgo, Turquia, Países Baixos, Noruega, Polônia e Reino Unido
Flubit	Reino Unido e Irlanda
Price Minister	França, Suíça, Bélgica e Canadá
Alegro	Áustria e Alemanha

Marketplace	País
Etsy	Reino Unido, França, Espanha, Itália, Alemanha, Holanda, Austrália, Luxemburgo, Áustria, Canadá, Estados Unidos, Nova Zelândia, Polônia, Finlândia, Suécia, Bélgica, Singapura, Irlanda e Grécia
Pixmania	Reino Unido, Irlanda, França, Portugal, Espanha, Alemanha, Itália, Bélgica, Finlândia, Holanda, Luxemburgo, Áustria, Suécia e Noruega
Jet.com	Estados Unidos
Mercado Libre	América Latina – Argentina, Brasil, Chile, Colômbia, Costa Rica, Equador, México, Peru, Uruguai e Venezuela
Fruugo	Dinamarca, Reino Unido, França, Espanha, Itália, Alemanha, Holanda, Rússia, Luxemburgo, Austrália, Áustria, Suécia, Canadá, Estados Unidos, Polônia, África do Sul, Finlândia, Portugal, Bélgica, Nova Zelândia, Irlanda, Suíça e Noruega
Cdiscount	França
Fnac	França, Espanha, Itália, Brasil, Bélgica, Portugal e Suíça
Otto	Alemanha, Áustria, Bélgica, Holanda, Rússia
Real	Alemanha
Newegg	Estados Unidos, Canadá, Reino Unido, Holanda, Irlanda, Austrália, Polônia, Índia, Singapura e Nova Zelândia
Sears	Reino Unido, Brasil, Espanha, Itália, Alemanha, Holanda, Estados Unidos, México, Japão, Finlândia, Austrália, Índia, China, França, Grécia e Hungria
JD worldwide	China
Rakuten	Japão
Trade me	Nova Zelândia
Linio	Argentina, Chile, Colômbia, Equador, Panamá, Peru e Venezuela
ASOS	Reino Unido, Estados Unidos, Austrália
Game	Reino Unido
Tesco	Reino Unido

6 MANTENHA OS AMIGOS POR PERTO, E OS INIMIGOS MAIS PERTO AINDA

Fique de olho na concorrência e nas rápidas mudanças do ambiente de seu setor. As coisas estão avançando em um ritmo tal que se você também não estiver focado na concorrência ficará obsoleto antes mesmo de se dar conta.

COM A PALAVRA, O PROFESSOR MALCOLM McDONALD

As lojas de varejo não vão desaparecer, apesar das "Amazons" espalhadas mundo afora. Isso porque sempre haverá segmentos de clientes que realmente gostam do processo de ir até um *shopping center* para vivenciar a legítima experiência do varejo. Essas pessoas sempre estarão lá. Mas, se ouvirmos os conselhos do Martin, a experiência desses clientes vai melhorar bastante. Então haverá mais deles! No entanto, não há dúvida de que, para sobreviver, os varejistas têm de aumentar significativamente o seu nível. "Sobreviver", no entanto, não é suficiente. Para que possam prosperar e continuar a gerar valor para os acionistas, a experiência de compra tem de ser extraordinariamente boa para cada um dos diferentes segmentos de consumidores que eles escolherem atender.

Tomemos como exemplo Marks & Spencer, que teve o seu maior declínio de mercado em 2016, impulsionado pelo vestuário (Wood; Farrell, 2016). Creio que o declínio relativo deles tem mais a ver com o posicionamento de mercado que eles tinham. A marca foi fundada sobre uma visão de valor aspiracional e de qualidade que funcionou brilhantemente no século XX. O ponto que estou salientando é que, embora a Marks & Spencer tenha um modelo de on-line e off-line útil e eficiente, eles – ou qualquer outra organização – têm de se posicionar da forma correta, além da questão do mix on-line/off-line.

O posicionamento intermediário da Marks & Spencer tornou-se um lugar cada vez mais desagradável para se ficar. Em 2017, eles trabalharam duro para reverter a queda nas vendas de roupas, lidando com reclamações sobre roupas mal ajustadas e estilos excessivamente modernos. Eles também estão vendo o aumento nas vendas sendo impulsionado pela categoria alimentos (Armstrong, 2017), e esperam que isso melhore seu posicionamento de mercado. Refiro-me aos comentários que fiz no final da Introdução, quando expliquei que o posicionamento e a marca dependem totalmente de uma profunda compreensão das necessidades de segmentos específicos, em vez de tentar ser tudo para todas as pessoas.

REFERÊNCIAS

AMAZON.COM. Amazon.com: AmazonFresh Pickup. On-line, 2017. Disponível em: <https://www.amazon.com/afx/nc/aboutpickup>. Acesso em: 29 nov. 2017.

ARMSTRONG, A. Marks & Spencer Slows Rate of Decline in Clothes Sales. On-line, 2017. Disponível em: <http://www.telegraph.co.uk/business/2017/07/11/marks-spencer-slows-rate-decline-clothes-sales/>. Acesso em: 29 nov. 2017.

CONSUMER INTELLIGENCE RESEARCH PARTNERS (2018) [acessado em 23 de março de 2018] Amazon Prime Reaches 85 Million US Members. On-line, 2018. Disponível em: <https://www.cirpllc.com/blog/2018/1/14/amazon-prime-reaches-85-million-us-members>. Acesso em: 23 mar. 2018.

CREDIT SUISSE. *Retailing Quarterly*, *online*, 2017. Disponível em: <https://research-doc.credit-suisse.com/docView?language=ENG&format=PDF&sourceid=csplusresearchcp&document_id=1073325671&serialid=EyVXtoz87yovWNNAvcZfsquqOSSytpm8w1T1EClqtRo=>. Acesso em: 29 nov. 2017.

EMARKETER.COM (2017) Share of US Retail Ecommerce Sales Growth, Amazon vs. Rest of the Market, 2016. On-line, 2017. Disponível em: <https://www.emarketer.com/Chart/Share-of-US-Retail-Ecommerce-Sales-Growth-Amazon-vs--Rest-of-Market-2016-of-total-retail-ecommerce-sales- growth/204745>. Acesso em: 29 nov. 2017.

GALLAGHER, P. John Lewis Investing £500m Into eCommerce. On-line, 2015. Disponível em: <https://www.retailgazette.co.uk/blog/2015/12/john-lewis-investing-500-pounds-to-ecommerce/>. Acesso em: 30 nov. 2017.

HARRIS POLL. Harris Poll Names Top Nonprofit Brands for 2017. *Nonprofit Business Advisor*, **v.** 334, p. 7, 2017.

RUPP, M.; COLEMAN-LOCHNER, M.; TURNER, M. America's Retailers Are Closing Stores Faster Than Ever. On-line, 2017. Disponível em: https://www.bloomberg.com/news/articles/2017-04-07/stores-are-closing-at-a-record-pace-as-amazon--chews-up-retailers. Acesso em: 28 nov. 2017.

WOOD, Z.; FARRELL, S. Marks & Spencer Suffers Biggest Clothing Sales Fall in 10 Years. On-line, 2016. Disponível em: <https://www.theguardian.com/business/2016/jul/07/marks-spencer-suffers-big-fall-in-clothing-sales>. Acesso em: 28 nov. 2017.

CAPÍTULO 2

> **"FIQUE DE OLHO NA CONCORRÊNCIA E NAS RÁPIDAS MUDANÇAS DO AMBIENTE DE SEU SETOR.** AS COISAS ESTÃO AVANÇANDO EM UM RITMO TAL QUE SE VOCÊ TAMBÉM NÃO ESTIVER FOCADO NA CONCORRÊNCIA FICARÁ OBSOLETO ANTES MESMO DE SE DAR CONTA.**"**
> Martin Newman

3

Removendo o atrito da jornada do cliente: fazendo o básico da forma correta em viagens, varejo, alimentos e bebidas, lazer e serviços financeiros

O QUE VOCÊ APRENDERÁ NESTE CAPÍTULO?

▶ Discuto quais são os principais pontos de atrito dentro de cada vertical que lida face a face com o consumidor.

▶ Apresento uma visão de como empresas disruptivas estão criando propostas de valor altamente eficazes para o cliente e forneço estudos de caso sobre como essas organizações estão ganhando *market share*.

▶ Destaco também algumas oportunidades inexploradas para impulsionar as vendas, com destaque para hotéis, restaurantes, automóveis, saúde e lazer, serviços públicos e viagens.

Todas as verticais de mercado estão passando por diferentes graus de desintermediação, que é a redução da quantidade de intermediários entre a produção e os consumidores. Em outras palavras, o consumidor é capaz de saltar uma etapa e acessar diretamente o fabricante, como é cada vez mais comum no setor automotivo. Agora os consumidores podem comprar um carro direto da fábrica, em vez de terem que ir a uma concessionária. Você também poderia fazer o contrário, permitindo que os clientes se dirigissem a um agregador que oferece opções em vez de uma única alternativa. Um exemplo disso seria o Airbnb no caso de viagens ou a GoCompare.com em serviços financeiros.

O RITMO DA MUDANÇA E DA DISRUPÇÃO É ASSOMBROSO

As coisas estão evoluindo de tal maneira que a ameaça de disrupção é real em todas as categorias e verticais. Basta perguntar a taxistas e proprietários de empresas de táxi de Londres, Nova York ou Las Vegas quantos deles poderiam imaginar um modelo de negócio parecido com o da Uber entrando no seu mercado e conquistando tanto *market share*. Ou como se sentiram todos os varejistas de cartões comemorativos sobre a perspectiva de seus clientes comprarem seus cartões on-line. Será que eles perceberam o site de cartões Moonpig ou o Funky Pigeon chegando? Ou simplesmente não foram capazes de reagir com a rapidez necessária? Será que os operadores turísticos tradicionais viram o Lastminute.com ou a Expedia chegando? Da mesma forma, sites de reservas on-line, como o Booking.com, podem não ter visto o Airbnb no horizonte. Então, até as empresas disruptivas estão sendo ameaçadas! Nos anos 1990, a British Airways viu easyJet e Ryanair no seu espelho retrovisor?

A disrupção não é novidade. Há milhares de anos que isso acontece. A diferença é que agora a tecnologia digital serve de plataforma para a implementação rápida de novos modelos de negócio. É por isso que as empresas em todas as verticais que lidam face a face com os consumidores devem mudar a sua abordagem para desenvolvimento de negócios, ou *business development*. Afinal, como você pode comprovar um *business case* quando o que você está tentando fazer nunca foi feito anteriormente?

VAMOS COMEÇAR PELO SETOR DE TURISMO

Os sites de viagens foram os primeiros inovadores, ou *early innovators*, no on-line. Rapidamente, as reservas de viagens passaram da rua para a internet. A adoção pelo consumidor aos sites de viagens foi rápida. Os negócios exclusivamente on-line ofereceram uma forma mais rápida e econômica de reservar um voo ou comprar um pacote de férias do que os tradicionais agentes de viagens, com lojas físicas. No entanto, apesar do sucesso, ainda existem algumas dificuldades e problemas que dificultam a compra on-line de pacotes de férias pelos clientes. Como pai de duas meninas, nossa principal exigência quando elas estavam mais crescidas era ter quartos vizinhos, com uma porta de ligação, para que eu e a minha mulher ficássemos tranquilos, sabendo que as nossas filhas estavam em segurança e que estaríamos ali ao lado delas para confortá-las caso fosse necessário. Até 2018, ainda não sabia de um único site de viagens que assegurasse a disponibilidade de quartos vizinhos; ou, se assim fosse, que tivesse anunciado isso. Tal situação, por sua vez, nos levou a continuar a reservar as nossas férias por intermédio de um agente de viagens off-line, até que as nossas filhas tivessem idade suficiente para que os quartos vizinhos não fossem absolutamente necessários!

Players como o Airbnb têm gerado ainda mais disrupção nesse setor. Se você vai sair de férias ou for viajar a negócios, o Airbnb é uma ótima alternativa aos sistemas de reserva de viagens puros, como o Booking. com ou a Expedia, e, ao mesmo tempo, oferece uma proposta de valor muito atraente para o cliente:

- **Variedade/escolha:** uma variedade mais ampla do que qualquer outro site on-line e para todos os gostos e exigências, com categorizações muito específicas tais como: "apenas reservado", "experiências gastronômicas", "destinos em destaque" e assim por diante.

- **Preço:** adequado a qualquer orçamento.

- **Disponibilidade:** você só verá o que está disponível para o período que você quer viajar.

- **Credibilidade dos amigos:** os primeiros resultados que você vê são as experiências e acomodações visualizadas pelos seus amigos.

O SETOR AUTOMOTIVO

Um bom exemplo de marca que desenvolveu não só um produto altamente inovador, mas também os canais de venda em que os seus carros podem ser comprados é a Tesla. Ela foi a primeira marca de automóveis a fazer a desintermediação da venda e atender diretamente o consumidor. Você só pode comprar diretamente dela (*Forbes.com*, 2016).

Uma coisa que eu diria que pode, sem dúvida, ser melhorada no setor de automóveis é a localização das concessionárias. A maioria das concessionárias de automóveis fica longe, sobretudo porque precisam de uma grande área construída, o que é mais barato na periferia das cidades do que na região central. No entanto, nem sempre isso é o mais conveniente para os potenciais clientes. E, certamente, isso não gera nenhuma venda pelo trânsito de pessoas que passam na rua. O cliente precisa ter de querer visitar uma concessionária de automóveis. A iniciativa da Tesla em abrir lojas em pontos de comércio tradicionais foi uma jogada inteligente. Isso aumenta o alcance da marca e possivelmente atrai novos clientes que podem estar passando pelo local e, espontaneamente, decidem entrar no *showroom* da Tesla. Além disso, **democratiza a experiência de compra de automóveis**, levando a marca até o cliente, e não o contrário. Isso torna a Tesla acessível a qualquer pessoa que queira ter uma experiência com a marca. A Skoda é apenas uma das inúmeras outras marcas que tentam seguir o modelo da Tesla.

A Rockar possibilita que marcas de automóveis, incluindo a Jaguar Landrover, abram seus próprios *showrooms* diretamente ao consumidor, bem como tenham suas próprias lojas de automóveis digitais – algumas avulsas, e outras em outros espaços de varejo, como a varejista de moda Next.

A Toyota está entre os diversos fabricantes de automóveis que trabalham com a plataforma de visualização ZeroLight, que permite aos potenciais compradores de automóveis usarem um *headset* num, digamos, escritório, *shopping center* ou numa pequena concessionária no centro da cidade e serem transportados para dentro do automóvel. O carro pode ser examinado de perto, e as configurações podem ser escolhidas pelo usuário. A ZeroLight foi integrada à Alexa, da Amazon, permitindo que os compradores de automóveis possam experimentar, interagir e fazer alterações no modelo de automóvel que está sendo avaliado, por meio de um simples comando de voz.

O SETOR DE SAÚDE E LAZER

A PureGym sacudiu o mercado de academias no Reino Unido ao criar uma proposta extremamente poderosa no setor de saúde e lazer:

- **Localização:** uma boa localização, geralmente com estacionamento ou acesso fácil ao transporte público, muitas vezes em áreas próximas do local de trabalho ou perto dele.

- **Preço:** preço baixo.

> **Flexibilidade:** as pessoas detestam ficar presas a contratos anuais. Não há esse tipo de contrato na PureGym. Você pode comprar um passe para um dia, para um mês ou um período maior.

Mais uma vez, isso é empoderamento do cliente. A flexibilidade coloca o cliente no controle e não o contrário.

O SETOR DE ALIMENTOS E BEBIDAS

O mercado de bares e restaurantes mais casuais poderá ser um dos próximos a passar por uma disrupção. Quanto dinheiro, em média, perde um bar pelo fato de haver poucos funcionários para atender os clientes? Quantas bebidas a mais poderiam ter vendido? Quando foi a última vez que eles fizeram um teste A/B para saber qual foi o impacto nas vendas e na rentabilidade de ter mais gente atendendo? No Reino Unido, o Wetherspoons implementou uma funcionalidade para ser usada dentro do bar pela qual, por meio de um aplicativo, o cliente pode fazer o pagamento e solicitar que tragam a sua bebida até ele. Essa é uma ótima experiência.

Posso clicar e pegar os meus pedidos de bebidas da mesma forma que já posso clicar e pegar o meu Starbucks. Eu não quero ficar esperando numa fila. Eu só quero ir e beber o que eu quiser!

Quando, a caminho do trabalho, você vai comprar um café, normalmente está com pressa. A Starbucks continua aprimorando o seu popular aplicativo Order & Pay com o My Starbucks Barista, permitindo aos clientes fazer pedidos e pagar pela refeição e pela bebida por meio de uma simples troca de mensagens.

O sucesso da funcionalidade de pedido antecipado, que em 2017 representou 7% de todas as vendas nos Estados Unidos, levou a Starbucks a abrir uma loja móvel de "peça e pague" na sua sede em Seattle (Retail Insider, 2017). Independentemente do aplicativo, sempre me pergunto por que razão o processo de servir café não pode ser mais linear e orientado por processos. Toda vez que entro em qualquer uma das principais cafeterias – e eu frequento quase todas –, tenho uma experiência inconsistente. O serviço poderia ser mais consistente, simplificado e eficiente.

◢ Estou falando demais sobre restaurantes

Por que os restaurantes não instalam um sistema silencioso de campainha para alertar os funcionários quando você estiver pronto para fazer o seu pedido, pedir outra bebida ou pagar a conta? É constrangedor, tanto para o cliente como para os funcionários, quando o cliente tem de levantar os braços ou chamar o garçom até a mesa para ser atendido. Trabalhando em parceria com a Mastercard, a Wagamama introduziu um aplicativo que permite aos clientes pré-cadastrados pagar e ir embora.

O SETOR DE IMPRENSA E MÍDIA

Infelizmente, os jornais têm sofrido os efeitos da disrupção ao longo dos últimos 20 anos. Na verdade, desde que a internet decolou em meados da década de 1990, a maioria dos meios de comunicação tradicionais tem perdido, gradualmente, *market share*. Isso aconteceu de forma sistemática e rápida durante a última década, à medida que o consumo de mídia migrou para a mídia on-line gratuita (ONS, 2017). Existem alguns veículos, como o *The Times*, do Reino Unido, que conseguiram manter um *market share* razoável por meio da migração de parte dos clientes para os seus conteúdos on-line pagos. Outros veículos sofreram um declínio significativo nas tiragens e nas vendas. Não há uma resposta fácil. Embora alguns veículos tenham mudado para um modelo em que o jornal impresso é gratuito e gerem receita apenas com publicidade, outros proprietários de meios de comunicação, incluindo a Condé Nast, tentaram corajosamente criar alternativas para a venda no varejo on-line, como é o caso do seu site style.com.

OS SETORES DE SERVIÇOS ESSENCIAIS E TELECOMUNICAÇÕES – OS PRÓXIMOS A PASSAR PELA DISRUPÇÃO?

Os setores de serviços essenciais (água, energia, gás, esgoto) e de telecomunicações são verticais de mercado que lidam diretamente com o consumidor e que parecem estar bem preparadas para a disrupção. Os consumidores parecem não ter muitas opções de escolha nesses setores. De operadoras de celular a empresas de gás e energia, as opções são relativamente poucas. Além disso, o custo para mudar de fornecedor, seja em termos monetários, de tempo, de irritação ou do desconforto sentido para mudar, é relativamente elevado em relação à maioria das outras verticais voltadas para o consumidor. Essas barreiras são boas para as empresas, mas seguramente não o são para os clientes. Para alguns desses serviços, o cliente muitas vezes fica preso a um contrato, em certos casos, por até dois anos. Qualquer pessoa que tenha mudado de fornecedor de banda larga sabe que isso pode resultar numa série de problemas de queda da internet durante algum tempo. De acordo com o Institute of Customer Service, o nível de atendimento ao cliente está melhorando no setor de serviços essenciais e telecomunicações. Contudo, o setor ainda ocupa a décima segunda posição no *ranking*, entre treze setores avaliados (UKCSI, 2017).

Existem alguns novos entrantes com modelos inovadores, incluindo a Utility Warehouse e a Ovo Energy, que estão tentando combater alguns dos estereótipos e problemas que os clientes enfrentam quando se relacionam com empresas de serviços essenciais. Por exemplo, a OVO Energy permite que os clientes tenham mais controle sobre o seu consumo de energia por meio de um sistema de gestão da conta on-line que permite a esses consumidores verificarem seus saldos e enviarem as leituras dos seus medidores. Tudo isso ajuda os clientes a terem mais controle sobre o consumo e sobre os gastos com energia. Há uma importante questão de responsabilidade social corporativa envolvida, uma vez que 33% da energia elétrica fornecida por eles é renovável. Eles pagam um valor de 3% a título bônus para os clientes que mantêm um crédito em suas contas de energia, e, em média, seus clientes economizam cerca de £120. É uma proposta de valor muito atraente para o cliente.

A Utility Warehouse oferece aos clientes a possibilidade de economizar nas suas contas de energia elétrica, entre outras coisas, substituindo todas as suas lâmpadas incandescentes por lâmpadas LED. Ela também permite que eles controlem o seu orçamento total de energia e de serviços domésticos, disponibilizando um ambiente no qual esses clientes possam pagar suas contas e consultar todos os serviços consumidos, incluindo os de energia, telefonia fixa, banda larga e telefonia móvel, tudo num mesmo lugar.

◢ O principal problema na Espanha é com a conta de telefone celular

Até 2017, as tarifas de *roaming* fizeram com que a utilização do telefone celular no exterior fosse uma experiência um tanto angustiante do ponto de vista do custo. O uso de dados para acesso à internet, mídias sociais e e-mail é extremamente caro, assim como as ligações e o envio de mensagens de texto. Parece mesmo que isto tem sido uma vaca leiteira, ou *cash cow*, para uma série de operadoras de telefonia móvel. A operadora de telefonia móvel Three vislumbrou uma oportunidade de proporcionar uma experiência melhor aos clientes eliminando o *roaming* internacional. Agora, não serão cobradas dos clientes quaisquer taxas adicionais pelo envio de mensagens de texto ou pelo uso de dados e eles poderão, em vez disso, usar a sua franquia do Reino Unido.

> **DICAS PRÁTICAS PARA MELHORAR A EXPERIÊNCIA DO CLIENTE:**
>
> 1. Percorra regularmente a jornada do cliente (*customer journey*).
> 2. Repense a sua proposta de valor para o cliente.
> 3. Adote KPIs voltados para o cliente.
> 4. Aprenda com a experiência de outras verticais de mercado.
> 5. Treine seus colegas de trabalho para removerem os atritos da jornada do cliente.

As seções seguintes reúnem uma série de exemplos práticos para diferentes setores, para que você possa começar a pensar como esses conceitos podem funcionar no seu próprio segmento.

❶ PERCORRA REGULARMENTE A JORNADA DO CLIENTE (*CUSTOMER JOURNEY*)

Você não vencerá sem se colocar no lugar do seu cliente. Isso dará a você uma série de *insights* sobre onde estão as barreiras para se fazer negócios com você.

Exemplos para concessionárias de automóveis:

▶ Você já tem um recurso do tipo "monte o seu carro" no seu site? Se ainda não, você precisa de um.

▶ O que você pode fazer de forma remota para que eu possa experimentar o carro que estou interessado em comprar? Você consegue me enviar um vídeo do carro?

▶ Até que ponto os seus vendedores são eficientes em retornar as mensagens telefônicas deixadas pelos clientes? Eu já tive muitas experiências negativas aqui. Por que não criar uma função específica encarregada de dar retorno aos clientes?

▶ A maioria das concessionárias de automóveis têm pessoal insuficiente nos períodos de pico: como lidar com o excesso de clientes que querem ser atendidos por um vendedor? Por que não permitir que os clientes agendem um horário pelo site?

▶ Se um cliente souber o carro em que está interessado, que tal levá-lo até ele quando for da conveniência dele?

❷ REPENSE A SUA PROPOSTA DE VALOR PARA O CLIENTE

Exemplos para empresas de telecomunicações. Construir lealdade é o ponto crucial. É impossível conseguir isso logo no início. É aí que entra a proposta de valor para o cliente.

Se você é uma operadora de telefonia móvel ou um varejista que vende celulares, oferecer um pacote "sem riscos" pode ser uma boa estratégia:

▶ Substituição gratuita do aparelho em caso de quebra do seu.

▶ Empréstimo temporário de um aparelho celular enquanto o seu é consertado.

▶ Troca gratuita do seu celular quando um novo modelo for lançado.

▶ Tarifa global: use o seu plano de dados atual em qualquer parte do mundo pagando a mesma tarifa.

Não estou defendendo que as operadoras de telefonia móvel percam dinheiro. Defendo a ideia de que elas pensem em como criar uma proposta de valor que seja mais centrada no cliente. No mínimo, a proposta apresentada aumentaria, certamente, o valor vitalício do cliente, o *lifetime value* (LTV). Por qual razão você procuraria outra operadora?

❸ ADOTE KPIs VOLTADOS PARA O CLIENTE

Se quiser compreender onde está o atrito para os clientes, um bom caminho para acompanhar e medir isso é usar KPIs orientados para a satisfação deles:

- Um exemplo seria medir o Net Promoter Score (NPS).

- Fazer avaliações da satisfação dos clientes em relação à experiência que tiveram.

- Aproveitar as avaliações e comentários que os clientes fizeram para tomar melhores decisões sobre os seus produtos ou serviços.

❹ APRENDA COM OUTRAS VERTICAIS DE MERCADO OU SEGMENTOS

Às vezes é possível obter os melhores aprendizados de outra vertical de mercado. O fato de a maioria dos bares não oferecer a opção de *click and collect*, ou "clique e retire", para as suas encomendas de bebidas não significa que não haja um mercado para isso. Esse é um tipo de alternativa que os consumidores já assimilaram e tem se revelado uma tendência no varejo.

❺ TREINE SEUS COLEGAS DE TRABALHO PARA REMOVEREM OS ATRITOS DA JORNADA DO CLIENTE

- Treine e empodere o seu pessoal para resolver a maior parte dos problemas sem a necessidade de ter de recorrer a um superior.

- Ajude-os a compreender quais são as principais dores dos clientes e como eles podem contribuir positivamente para facilitar a compra para eles.

COM A PALAVRA, O PROFESSOR MALCOLM McDONALD

O Moonpig foi criado durante um MBA da Cranfield. A Cranfield University School of Management é uma importante incubadora de *startups* disruptivas, por isso sabemos o que funciona nesta área. Contudo, há um problema em potencial com empresas disruptoras como a Uber, o Airbnb e outras similares, que já começam a ter comentários negativos espalhados por clientes insatisfeitos. O que parece acontecer, inevitavelmente, é que essas empresas se tornam uma ameaça tão grande que acabam caindo na armadilha da burocracia e perdendo o seu espírito de *startup*. O que empresas grandes como essas têm de fazer é preservar a cultura inicial de criatividade e a paixão de seus fundadores assim como fizeram a Amazon, a Microsoft e a Virgin.

Esta é apenas uma observação de um velho e experiente professor de marketing sobre a questão das propostas de valor. A minha própria pesquisa, não publicada, na Cranfield University School of Management por meio do nosso Key Account Management Research Club ao longo dos últimos 21 anos indica que menos de 5% das empresas têm propostas de valor quantificadas, por isso acabei de escrever *Malcolm McDonald on Value Propositions com Grant Oliver*, um livro da Kogan Page sobre como as organizações que não conseguem quantificar o valor que criam para os seus clientes não vão durar muito tempo. O valor, claro, está nos olhos de quem vê (valor em uso) e consiste tanto em elementos tangíveis como em intangíveis. No caso de uma cerveja, por exemplo, há o sabor, claro, e outros elementos tangíveis, mas o prestígio, a autoexpressão, a aspiração, a afirmação social, a moda, a masculinidade/feminilidade etc. também entram na equação e normalmente são muito mais importantes do que os aspectos tangíveis do produto.

Todas as marcas que realmente fazem sucesso, como a Johnson & Johnson, a Procter & Gamble, a General Electric, a 3M e outras semelhantes, segmentam os seus mercados e satisfazem necessidades específicas. Essas são marcas de sucesso a longo prazo. Todas elas têm propostas de valor muito bem definidas, e é por isso que muitas delas se mantêm vivas há centenas de anos. Fazendo bem o básico desta forma, será possível facilitar a jornada do cliente e alcançar os resultados descritos neste capítulo. ■

REFERÊNCIAS

FORBES.COM. Is the Direct Sales Model Critical for Tesla Motors?. On-line, 2016. Disponível em: <https://www.forbes.com/sites/greatspeculations/2016/03/03/is the direct-sales-model-critical-for-tesla-motors/#22e0a31f23b3>. Acesso em: 29 nov. 2017.

MAY, K. How 25 Years of the Web Inspired the Travel Revolution. On-line, 2014. https://www.theguardian.com/travel/2014/mar/12/how-25-years-of-the-web-inspired-travel-revolution>. Acesso em: 29 nov. 2017.

ONS. Internet Access – Households and Individuals. On-line, 2017. Disponível em: <https://www.ons.gov.uk/peoplepopulationandcommunity/householdcharacteristics/homeinternetandsocialmediausage/bulletins/internetaccesshouseholdsandindividuals/2017>. Acesso em: 29 nov. 2017.

RETAIL INSIDER. Digital Retail Innovations Report. On-line, 2017. Disponível em: <http://webloyalty.co.uk/Images/UK/Digital_Retail_Innovations_ Report_2017.pdf>. Acesso em: 29 nov. 2017.

UKCSI. UK Customer Satisfaction Index. On-line, 2017. https://www.instituteofcustomerservice.com. Disponível em: http://ICS-ukcsi-exec-summary-july17-interactive-2078.pdf>. Acesso em: 29 nov. 2017.

CAPÍTULO 3

"**TREINE E EMPODERE O SEU PESSOAL** PARA **RESOLVER** A MAIOR PARTE DOS **PROBLEMAS** SEM A NECESSIDADE DE TER DE RECORRER A UM SUPERIOR."
Martin Newman

4

Como ser **disruptivo** no seu **próprio negócio**

⚡ O QUE VOCÊ APRENDERÁ NESTE CAPÍTULO?

▶ Todas as verticais de mercado têm sofrido disrupturas provocadas por novos concorrentes que oferecem aos clientes novas propostas de valor mais atraentes. Este capítulo lhe ajudará a analisar várias possibilidades para se tornar um disruptor no seu próprio mercado – desde a criação e utilização de laboratórios de inovação até à adoção de uma cultura de teste e aprendizagem, tudo isso com o objetivo de contribuir para a evolução e competitividade do seu negócio.

▶ Há um requisito para se adotar um desenvolvimento de negócios ágil e, com isso, ficar um passo à frente dos seus concorrentes. Se você precisa ter 100% de certeza, estará 100% atrasado – como inovar sem precisar ter um *case* de negócios para cada ideia nova?

▶ Ainda que seja importante ter em mente o que disse o grande Henry Ford – "Se eu tivesse perguntado aos clientes o que eles queriam, teriam respondido: um cavalo mais rápido" –, eu defendo a participação dos clientes nos planos de desenvolvimento do seu negócio.

SEJA DISRUPTIVO PARA MELHORAR

Eu não sou um grande fã do termo *disrupção*. Em primeiro lugar porque vejo o mundo pela lente de um cliente, e a disrupção tende a sugerir uma experiência negativa em contraposição a uma experiência boa. Contudo, compreendo plenamente a definição de disrupção em relação ao impacto que empresas inovadoras e orientadas para o cliente causam, já que a maioria delas criou tecnologias que lhes permitiram oferecer uma proposta de valor ao cliente melhor, mais barata, mais rápida e mais relevante do que as alternativas que estavam disponíveis anteriormente, na vertical de mercado em questão. Pense nas empresas a seguir: Uber, Airbnb, Instacart, Amazon, Alibaba, Crowdcube, PureGym, Purple Bricks (imobiliária on-line de preço fixo) e muitas outras. Elas criaram propostas de valor melhores ou alternativas para os clientes nos seus segmentos e levaram vantagem sobre os *players* já estabelecidos.

Vivemos em um mundo onde a expectativa é ter ou conseguir tudo imediatamente. O nosso nível de tolerância e paciência são baixos, e as nossas expectativas de eficiência são elevadas. Isso nos leva à necessidade de uma abordagem do tipo *fail-fast*, ou fracasse rápido. Você não pode ficar parado. Não se pode considerar o que se tem como garantido. Também nunca se pode considerar que o negócio da sua empresa permaneça adequado no médio ou longo prazo.

DICAS PRÁTICAS PARA MELHORAR A EXPERIÊNCIA DO CLIENTE

1. Sempre comece garantindo que o básico seja feito de forma correta.
2. Permita que os clientes ajudem a definir como melhorar as coisas para eles.
3. Incentive o pensamento disruptivo para estimular a inovação.
4. Torne-se um negócio *agile* (ágil).
5. Crie uma cultura de inovação.

❶ SEMPRE COMECE GARANTINDO QUE O BÁSICO SEJA FEITO DE FORMA CORRETA

Há um grande número de empresas que vão direto para as coisas novas e estimulantes e se esquecem do básico.

Seja qual for o segmento de consumo no qual você opera – automóveis, restaurantes, serviços financeiros, varejo de moda ou material elétrico –, existem alguns fundamentos que ajudarão você a começar com o pé direito com os seus clientes. Alguns destes fundamentos são:

- Gerar confiança: os clientes podem nunca ter ouvido falar da sua empresa antes. A transparência é vital. Portanto, indique um número de telefone no seu site, juntamente com algumas informações sobre o seu negócio, como há quanto tempo já está estabelecido, se você tem um canal de atendimento presencial, qual a avaliação que outros clientes fazem de você, entre outras coisas.

- Me garanta que, se algo der errado, você estará lá para me ajudar. No varejo, isso incluiria políticas de devolução e reembolso; no setor automotivo, abrangeria a garantia de que eu receberia exatamente o carro que comprei; no ramo de viagens, incluiria o seguro da Associação das Operadoras de Turismo, de modo que se algo desse errado com a minha companhia aérea ou hotel eu teria o meu dinheiro de volta.

- Empoderando-me como cliente de modo a receber a minha encomenda quando e onde eu quiser, por exemplo, em casa ou no trabalho, retirando na loja, entregue de bicicleta na minha casa, por meio do sistema "clique e retire", e assim por diante.

- Deixe-me "comprar do meu jeito". Isso significa colocar o seu leque de produtos ou serviços à disposição para eu comprar quando e onde quiser.

❷ PERMITA QUE OS CLIENTES AJUDEM A DEFINIR COMO MELHORAR AS COISAS PARA ELES

Conforme mencionei no Capítulo 1, acredito sinceramente que empresas de todos os setores devem agir como prestadoras de serviços e oferecer aos seus clientes algo além de uma simples experiência comercial. Embora seja improvável que os clientes sejam a fonte do seu novo modo de trabalhar, de novas tecnologias ou serviços, é possível testar quais seriam as ideias capazes de fazer diferença em suas vidas. Começa a surgir uma série de novas tecnologias que vão facilitar um pouco a vida dos consumidores.

◢ Amazon Dash Button

O Amazon Dash Button é um dispositivo conectado à rede *wi-fi* que faz a compra do seu produto favorito com o apertar de um botão. Quando o *dash button* foi lançado em 2015, houve um certo ceticismo em relação ao seu possível impacto. Embora os pedidos feitos por meio de *buttons* sejam relativamente modestos, estão entre os serviços de maior crescimento na Amazon. Em 2016, houve um aumento de 650% no número de encomendas usando *dash buttons* em relação ao ano anterior. Para algumas marcas, as vendas por meio de *dash buttons* representam mais da metade do total de pedidos delas na Amazon (FORTUNE, 2017). Um novo impulso para as vendas com *dash buttons* será a introdução de botões virtuais de um clique que poderão ser colocados on-line no *marketplace* da Amazon ou no aplicativo da empresa. Enfim, simplifica a vida do cliente, permitindo que ele compre novamente determinado produto sem ter que sair de casa ou se dar ao trabalho de acessar a internet. É só apertar um botão. Não tem como ser mais fácil ou mais conveniente do que isso. Alguns varejistas de roupas como roupa íntima, camisas para trabalhar, entre outros também podem oferecer aos seus clientes uma tecnologia conveniente e uma experiência semelhante para que esses consumidores repitam as compras de produtos já adquiridos. Esse tipo de experiência não precisa de ser exclusivo dos produtos bens de consumo rápido (FMCG).

❸ INCENTIVE O PENSAMENTO DISRUPTIVO PARA GERAR INOVAÇÃO

Você está empoderado fazer uma contribuição para o seu negócio? Para "pensar diferente"? Para sugerir ideias sobre como melhorar a experiência dos clientes? Você pode fazer mais do que simplesmente encorajar seus funcionários ou colegas de trabalho a darem sugestões. É possível até mesmo premiar as melhores sugestões com um bônus em dinheiro, uma viagem de férias ou algum outro incentivo. É necessária uma cultura que estimule o espírito inovador, e não uma que dependa de um *case* de negócios para comprovar o ROI de toda e qualquer iniciativa que se pretenda empreender.

As tecnologias estão evoluindo tão depressa quanto as expectativas dos clientes sobre o tipo de experiência que procuram. Se você tiver de apresentar um estudo de caso para cada nova iniciativa, descobrirá simplesmente que está sendo deixado para trás pelos concorrentes que reconhecem que "falhar rapidamente" é uma força e não uma fraqueza – uma oportunidade para impulsionar o negócio e não algo que poderia fazer com que você perca dinheiro.

Imagine se você dissesse para a sua diretoria que enxergava uma oportunidade para aumentar o alcance da marca, abrindo pontos de "clique e retire" em lojas de varejo onde os clientes poderiam entrar e fazer um pedido, mas sem levar nenhum produto na hora, já que não haveria estoque disponível no local. A primeira pergunta provavelmente seria: "Tá falando sério?". A segunda seria: "Cadê o estudo de caso?". Só existe uma resposta para essas questões: "Não sei!". Afinal, isso nunca foi feito antes por nós e nem por ninguém. Isso é exatamente o que Andy Harding, ex-Chief Customer Officer da House of Fraser, disse à sua diretoria. As lojas da House of Fraser são enormes. Portanto, a abertura de uma nova loja requer grandes investimentos de capital. E, além disso, eles já têm lojas na maioria das grandes cidades do Reino Unido. Neste sentido, abrir um ponto de venda no qual os clientes possam fazer uma compra pelo sistema "clique e retire" é, teoricamente, uma ideia bastante razoável – aumenta o alcance da marca e coloca o cliente no controle sobre quando e onde o seu pedido será entregue.

◢ Varejo bancário

Na minha opinião, os bancos de varejo também já estão prontos para uma disrupção. Como mencionei no Capítulo 1, o Metro Bank entrou no mercado com novos patamares de serviço em relação aos horários de abertura que proporcionaram aos clientes maior flexibilidade. Também abriram agências em lugares mais convenientes para esses clientes, como centros comerciais. Porém, ainda não estou convencido de que alguém tenha trabalhado no sentido de proporcionar a melhor experiência possível em todos os pontos de contato e de responder adequadamente a todos os atritos que o cliente enfrenta no setor do varejo bancário.

◢ **Mudança cultural para estimular a centralidade no cliente**

Sim, é necessário ter um time de inovação, mas também é preciso fazer com que a inovação e a centralidade no cliente façam parte da descrição de cargo de todos os funcionários, de forma a criar a cultura necessária para colocar esse cliente em primeiro lugar.

Por que não permitir que todos contribuam com ideias inovadoras? Quem sabe até oferecer um prêmio em dinheiro por qualquer ideia que contribua para a melhoria do serviço ao cliente? Você também pode incluir KPIs e metas como dar pelo menos uma sugestão de melhoria do serviço ao cliente no próximo trimestre. Todo negócio também tem clientes internos. É deste ponto que as empresas têm de começar para proporcionar aos clientes externos a melhor experiência possível. O negócio tem uma cultura do tipo "Não, isso não dá pra fazer..." ou "Sim, dá pra fazer se..."? As pessoas são chamadas de "empregados" ou "colaboradores"? Celebra-se o sucesso ou penaliza-se o fracasso?

❹ TORNE-SE UM NEGÓCIO *AGILE*

As marcas que mais pensam no futuro criaram laboratórios de inovação em seus negócios. Lastminute.com, Shop Direct, John Lewis, Tesco e Walmart, todas elas têm centros de inovação testando formas de tirar proveito do uso da inteligência artificial (IA), da realidade aumentada, de aplicativos e de muitas outras novas tecnologias que possam melhorar a experiência do cliente. Esses laboratórios não são tratados por essas empresas como um centro de custos, e sim como centros de aumento do lucro. Essa é uma grande oportunidade para a marca continuar desenvolvendo o seu negócio, para atender os clientes de forma mais eficaz, para vender mais, para reduzir o *churn* (perda de clientes), para aumentar o *lifetime value* (LTV), para criar uma vantagem competitiva, e assim por diante. É também uma ótima chance para a marca reforçar sua relevância para os seus principais clientes, o que nunca deve ser superestimado.

◢ **O hotel-laboratório da Marriott**

De acordo com o Retail Innovations Report, a rede Marriott transformou um dos seus hotéis num laboratório experimental destinado a visitantes *millennials* e da geração Z, que podem atribuir a qualquer inovação um *like* (polegar para cima) ou um *dislike* (polegar para baixo). Telas e botões estão disponíveis por todo o hotel, permitindo aos hóspedes votarem, a qualquer momento, a favor ou contra as novas ideias. Entre as inovações que estão sendo testadas estão áreas comuns sofisticadas onde os hóspedes podem se reunir, cafeterias independentes em vez de grandes redes, aulas de ginástica personalizadas dadas por instrutores da região e pisos de madeira em vez de tapetes. As reações dos clientes no hotel-laboratório resultam em modificações em toda a rede Marriott se as avaliações positivas forem altas o suficiente (RETAIL INSIDER, 2017).

Fora do Vale do Silício nos Estados Unidos, grande parte das tecnologias inovadoras – incluindo a IA, que está a ajudar as marcas a proporcionar mais experiências centradas no cliente – tem vindo de Israel. A Shop Direct está entre uma série de marcas que estabelecem parcerias estratégicas com empresas de tecnologia de Israel, o que permite que elas tenham acesso, em primeira mão, às novas soluções que estão sendo desenvolvidas.

Por causa das dificuldades em recrutar pessoas com as competências em tecnologia necessárias para trabalhar em seus escritórios, alguns dos maiores varejistas que têm sede fora de Londres, incluindo a Tesco, a Argos e o grupo Shop Direct, criaram polos sediados em Londres, que permitem a eles explorar um leque mais amplo de talentos digitais.

❺ CRIE UMA CULTURA DE INOVAÇÃO

Use o Quadro 4.1 para ajudar você a definir como criar uma cultura de inovação na sua empresa.

QUADRO 4.1 *Framework da cultura de inovação*

Negócios	Inovadores	Muitas organizações tradicionais
Clientes consultados ou testados	✓ Alguns inovadores identificam as próprias oportunidades, a maioria testa com os clientes antes de experimentar	✗ Muitas vezes os produtos ou serviços das empresas não têm sido pesquisados

Case de negócios necessário	✗ Os inovadores não pedem um *case* de negócios	✓ Um *case* de negócios é sempre necessário
Mentalidade de "falhar rápido"	✓ As falhas rápidas são bem-vindas	✗ O fracasso pode custar a você o seu emprego!
Laboratório ou equipe de inovação separados	✓ Existe uma equipe montada para desenvolver novas oportunidades	✗ Nenhuma inovação
A inovação parou em tempos de dificuldade	✗ Pelo contrário, tempos difíceis são vistos como oportunidades	✓ Não começou, em primeiro lugar

 COM A PALAVRA, O PROFESSOR MALCOLM McDONALD

Criatividade e complacência estão em diferentes extremos do espectro. Nós sempre soubemos disso. Basta ouvir o que o poeta do século XVIII, Alexandre Pope, disse:

> Fixado como uma planta no seu local peculiar,
> Para extrair nutrientes, propagar e apodrecer,
> Ou como um meteoro, uma chama sem lei no vazio,
> destruindo os outros, por ele próprio destruído.
> ("Ensaio sobre crítica, Parte 2")

É recomendável encontrar um equilíbrio entre os dois. Como Charles Darwin (1809-1882) disse, "Não são as espécies mais fortes que sobrevivem, nem as mais inteligentes, mas sim as que respondem melhor à mudança". O também grande Peter Drucker (1909-2005) disso que "Se você estiver fazendo hoje o que fez ontem, não estará mais no negócio amanhã".

Da mesma forma, tenha cuidado com a inovação. Um diretor executivo fez algumas pesquisas e estabeleceu como objetivo que

40% de todas as vendas futuras deveriam vir de "novos" negócios todos os anos. Isso virou uma meta, e as pessoas foram recompensadas financeiramente por isso. O problema foi que, ao focarem o futuro, negligenciaram o negócio atual e acabaram falindo! Nunca é demais repetir: jamais se descuide do seu negócio principal, do seu *core business*.

Algumas das maiores empresas do mundo são a 3M, a General Electric, entre outras. Ninguém tirará delas suas "coroas", pois elas são criativas e inovadoras de um jeito muito especial. Elas se mantêm à frente da concorrência, trabalhando com seus clientes para descobrir necessidades até então desconhecidas. Então, encontram formas de satisfazer essas necessidades e, ao criar valor para seus clientes, empurram continuamente as fronteiras técnicas e se mantêm à frente dos concorrentes.

Tenha cuidado para não cair na armadilha de acreditar que apenas os seus clientes têm todas as respostas de que você precisa. Sim, você deve se engajar com eles e pedir-lhes feedback sobre as ideias que têm para melhorar o seu negócio, mas lembre-se de que as pessoas não pediram à Apple para inventar os iPods, os iPads, os *downloads* de música simplificados e outros produtos semelhantes. A Apple tomou a iniciativa, colocou em análise e inventou formas de tornar a vida mais fácil e mais agradável.

Também vale a pena mencionar o *hype* em torno dos *millennials* e da geração Z. Considerando os *millennials* como exemplo ilustrativo, é discutível que essas classificações não sejam verdadeiramente relevantes. Eles estão espalhados uniformemente por diferentes grupos atitudinais. Se você pegasse cinco *millennials* e lhes fizesse uma série de perguntas, cada um deles discordaria do outro; por outro lado, pessoas mais velhas são igualmente propensas tanto a concordar com um *millennial* quanto a discordar dele. Essa estereotipação é uma representação completamente imprecisa para fundamentar a sua lógica, da mesma forma que seria agrupar por nacionalidade ou por etnia. Os profissionais de marketing também deveriam fazer o mesmo em relação aos aquarianos ou aos librianos! Não posso deixar de mencionar mais uma vez o antigo e comprovado fator de sucesso comercial: a segmentação de mercado. ■

REFERÊNCIAS

FORTUNE. Two Years After Launching, Amazon Dash Shows Promise. On-line, 2017. Disponível em: <http://fortune.com/2017/04/25/amazon-dash-button-growth/>. Acesso em: 29 nov. 2017.

RETAIL INSIDER. Digital Retail Innovations Report. On-line, 2017. Disponível em: <http://webloyalty.co.uk/Images/UK/Digital_Retail_Innovations_ Report_2017.pdf>. Acesso em: 29 nov. 2017.

> **"TENHA CUIDADO PARA NÃO CAIR NA ARMADILHA DE ACREDITAR QUE APENAS OS SEUS CLIENTES TÊM TODAS AS RESPOSTAS DE QUE VOCÊ PRECISA."**
> Martin McDonald

CAPÍTULO 4

5

O papel da **loja** e a sua
nova configuração

O QUE VOCÊ APRENDERÁ NESTE CAPÍTULO?

▶ As lojas de varejo estão prestes a passar por uma revolução, uma mudança sísmica na experiência que elas proporcionam aos consumidores. Elas precisam fazer isso. Senão, haverá muitos segmentos de clientes que não se darão ao trabalho de ir até uma loja.

▶ Neste capítulo, você aprenderá como tirar proveito das tecnologias digitais *instore* para impulsionar a geração, conversão e retenção de clientes. Não me refiro a artifícios como o uso de espelhos digitais, os *digital mirrors*, que não acrescentam nenhum valor para o cliente.

▶ Vou esclarecer como os varejistas estão usando as tecnologias digitais para remover o atrito da jornada do cliente.

▶ Explicarei a razão pela qual a imersão no produto e na marca são elementos fundamentais para engajamento dos clientes, e o que isso significa para o um novo *layout* de loja.

▶ Você aprenderá sobre como o espaço do varejo pode ser usado de maneira diferente.

De acordo com a pesquisa *Pulse of the On-line Shopper*, da UPS, a partir de 2017, 84% dos clientes ainda consideram as compras numa loja uma parte importante da sua experiência de compras; 52% disseram que queriam tocar e sentir os produtos; 50% foram à loja para resolver uma necessidade imediata; 47% pensaram que iriam ter um atendimento ao cliente superior (embora 53% obviamente não tenham pensado nisso!); e 43% acharam que veriam produtos exclusivos. Tudo isso sugere enfaticamente que as lojas ainda têm um importante papel na satisfação das necessidades dos clientes (UPS, 2017).

Em primeiro lugar, os varejistas estão considerando de quantas lojas precisam, especialmente quando há uma mudança significativa no canal. No período de três meses até ao final de julho de 2017, a Next teve um aumento de 0,7% nas vendas contra uma previsão de queda de 2,8%. Entretanto, é a discrepância entre as vendas on-line da Next (+11,4%) e as vendas nas lojas (-7,4%) que está levando os analistas a serem cautelosos. Nos últimos 10 anos, as vendas das lojas aumentaram 2%, enquanto os espaços comerciais aumentaram 71%. A Next tem muito mais lojas do que a Debenhams e a M&S – lojas de ampla variedade –, são 543 lojas da Next contra 240 e 343 das outras duas, respetivamente. Cafeterias, *nail bars* e similares são todos parte das tentativas inovadoras da Next para manter os compradores passeando pelas suas lojas, mas a verdade é que a Next tem uma área de vendas exagerada à sua disposição e decidiu equilibrar a fórmula on-line/lojas físicas (MEDDINGS, 2017).

O PAPEL DA LOJA

Muitos varejistas estão se perguntando qual é o papel que suas lojas poderiam desempenhar no futuro a fim de se manterem relevantes para os clientes. Esta é uma pergunta que as marcas de produtos de consumo também deveriam se fazer. Contudo, não me parece que elas o façam, ou não com a frequência que deveriam.

VISÃO DE *EXPERT*

Um exemplo de varejista que sabe como reinventar as suas lojas para permanecer relevante é a David Jones, uma das principais redes de lojas de departamento da Austrália. Com o intuito de criar uma autêntica diferenciação e, ao mesmo tempo, aumentar a visitação, o tempo de permanência, os valores médios dos pedidos e a satisfação geral do cliente, David Jones criou uma excepcional experiência gastronômica dentro da loja.

Falei com Aaron Faraguna, Diretor de Varejo da David Jones. Ele me disse que eles começaram a desenvolver a proposta gastronômica conversando com os clientes.

Eles fizeram vários grupos focais com clientes ativos, clientes inativos e com um grupo de controle com pessoas que não fazem compras na David Jones. Os clientes disseram a eles para tornar a experiência limpa, rápida e conveniente e criar algo diferente para torná-la interessante.

A área de alimentação nas principais lojas, como no Shopping Center de Westfield, em Bondi Junction, tem uma proposta que estimula não só as vendas de comida para consumo dentro da loja, mas também para levar para casa. Todas as suas áreas de alimentação têm atualmente ou terão num futuro próximo uma proposta totalmente regionalizada em termos de experiência e uso de produtos locais, além de uma forte abordagem focada na comunidade local.

Em Bondi, há uma experiência de jantar e outra de café que incluem comida para viagem, pizzas, entre outras opções. O restaurante principal fica ao lado do açougue, com o propósito de que os clientes possam comer um prato com carne e depois tenham como pedir ao açougueiro um corte parecido para levar e comer em casa.

Há um *sushi bar*, uma padaria com um cheiro maravilhoso de pão fresquinho que se espalha pela área de alimentação, um espaço com frutas e vegetais frescos, um bar de ostras, uma chocolateira e uma cozinha aberta dando para as principais áreas de alimentação, aproximando o cliente da ação.

Os consumidores australianos querem uma interação autêntica, e é razoável dizer que a David Jones entrega isso e, ao fazê-lo, fornece o que o cliente quer, colocando-o, portanto, em primeiro lugar. Para completar, o departamento gastronômico está repleto de pessoas com vasta experiência e conhecimento sobre os produtos, permitindo que o varejista dê vida ao conceito no seu todo.

Na loja de Bondi Junction, o vendedor de queijos trabalha há trinta anos na área, o açougueiro tem formação completa e o peixeiro está no ramo há cerca de quarenta anos. Eles têm uma recepção, a *"food concierge"*, onde o cliente pode encomendar alimentos e vinhos, reservar uma mesa para o jantar, organizar degustações e eventos, mandar embrulhar para presente e trocar vales-presente, e membros de cartões de fidelidade podem participar.

> Eles escutaram os clientes, criaram uma combinação de experiências gastronômicas relevantes que envolvem e encantam os consumidores e têm uma equipe com muita experiência que garante a entrega da experiência aos clientes de forma consistente.

Eu sou um fã da Apple. Celular, *laptop*, iPad, *desktop*, relógio, Air Pods etc. Já tive de tudo. O formato da Apple Store é extremamente inovador e, de certa forma, se tornou *benchmark* para ambientes internos de lojas de varejo. Em 2017, visitei uma das principais lojas da Apple, em São Francisco. Eu tive uma mistura de emoções sobre a loja. Então, o que havia mudado? Bem, havia uma linda sequência de árvores na loja. Elas definitivamente deixavam o ambiente mais agradável. A loja dava a sensação de estar mais aberta do que antes. No entanto, eu me perguntava se o *merchandising* na loja poderia ser ainda mais eficaz se fosse criado um ecossistema de produtos e como eles se ajustam um ao outro. Por exemplo, talvez eu queira ver acessórios ao lado dos produtos. Ou um relógio e todos os modelos de pulseiras que eu possa comprar. Talvez me mostre alguns *apps* ao lado do relógio. Me venda o relógio e tudo que eu possa fazer nele.

A Apple tem, sem dúvida, uma das mais amplas e interligadas gamas de produtos. Que tal demonstrar o ecossistema e como os vários produtos podem ser usados em conjunto?

Nos tempos do saudoso Steve Jobs, as lojas eram organizadas de uma forma mais integrada. Eu podia experimentar vários modelos de fones de ouvido com os diferentes celulares. Assim, embora a Apple tenha mudado a sua publicidade para ser muito mais orientada a casos de uso, em vez de o produto em si ser a estrela, é discutível que eles ainda não tenham entregado essa experiência de uso nas suas lojas. Compreendo totalmente a necessidade de as marcas mostrarem seus produtos, benefícios técnicos e de criarem experiências que proporcionem um efeito halo a elas. Eles tornam a marca mais aspiracional. Muitas fazem isso extremamente bem, como a Apple e a Nike. Contudo, é importante lembrar que às vezes os clientes só querem comprar alguma coisa. O foco em novas linhas ou na experiência dentro da loja pode, eventualmente, significar que o básico não esteja disponível nela. Ou que alguns produtos podem ser difíceis de encontrar. Você também precisa atender aqueles clientes que simplesmente querem se reabastecer dos produtos que compram regularmente. Um exemplo disso ocorreu em 2017, quando eu andava pela loja da Nike em Londres e perguntei sobre aquelas faixas de transpiração – tive que perguntar a três vendedores diferentes antes de finalmente ser orientado a subir até o último andar da loja, no departamento de artigos para tênis. As faixas de suor são um produto complementar óbvio e, como tal, poderiam ser expostos por toda a loja, em todos os principais departamentos.

Outra coisa surpreendente para mim é o fato de muitos varejistas não aproveitarem os dados disponíveis de pesquisas on-line de produtos, dados de vendas cruzadas e análise das jornadas dos clientes para subsidiar as decisões de *merchandising* das lojas físicas. Existe uma correlação inequívoca entre a experiência on-line e off-line em muitas categorias.

DA APPLE À M&S:
EXPERIÊNCIAS *INSTORE* ESTÃO SE POLARIZANDO

Tim Kobe, fundador da Eight Inc, empresa formada por designers de loja e arquitetos de experiência do cliente Eight Inc., abordou Steve Jobs com um artigo sobre a oportunidade da Apple de criar seu próprio ambiente de varejo. Ele nunca poderia ter previsto o impacto que as lojas da Apple teriam sobre os clientes e no ambiente varejista em geral, por todo o mundo. Muitos varejistas me perguntam qual é o papel que suas lojas poderiam desempenhar no futuro para que se mantenham relevantes para os clientes. Muitos varejistas ainda têm ambientes de loja tradicionais, ou até ultrapassados. Pense na moda feminina da M&S. A cliente tipicamente feminina quer se sentir especial. Minha pergunta é se o ambiente principal da M&S é ou não é suficientemente aspiracional para maximizar as oportunidades de vendas de moda feminina. O conceito de ter um número variado de tamanhos de um mesmo produto pendurados numa arara parece ser inverso ao que as mulheres querem de verdade. Uma mulher quer sentir que está comprando algo exclusivo dentro do seu estilo pessoal, e não algo que qualquer um passando pela rua também esteja usando.

No entanto, reconheço que algumas mulheres só querem pegar o que querem e pagar por isso, sem ter de pedir a um vendedor que lhes traga o seu tamanho. O equilíbrio entre a conveniência e a aspiração é algo difícil de se alcançar.

Pense na Zara. Preço baixo, *fast fashion* entregue em um ambiente aspiracional. As lojas Zara dão mais a impressão de serem sofisticadas do que barateiras. Isso faz com que o consumidor sinta que está recebendo mais por aquilo que compra. Acredito sinceramente que um ambiente mais aspiracional aumenta as vendas de moda para todas as marcas, independentemente de sua faixa de preço. A Primark está sempre aprimorando a experiência do cliente na loja, e um dos melhores exemplos disso é a sua *flagship store*, uma espécie de loja conceito da marca, em Madrid. A loja usa imagens digitais para dar vida ao espaço e proporcionar um ambiente bastante envolvente.

LOJAS: SER OU NÃO SER, EIS A QUESTÃO

Muitos previram o desaparecimento das lojas, mas eu diria que elas têm, na verdade, aumentado a sua importância. É cada vez maior o número de clientes que escolhem a opção "clicar e retirar na loja" como método de entrega. Eles continuam pesquisando on-line, mas também compram off-line. Com uma porcentagem crescente de clientes migrando para o on-line, os varejistas precisam pensar em como aproveitar as oportunidades do digital. O digital também possibilita aos varejistas terem lojas menores, reduzirem os custos operacionais e ainda assim proporcionarem uma boa experiência ao cliente.

A Sephora abriu um formato de loja menor combinando uma gama de produtos mais limitada com cestas de compras virtuais, permitindo ao cliente fazer pedidos a partir de um catálogo on-line mais amplo para retirada na própria loja ou entrega. No Reino Unido, como mencionado no Capítulo 2, a House of Fraser fez algo parecido, experimentando pequenos pontos de venda para os clientes fazerem pedidos. Quaisquer que sejam os seus planos para as lojas e uso do digital, o meu conselho é começar sempre pelo cliente e dar um passo atrás para determinar que experiência é relevante no contexto da sua marca e da categoria do produto.

O papel da loja certamente vai mudar. Será muito mais sobre experiência e o verdadeiro "teatro do varejo". O ambiente da loja será um espaço de entretenimento, educação e engajamento. Não resisto a uma boa sigla de três letras, por isso, pode chamar de os 3Es do varejo.

VISÃO DE *EXPERT*

Quando falei com Mike Logue, CEO da Dreams, perguntei a ele qual era sua opinião sobre o papel da loja e em que medida ela teria de mudar para manter a sua relevância para os clientes. Isto foi o que ele me disse: "A Dreams está mesmo na vanguarda neste aspecto. Estamos passando para uma experiência de *showroom* em vez de uma experiência de loja".

Mike me disse que o papel da loja é apoiar a experiência digital, seja por meio de um dispositivo digital ou não. Ele prevê um momento no futuro em que poderá não haver a presença física de nenhum funcionário dentro da loja. Você terá uma experiência digital automatizada enquanto testa o conforto do produto que você está escolhendo. Não se preocupe, esse não é um cenário de curto prazo! Mas é bem provável que ocorra, em algum momento.

Mike disse que, a curto prazo, a loja apoiará a experiência digital e irá melhorar a experiência por meio de um serviço de excelência em que o cliente poderá testar o conforto das camas e dos colchões, e que todas as suas lojas funcionarão essencialmente como uma ligação entre o que os clientes têm procurado on-line no seu site e a experiência que os funcionários proporcionam a esses clientes na loja. Isso também permite identificar mais de perto quem compra ou não e como eles podem acompanhar os clientes que não compraram, e assim compreender o motivo disso.

É conectar o trabalho árduo que o cliente tem feito para tornar a experiência ainda mais eficaz.

Também falei com Julian Burnett, ex-CIO, Diretor Executivo e de Supply Chain da House of Fraser. Ele falou da necessidade de os varejistas encontrarem uma forma de otimização de espaço, estoques e mão de obra – encontrar um algoritmo para a quantidade apropriada de espaço para o produto com a quantidade adequada de mão de obra para atender às necessidades demográficas locais do cliente. Por exemplo, as lojas da House of Fraser em Scunthorpe e Bath são muito diferentes, com diferentes características demográficas, áreas das lojas e arquitetura do mix de produtos. Julguei que essa era uma abordagem bastante eficaz para se pensar nos requisitos, não só para maximizar a área e o papel da loja, mas também para regionalizar a proposta, mesmo dentro do mercado doméstico da marca.

PENSE EM ADQUIRIR, CONVERTER E RETER

Outra forma de pensar sobre como aproveitar a tecnologia digital na loja é em termos de prospecção, conversão e retenção de clientes. O digital pode ajudar a atrair mais clientes para o ambiente da loja, converter mais do que nunca e também captar os dados e a atenção deles, para assim promover a retenção. Embora ainda não amplamente adotada pelos varejistas, parece bastante óbvio que certas tecnologias digitais se tornarão onipresentes com o tempo. Em particular o caixa móvel, que para alguns varejistas também será utilizado para relacionamento com o cliente, de forma que os funcionários da loja proporcionem experiências personalizadas e relevantes aos consumidores. Enquanto a Apple foi a disruptora nesse sentido, várias marcas projetaram lojas sem um caixa fixo, sendo a Victoria Beckham uma delas.

VISÃO DE *EXPERT*

Tive o privilégio de me reunir e conhecer Tim Kobe, fundador e CEO da Eight Inc. e o homem que projetou as lojas da Apple. Ele gentilmente compartilhou comigo o documento que apresentou ao Steve Jobs em 1996, ao tentar convencê-lo a abrir as lojas da Apple. O conceito era simples: assumir o controle de uma marca que na época só era vendida por meio de lojas multimarca. Tim já estava trabalhando com a North Face e a Nike, e as tinha convencido de que elas precisavam assumir o controle de como suas marcas eram apresentadas, e a melhor maneira de fazer isso era tendo as suas próprias lojas. Afinal, alguns dos varejistas que vendiam suas marcas estavam dando descontos ou posicionando-as de

> forma pouco aspiracional. Desta forma, abrir lojas próprias permitiria a essas marcas controlar a "conversa" com os clientes. As lojas Apple foram criadas para oferecer um lugar onde a experiência reforça a história da marca. Se a tecnologia fosse fácil de usar, as lojas também deveriam ser. Elas deveriam ser democráticas e acessíveis a mais pessoas.

De volta à remoção de atrito: a remoção dos caixas fixos elimina uma barreira e incentiva os clientes a se envolverem com os atendentes de loja usando iPads e outros dispositivos móveis. Isso, por sua vez, proporciona oportunidades de venda cruzada, maior engajamento e coleta de dados, bem como a criação de mais espaço de venda onde os caixas normalmente ficariam (algo que o varejista holandês de lingerie Hunkemöller tem feito em várias de suas lojas). Os caixas móveis também serviam para emitir cupons de venda eletrônicos aos clientes. Os cupons eletrônicos ajudam os varejistas a superar a velha dificuldade de se obter os dados dos clientes. Tenho menos certeza sobre o papel dos caixas de autoatendimento. Eles ainda parecem entregar experiências inconsistentes e complicadas aos clientes. Basta pensar na frase "item desconhecido na área de ensacamento" para saber exatamente o que quero dizer com isso!

◢ O iBeacon tem um papel a desempenhar?

O iBeacon é uma tecnologia da Apple que permite a aplicativos que usam iOS ou Android receberem sinais de dispositivos *beacon* dentro da loja. Essa tecnologia permite ao aplicativo reconhecer a posição do cliente dentro da loja num nível micro e, com isso, fornecer conteúdos relevantes com nessa localização (IBEACON.COM INSIDER, 2017). Embora o iBeacon ainda tenha de ganhar maior tração, na minha opinião, o marketing de proximidade se tornará muito mais prevalecente e utilizado tanto para a prospecção como para a retenção de clientes. Essa tecnologia será usada para "empurrar" ofertas aos clientes que estão próximos ou dentro da loja e para que os varejistas aprendam mais sobre o comportamento do cliente e seu tempo de permanência no estabelecimento.

Por exemplo, a Esprit usou *beacons* em suas lojas *flagship* na Áustria que se conectam ao aplicativo e disparam mensagens para proporcionar uma experiência de compras aprimorada por meio da navegação na loja, descontos e pontos no programa de fidelidade (Proximity Directory, 2017). O grupo francês Auchan também implementou *beacons* para compreender melhor o comportamento dos seus clientes, calculando o tempo que eles permaneciam em cada corredor, o que permitiu o envio de ofertas especiais para o aplicativo à medida que os clientes caminham pela loja (Proximity Directory, 2017).

◢ As lojas estão aqui para ficar

Concluindo, as lojas não vão lugar algum, pois o cenário do varejo e a inovação digital as tornaram ainda mais relevantes. Afinal de contas, a Amazon está abrindo dezenas de livrarias por alguma razão. Quem imaginaria isso há alguns anos, quando todo mundo pensava que as livrarias se tornariam coisa do passado? E tem mais, o maior negócio on-line do mundo está mergulhando de cabeça no varejo multicanal de supermercados.

Existem novos conceitos de varejo emergentes, como a Wolf & Badger, que têm lojas em Londres e Nova York, onde não têm estoque. Eles fornecem espaço para que as marcas emergentes vendam por meio de suas lojas físicas e on-line. Conduzem o tráfego e o fluxo a pé e gerem o serviço ao cliente. Quando um pedido é feito, o cliente pode levar o produto como faria num ambiente de varejo tradicional, mas quando é comprado on-line, a empresa é notificada da compra e envia o pedido diretamente ao cliente.

💡 DICAS PRÁTICAS PARA MELHORAR A EXPERIÊNCIA DO CLIENTE

① Revise continuamente como você pode remover o atrito para o cliente em todos os canais e pontos de contato.

② Pense sobre como você promove os seus produtos e permite que os clientes possam descobri-los e adquiri-los.

> ③ Explore todo o potencial das tecnologias digitais nos provadores para impulsionar as vendas.
>
> ④ Use os caixas móveis para eliminar o atrito e aumentar o engajamento no ponto de venda.
>
> ⑤ Meça o Net Promoter Score (NPS) dentro da loja e em todos os outros canais.
>
> ⑥ Promova uma imersão no seu produto e na sua marca.
>
> ⑦ Expanda o seu mix e o ofereça por meio de um "corredor sem fim".
>
> ⑧ Ofereça mais benefícios aos clientes além da simples fidelidade baseada em pontos.

❶ REVISE CONTINUAMENTE COMO VOCÊ PODE ELIMINAR O ATRITO PARA O CLIENTE EM TODOS OS CANAIS E PONTOS DE CONTATO

Neste cenário, o atrito significa uma disrupção para o cliente. É onde algo se interpõe para que ele possa comprar o que quiser e quando quiser. Nas lojas de varejo, isso pode envolver vários micromomentos na jornada de compra do cliente, desde a descoberta do produto, passando pela experimentação até a aquisição. O mesmo se aplica a qualquer outra vertical voltada para o consumidor, seja ela no mercado de automóveis, serviços financeiros, viagens, e assim por diante. Onde estão as barreiras que impedem os clientes de comprar e como você pode removê-las?

❷ PENSE SOBRE COMO VOCÊ PROMOVE OS SEUS PRODUTOS E PERMITE QUE OS CLIENTES POSSAM DESCOBRI-LOS E ADQUIRI-LOS

Recentemente visitei uma loja no maravilhoso *shopping center* Emporium, em Melbourne, onde o maior problema era a dificuldade de acesso ao produto. Lindas bolsas de couro em uma prateleira alta, fora do alcance de todos, exceto do time de basquete local. As roupas em oferta ficavam todas dobradas em pequenos e apertados buracos. O problema com isso é que a natureza humana dita que não gostamos de pegar um produto nessas condições, pois não temos certeza de como podemos colocá-lo de volta no lugar certo (DERBYSHIRE, 2017). Afinal, não queremos incomodar. Esse é um enorme ponto de atrito.

❸ EXPLORE TODO O POTENCIAL DAS TECNOLOGIAS DIGITAIS NOS PROVADORES PARA IMPULSIONAR AS VENDAS

Outro exemplo de quando o cliente não está empoderado é a experiência típica num provador, na maioria das lojas. Você experimenta um vestido, um terno, uma camisa, um pulôver etc., e muitas vezes não cabe. Nesse momento, você estará aberto para pedir ao vendedor que encontre outro tamanho. No entanto, se não gostar do que experimentou, é pouco provável que você peça ao atendente para lhe trazer outra opção. Afinal de contas, você não consegue se lembrar de todos os outros modelos disponíveis, e o vendedor não conhece o seu gosto. Certamente você não vai querer se dar ao trabalho de se vestir, voltar até a seção de roupas da loja para encontrar alguma outra coisa que você gostaria de experimentar e depois passar por toda a experiência de provar a roupa novamente. Esse é outro exemplo de quando o cliente não está empoderado.

A marca de alta costura e acessórios Rebecca Minkoff, com sede em Nova York, identificou esse problema e criou espelhos digitais interativos, altamente inovadores e eficazes nos seus provadores. O cliente pode pré-selecionar diferentes itens para experimentar, que depois são trazidos para o provador. Se eles não gostarem do que experimentaram, podem pesquisar e ver todos os outros modelos e tamanhos disponíveis. Enquanto esperam que os produtos sejam trazidos, os clientes podem pedir uma bebida – um café, uma xícara de chá ou até mesmo uma taça de Moët! Que top. E o mais importante ainda: devido a esse empoderamento do cliente, as vendas da sua loja no Soho, em Nova York, aumentaram em 30%. Eu fiquei sabendo disso direto da fonte, por assim dizer, quando visitei a loja deles em Nova York, em janeiro de 2017 (MILNES, 2017).

❹ USE CAIXAS MÓVEIS PARA ELIMINAR O ATRITO E AUMENTAR O ENGAJAMENTO NO PONTO DE VENDA

Pode-se dizer que o caixa é, de certa forma, uma barreira entre o varejista e o cliente. Ele certamente não encoraja ou ajuda na interação. Também não favorece uma conversa sobre quais outros produtos relacionados podem funcionar bem com o que está sendo comprado. Além disso, não serve para obter os dados dos clientes. Possivelmente, o maior problema de todos é que, depois de passar meia hora ou mais tentando encontrar o produto certo, você chega ao caixa e descobre que tem umas vinte pessoas na sua frente e que você ainda terá de ficar mais dez ou quinze minutos na fila antes de poder sair da loja! É por isso que muitas vezes os consumidores abandonam seus carrinhos ou cestas de compras nas lojas, especialmente naquelas que têm longas filas, como as lojas de roupas em *outlets*. O caixa móvel ajuda a resolver todos os pontos acima.

Só para deixar claro, não estou defendendo a eliminação total dos caixas, pois alguns clientes que compram uma quantidade maior de itens terão dificuldades para fazer o *checkout* usando um caixa móvel. O ideal seria que os varejistas tivessem caixas fixos e móveis.

❺ MEÇA O *NET PROMOTER SCORE* (NPS) DENTRO DA LOJA E EM TODOS OS OUTROS CANAIS

Surpreendentemente, muito poucos varejistas medem a opinião dos clientes nas lojas. No entanto, para quase todos os varejistas multicanal, a maior parte das suas vendas ainda é feita no ambiente físico. A loja da Adidas no Soho, em Nova York, tem quiosques de *Net Promoter Score*. Se você realmente quer ser centrado no cliente, então deve proporcionar a eles a oportunidade de darem um feedback sincero em todas as etapas de sua jornada de compra. E isso não se aplica apenas aos varejistas. É a mesma coisa para bancos, agências de viagens, restaurantes e para o setor automotivo. Como restaurante, você não gostaria de saber o que os clientes acharam da refeição que fizeram? O que eles acharam do serviço, da experiência em geral? Acho que nunca estive em um restaurante que formalmente registrasse minhas impressões sobre a experiência que vivenciei. Imagine o que eles poderiam aprender. O Pizza Hut costumava encorajar os clientes, com mensagens nos cupons fiscais, a responderem pesquisas on-line sobre a experiência que tiveram no restaurante. O cliente ganhava um pão de alho da próxima vez que fosse ao restaurante.

⑥ PROMOVA UMA IMERSÃO NO SEU PRODUTO E NA SUA MARCA

Neste caso, eu visitei a loja da Nike, no Soho. Eles têm uma proposta de serviço muito robusta. Assim que você entra na loja, há mensagens muito claras sobre a entrega no mesmo dia, envio dos produtos a partir da loja e "clique e retire", o que coloca o cliente no controle e elimina todas as dúvidas sobre as razões pelas quais você não compraria. Há escaninhos para você deixar os seus pertences; afinal de contas, é uma loja de quatro andares. Existe um outro aspecto ainda mais impressionante da experiência na loja. Havia um grupo de funcionários de aparência bastante atlética que, quando perguntei-lhes sobre como poderiam me ajudar, me disseram que poderiam ficar até uma hora comigo ajudando a encontrar o produto certo para mim. Isso é levar as compras personalizadas a um novo patamar. Normalmente esse tipo de experiência só está disponível em ambientes de marcas de luxo.

⑦ EXPANDA O SEU MIX E O OFEREÇA POR MEIO DE UM "CORREDOR SEM FIM"

Todo varejista tem um espaço limitado em suas lojas. Como resultado, vendas são perdidas o tempo todo por causa da falta de estoque na loja de um tamanho, modelo, cor, SKU etc. É por isso que um quiosque na loja, também conhecido como "corredor sem fim", é uma grande oportunidade para assegurar que essa venda não seja perdida, ampliando as prateleiras da loja, permitindo que os clientes façam encomendas on-line e as retirem nas lojas físicas. Na minha experiência, as vendas assistidas em lojas por meio de um "corredor sem fim" funcionam muito melhor do que apenas instalar um quiosque que os clientes possam utilizar. No entanto, os atendentes da loja precisam ser incentivados a ajudar os clientes a fazer os pedidos, caso contrário há o risco de não se darem ao trabalho de ajudá-los ou, pior ainda, de tentarem vender aos clientes algo que eles não querem verdadeiramente, só para ganhar a comissão.

8 OFEREÇA MAIS BENEFÍCIOS AOS CLIENTES ALÉM DA SIMPLES FIDELIDADE BASEADA EM PONTOS

Os cartões de fidelidade têm, com certeza, um papel a desempenhar no incentivo à repetição de compras e na redução da perda de clientes. No entanto, algumas marcas só conseguem agregar valor quando se investe mais dinheiro. A ideia de que os consumidores continuarão a gastar mais com um negócio só para acumular alguns pontos ou descontos é, na minha opinião, equivocada. Isso porque para muitos consumidores, neste mundo multicanal, a conveniência é mais importante do que ganhar um desconto. No Capítulo 17 falo em detalhes sobre o que melhor se parece com a lealdade e com o CRM.

COM A PALAVRA, O PROFESSOR MALCOLM McDONALD

Vamos parar por um instante para discutir a ruptura de estoque nas lojas dos *outlets*. Todos no planeta Terra sabem que o tamanho médio de uma mulher, por exemplo, é do 16 ao 18 (Tali, 2016). No entanto, em quase todas as lojas o tamanho 12 se esgota rapidamente, sendo o mais popular em vestuário, o que provoca uma série de inconvenientes aos compradores e, o que é pior, resulta em vendas perdidas. Isso é exatamente o mesmo que acontece nos supermercados. Quando um produto muito popular se esgota, o sistema da empresa deixa de registrar as vendas, o que frequentemente resulta num número ainda menor de produtos nas prateleiras – um exercício totalmente contraproducente em relação ao que este capítulo recomendou, por ser orientado para a tecnologia e não para as necessidades do cliente.

Neste ponto, deixe-me voltar à questão da segmentação do mercado. Em qualquer mercado, haverá pelo menos de sete a dez segmentos, sendo um segmento um grupo de clientes com as mesmas necessidades ou necessidades semelhantes. Um exemplo é o da indústria de viagens, que discuto no meu livro de 2018 sobre as proposições de valor (McDonald; Oliver, 2018). Um grande agente de viagens internacionais descobriu dez diferentes segmentos de viajantes, e mostramos apenas dois deles aqui (disfarçados por razões de confidencialidade) no Quadro 5.1 e no Quadro 5.2.

QUADRO 5.1 Os amantes do Sol

	Internet	Telefone celular	iTV	Broadcast TV	Canais tradicionais
• Reconhecer					
Potencial de troca					
• Iniciar o diálogo					
• Trocar informações					
Negociar/personalizar					
Compromisso					
• Valor de troca					
• Monitorar					

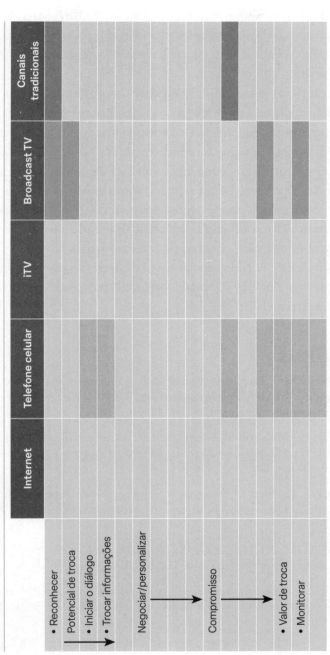

QUADRO 5.2 John and Mary Lively

O papel da loja e a sua nova configuração

Do lado esquerdo de cada diagrama está o processo de vendas da Cranfield. Observe que este é um processo diádico interativo envolvendo tanto o fornecedor como o consumidor. No topo estão os canais usados pelos consumidores em cada segmento, representados pelas áreas sombreadas contra cada passo.

Mesmo uma olhada rápida revela os comportamentos **atuais** muito diferentes dos consumidores em cada segmento. A partir daí, é facilmente perceptível que sem esse conhecimento do comportamento e das preferências reais dos consumidores qualquer programa de desenvolvimento e comunicação de ofertas poderá ser afetado e desperdiçado, na melhor das hipóteses. De fato, para resumir uma pesquisa da Marketo (2017), apenas uma pequena porcentagem dos consumidores acredita que os profissionais de marketing estão alinhando a comunicação com a forma com que eles, clientes, preferem se engajar.

Assim, embora tudo escrito neste capítulo seja válido e poderoso, com uma segmentação adequada, baseada nas necessidades dos clientes, será ainda mais eficaz. ∎

REFERÊNCIAS

DERBYSHIRE, D. They Have Ways of Making You Spend. On-line, 2017. Disponível em: <http://www.telegraph.co.uk/culture/3634141/They-have-ways-of-making-you-spend.html>. Acesso em: 29 nov. 2017.

IBEACON.COM INSIDER. What is iBeacon? A Guide to iBeacons. On-line, 2017. Disponível em: <http://www.ibeacon.com/what-is-ibeacon-a-guide-to-beacons/>. Acesso em: 29 nov. 2017.

MARKETO. The State of Engagement. On-line, 2017. Disponível em: <https://uk.marketo.com/analyst-and-other-reports/the-state-of-engagement>. Acesso em: 29 nov. 2017.

MCDONALD, M.; OLIVER, G. *Malcolm McDonald on Value Propositions*: How to Develop them, How to Quantify them. Londres: Kogan Page, 2018.

MEDDINGS, S. Wolfson Needs Less Space For Next. On-line, 2017. https://www.thetimes.co.uk/article/wolfson-needs-less-space-for-next-tnvqrnp52>. Acesso em: 29 nov. 2017.

MILNES, H. How Tech In Rebecca Minkoff's Fitting Rooms Tripled Expected Clothing Sales. On-line, 2017. <https://digiday.com/ marketing/rebecca-minkoff-digital-store/>. Acesso em: 29 nov. 2017.

PROXIMITY DIRECTORY. Proximity Marketing In Retail. On-line, 2017. Disponível em: <https://unacast.s3.amazonaws.com/Proximity.Directory_Q117_Report.pdf>. Acesso em: 1 dez. 2017.

TALI, D. The "Average" Woman Is Now Size 16 Or 18. Why Do Retailers Keep Failing Her?. On-line, 2016. Disponível em: <https://www.forbes.com/sites/didemtali/2016/09/30/the-average-woman-size/#447ee8262791>. Acesso em: 5 dez. 2017.

UPS. Pulse of the Online Shopper. On-line, 2017. Disponível em: <https://solutions.ups.com/ups-pulse-of-the-on-line-shopper-LP.html?WT.mc_id=VAN70169>. Acesso em: 2 dez. 2017.

6

Vivemos em um **mundo hiperlocal**, onde o *mobile* é a **chave**

⚡ O QUE VOCÊ APRENDERÁ NESTE CAPÍTULO?

▶ A tendência no uso do comando por voz e as implicações do "comércio conversacional".

▶ Desenvolver uma estratégia de *mobile-first*, ou *mobile* em primeiro lugar, e por que isso é vital.

▶ *Mobile versus apps* (aplicativos), ou você precisa dos dois? Eu examino as duas opções e recomendo a abordagem mais adequada.

▶ Forneço um link para um modelo detalhado de usabilidade para o *mobile* e aplicativos preparado por Amanda David, uma verdadeira *expert* em *mobile* da Practicology.

▶ Faço recomendações para o papel do *mobile* dentro da loja.

Alexa

Alexa, toca a música "Wonderwall" do Oasis.
Alexa, a que horas é a minha consulta ao dentista amanhã?
Alexa, você pode chamar um táxi pra mim na sexta-feira às 16:30?
Alexa, você pode pedir umas maçãs pra mim, por favor?

Isso significa, concretamente, que estamos caminhando para um mundo controlado por voz. Sim, já tínhamos a Siri nos nossos iPhones há algum tempo. Mas sejamos honestos: poucos de nós tivemos a coragem de falar com nossos telefones em público, dando-lhes instruções sobre o que queremos fazer em determinado momento! É um pouco embaraçoso, principalmente porque ainda não se tornou um comportamento humano aprendido. Não tem sido amplamente adotado. Mas, acredite em mim, será. Dentro de alguns anos, nem sequer vamos tocar nas telas dos nossos *smartphones*, vamos dar comandos ativados por voz. Vamos entrar nos nossos carros e dizer como queremos a temperatura do ar-condicionado, que música tocar, qual deve ser a posição do nosso banco e, claro, para onde queremos ir! É a internet das coisas, a inteligência artificial, a realidade aumentada e qualquer outro termo usado para as novas tecnologias massificadas em um mundo completamente novo e que empodera o cliente. Sim, é tudo uma questão de empoderamento do cliente.

Os clientes esperam ser atendidos onde e quando for mais conveniente para eles. O *mobile* e os aplicativos são os meios para isso. Um bom exemplo disso é quando os estilistas particulares da Net-a-Porter se conectam com os clientes pelo WhatsApp, naquilo que provou ser uma valiosa ferramenta de criação de relacionamentos um-para-um (ou *one-by-one*) que a empresa disse ter levado às suas maiores vendas. A experiência integrada do cliente no *mobile* ao passar do site da Net-a-Porter para conversas com estilistas no WhatsApp levou a empresa de moda de luxo a trabalhar no desenvolvimento de suas capacidades de comércio conversacional, possibilitando a realização de vendas diretamente pelo WhatsApp. Esse é outro sinal do valor do *mobile* no varejo (Retail Insider, 2017).

DICAS PRÁTICAS PARA MELHORAR A EXPERIÊNCIA DO CLIENTE

1. Sempre pense no *mobile* primeiro (*mobile first*).
2. Equilibre a abordagem *apps versus web* móvel.
3. Use os iBeacons e o wi-fi gratuito para aumentar o engajamento dos clientes dentro da loja.
4. Reveja o checklist de melhores práticas para aplicativos.
5. Planeje-se para o comércio conversacional.

❶ SEMPRE PENSE NO *MOBILE* PRIMEIRO *(MOBILE FIRST)*

Pense nisso: se você estivesse começando um novo negócio hoje, talvez não cogitasse sequer a possibilidade de desenvolver uma versão *desktop* do seu site. Afinal, quer seja um restaurante, um hotel, um banco de varejo, uma seguradora, um varejista, uma concessionária de automóveis ou qualquer que seja o seu setor de atuação, a maioria dos seus clientes se engajarão com a sua empresa usando dispositivos móveis, não apenas quando estiverem pesquisando sobre você, mas, no caso de um negócio multicanal, também quando eles estiverem nas imediações.

❷ EQUILIBRE A ABORDAGEM *APPS VERSUS* WEB MÓVEL

Quantos *apps* se espera que uma pessoa tenha? Ou, ainda mais importante, com quais *apps* se espera que ela se engaje regularmente? Frequência e engajamento são os principais indicadores. Portanto, não há dúvida de que algumas marcas e alguns setores são bons em disponibilizar aplicativos para os clientes, como bancos, agências de viagens e meios de comunicação. Alguns varejistas também têm potencial para se engajar com os clientes por meio de *apps*.

Amanda David, da Practicology, estudou os benefícios que um aplicativo móvel oferece e conclui que todos os varejistas precisam de um. Com o anúncio de que a *App Store* da Apple recebe 500 milhões de visitas semanais de clientes e já teve 180 bilhões de *downloads*, parece que a demanda dos consumidores e as oportunidades para o desenvolvimento de *apps* são mais fortes do que nunca. Não se trata apenas de aplicativos de maneira geral, mas de *apps* de varejistas especificamente (DAVID, 2017). Uma pesquisa mundial realizada pela UPS revelou que 64% dos consumidores usaram aplicativos de lojas, mas 53% preferiram usar o site móvel de um varejista. Isso levanta as questões: o desenvolvimento de um aplicativo é o passo certo para toda marca? Como os varejistas devem tomar essa decisão? (UPS, 2016).

◢ Comece escutando e compreendendo o seu cliente

Lembre-se, o cliente é o rei e deve ditar a sua estratégia de canal. Quer seja por meio das redes sociais, de uma pesquisa pós-venda, na loja ou por meio de um grupo de foco; fale com seus clientes. Este feedback é inestimável, e você invariavelmente obterá retorno sobre o seu investimento. O varejista de moda feminina Missguided apresenta um exemplo fantástico disso. Os seus clientes deixaram claro que queriam um *app* em que pudessem fazer compras de forma prática e fácil. A Missguided os escutou e fez um aplicativo do tipo Tinder, "*swipe-to-hype*", em que o usuário seleciona o que deseja arrastando a imagem na tela para a direita, e o que não gosta para a esquerda.

Nos quatro meses após o lançamento para o sistema iOS, a Missguided faturou £30 milhões em vendas feitas pelo aplicativo (Poq Commerce, 2017).

A demografia da sua base de clientes também deve influenciar a sua decisão. Por exemplo, os clientes da geração *millennials*, na faixa etária dos 18 aos 34 anos, são mais propensos a usar um *app* desde que ele proporcione uma boa experiência ao usuário e que satisfaça as necessidades do cliente.

A sua audiência também determinará se você precisará das versões para iOS e para Android para seu aplicativo. Embora seja preferível ter ambos, muitas vezes os varejistas fazem um lançamento inicial (*soft launch*) com apenas um dos dois sistemas operacionais, para avaliar a aceitação do *app*. A região é também um fator determinante nessa decisão. Uma marca internacional pode priorizar o Android por ele ter 75% de *market share* na Europa, enquanto um varejista baseado exclusivamente no Reino Unido poderá lançar primeiro no iOS (David, 2017).

◢ Qual é o seu produto?

Avaliar a demanda do cliente é crucial, mas o produto também desempenha um papel muito importante. Os aplicativos são ótimos para reter clientes, incentivando o engajamento, a lealdade e a repetição de compras. No entanto, para um varejista de moda de alta costura que produz um pequeno catálogo em cada estação, com preços acima de £20.000, ou um varejista de móveis de luxo especializado em produtos de qualidade e de longa duração, um aplicativo de venda de móveis provavelmente agregará pouco valor. Nesses casos, pode valer a pena avaliar o desenvolvimento de um aplicativo focado em conteúdo.

◢ O que é a USP (*Unique Selling Proposition*)?

Não há muito sentido em desenvolver um aplicativo que replique exatamente as funcionalidades do seu site móvel. Os aplicativos oferecem USPs adicionais e podem ser ferramentas fantásticas para preencher a lacuna entre o on-line e o off-line. Para varejistas com lojas físicas, considere como a utilização de um aplicativo poderia moldar a experiência dentro da loja. Por exemplo, um leitor de código de barras dentro do *app* poderia ser capaz de permitir ao cliente fazer a encomenda de um produto esgotado, dentro da loja, para ser entregue em outro dia. Isso usaria a principal vantagem dos aplicativos sobre os sites móveis: o acesso à câmera do dispositivo. O aplicativo de John Lewis inclui uma "pasta" de recibos armazenados, permitindo devoluções e trocas rápidas e fáceis, o que significa que você não precisa mais ficar procurando recibos em papel na sua carteira ou confirmações de pedidos, bagunçando a sua caixa de entrada.

Temos visto varejistas lançarem com sucesso aplicativos que incluem recursos exclusivos, tais como:

- Uma interface mais avançada para o usuário que inclui *calls-to-action* claramente definidas, sem a necessidade de dar *zoom* para entrar nos detalhes dos campos.

- Notificações *push* que podem ser usadas para engajar clientes, em vez de bombardeá-los com informações irrelevantes. Estratégias persuasivas que incluem alertar os clientes para promoções de sua marca favorita e usar *beacons* no interior das lojas para fazer ofertas relevantes.

- *Dashboards* de fidelidade que permitem um fácil resgate dos pontos, localização e gastos na loja e on-line. A ASOS e a Starbucks têm bons exemplos disso.

- Biometria para fazer *login* e pagamentos.

- Gamificação e realidade aumentada. São exemplos significativos disso o aplicativo da revista Net-a-Porter, o uso da busca visual pela John Lewis no seu aplicativo para iPad, a funcionalidade "*swipe-to-like*" da Grabble e o quiz "Meu guarda-roupa" da Topshop.

- Conteúdo interativo, incluindo compras a partir das páginas do catálogo.

- *Login* persistente e sincronização da conta em todos os canais on-line.

◢ Todos os negócios precisam de um aplicativo?

Para responder de forma simples: não. Mas se houver procura suficiente e for benéfico para a experiência *omnichannel* do cliente, então deve ser considerado. Qualquer que seja a decisão, você deve reconhecer que o sucesso não deve ser medido apenas pelo aumento de receita. Os aplicativos também funcionam como *showrooms* e ferramentas de engajamento do cliente, e o aumento das vendas, frequentemente, será percebido nos múltiplos canais – on-line e na loja.

③ USE *IBEACONS* E *WI-FI* GRÁTIS PARA AUMENTAR O ENGAJAMENTO DOS CLIENTES DENTRO DA LOJA

Beacons e *wi-fi* permitem que uma empresa reconheça onde o cliente está dentro de seu ambiente físico e, até certo ponto, qual o comportamento que ele está tendo. Sobre a questão do *wi-fi*, pelo amor de Deus, certifique-se de que ele sempre funcione para os clientes. Não há nada mais frustrante do que não conseguir usar a rede *wi-fi* gratuita. E não é só isso: quando você viaja de trem no Reino Unido, mesmo que você já tenha entrado em uma rede *wi-fi* anteriormente, ela não só solicita um novo cadastro/*login*, mas também interfere na rede de dados do seu próprio telefone, impossibilitando que você baixe ou envie e-mails ou acesse a internet.

④ REVEJA O *CHECKLIST* DE MELHORES PRÁTICAS PARA APLICATIVOS

Ver em www.koganpage.com/100-practical-ways-CX e em www.100practicalways.com/customerexperience o *framework*, ou modelo, criado por minha colega Amanda David, da Practicology, para ajudar os clientes a otimizarem seus projetos de *mobile*. Embora direcionado principalmente ao varejo, pode ser aplicado a qualquer negócio voltado para o consumidor.

⑤ PLANEJE-SE PARA O COMÉRCIO CONVERSACIONAL

O nosso comportamento está sendo mudado pela tecnologia. Muitos de nós agora possuímos um Amazon Echo (Alexa), Tmall Genie e aparelhos do Google Home. Nossa capacidade atual de pedir a um dispositivo acionado por IA para nos dizer a resposta de algo ou para comprar um produto permitirá que façamos isso também em nossos telefones celulares.

Com isto em mente, você precisa começar a planejar agora como garantir que seus produtos ou serviços sejam os primeiros a serem mostrados quando um consumidor pede "hotéis mais bem avaliados em Nova York", "melhores restaurantes italianos perto de mim", ou "onde comprar minha nova cozinha".

COM A PALAVRA, O PROFESSOR MALCOLM McDONALD

Também nunca esqueçamos o fator humano. A tecnologia é o principal veículo de engajamento dos consumidores, mas nem todos se sentirão empoderados pela tecnologia. Alguns podem se sentir tão absorvidos por apetrechos e pelo ruído tecnológico que se sentirão revigorados por um sorriso genuíno e uma atitude solícita – até mesmo um convite pessoal feito na porta da loja para participar de uma promoção exclusiva, em vez de ser ignorado como uma notificação de celular recebida na sua caixa de entrada.

Os recentes avanços são, naturalmente, uma novidade agora, e com razão, pois este é o diferencial atual. No entanto, não se esqueça de olhar pra frente e considerar, quando tudo isso se tornar a regra, que o retorno aos princípios fundamentais do cliente pode se tornar o seu diferencial. Tudo o que foi dito neste capítulo deve ser implementado adicionalmente, e não em substituição a um verdadeiro atendimento pessoal.

Lembremos também que a IA tem suas limitações, sendo a maior delas a falta de empatia e discernimento humano. Ninguém, por exemplo, jamais confiaria num robô para decidir se desligaria ou não os aparelhos que mantém alguém vivo. Eles são programados para funcionar com base na lógica, e podem perder oportunidades valiosas de superar as expectativas do cliente com um serviço genuíno, caloroso e memorável.

Sempre haverá clientes que querem ter uma qualidade de vida afastada da tecnologia e, quando assim o desejarem, a simplicidade e a fácil integração entre os vários pontos de contato e os dispositivos serão fundamentais. Não espere que eles tenham um diploma em Ciência da Computação para que isto funcione!

Para finalizar, o atendimento ao cliente e a centralidade nele sempre dependerão muito das pessoas. ∎

REFERÊNCIAS

DAVID, A. Does Every Retailer Need an *App* [Blog] *Practicology*. On-line, 2017. Disponível em: <https://www.practicology.com/thinking/blog/does-every-retailer-app>. Acesso em: 13 dez. 2017.

POQ COMMERCE. Missguided *App* Case Study. On-line, 2017. Disponível em: <https://poqcommerce.com/missguided-case-study/>. Acesso em: 29 nov. 2017.

RETAIL INSIDER. Digital Retail Innovations Report. On-line, 2017. Disponível em: <http://webloyalty.co.uk/Images/UK/Digital_Retail_Innovations_ Report_2017.pdf>. Acesso em: 29 nov. 2017.

UPS. UPS Pulse of the On-line Shopper. On-line, 2016. Disponível em: <https://solvers.ups.com/assets/2016_UPS_Pulse_of_the_On-line_ Shopper.pdf>. Acesso em: 29 nov. 2017.

> "LEMBREMOS TAMBÉM QUE A **IA TEM SUAS LIMITAÇÕES**, SENDO A MAIOR DELAS A **FALTA DE EMPATIA E DISCERNIMENTO HUMANO**."
>
> Malcolm McDonald

CAPÍTULO 6

7

Design organizacional
para colocar o **cliente**
em **primeiro lugar**

O QUE VOCÊ APRENDERÁ NESTE CAPÍTULO?

▶ Onde estão as lacunas nas estruturas organizacionais tradicionais e as implicações que isso tem para a centralidade no cliente.

▶ As novas competências necessárias para atender às atuais expectativas comuns dos clientes.

▶ Novas funções que ajudam a realizar a mudança cultural para colocar o cliente em primeiro lugar (diretor de clientes etc.).

▶ Este capítulo fornece um modelo que pode ser usado para determinar o nível de maturidade digital do seu negócio e do seu time.

▶ Como os modelos operacionais estão se adaptando a uma abordagem do "cliente em primeiro lugar".

DIVIDINDO O PALCO COM O HOMEM QUE INVENTOU A REDE MUNDIAL DE COMPUTADORES

Certa vez tive a grande honra de compartilhar o palco com o homem que inventou a rede mundial, Sir Tim Berners-Lee, no World Retail Congress, em Roma. Durante essa sessão, alguns pontos importantes em relação ao varejo foram destacados. A moderadora da nossa sessão, a apresentadora da BBC Babita Sharma, me fez a primeira pergunta: "Martin, você trabalha muito no varejo, qual é a próxima tendência para a internet, e o que isso significa para o varejo?". Ao que eu respondi da seguinte forma:

> Não se trata da internet, pois vivemos num mundo multicanal. O problema com isso é que estruturamos nossos negócios em torno de canais e não em torno do cliente,

e que esses modelos e estruturas operacionais compartimentados não se prestam bem a colocar o cliente em primeiro lugar.

Em seguida, comecei a contar alguns casos de quando eu era o responsável pelo *e-commerce* de marcas como a Burberry, a Harrods e a Ted Baker, sobre os problemas que isso causou e o impacto que teve na experiência do cliente. A seguir falarei muito mais sobre isso e como os varejistas podem integrar sua estrutura organizacional para proporcionar uma experiência contínua ao cliente em todos os canais e pontos de contato.

ENTÃO, QUEM DE FATO É O DONO CLIENTE?

Há muito debate sobre quem é o dono do cliente em uma organização voltada para o consumidor. A seguir estão os cargos que encontrei em um evento de experiência do cliente no Reino Unido.

- Chief Customer Officer.
- Chief Operating Officer (COO).
- Co-Founder and Chief Operating Officer.
- Customer Propositions Director.
- Director CRM, Loyalty and Customer Insight.
- Director of Consumer Insight.
- Diretor Comercial.
- Diretor Criativo de Digital.
- Diretor de Atendimento ao Cliente.
- Diretor de Comunicação Estratégica, Marca e Campanhas.
- Diretor de Distribuição de Varejo.
- Diretor de Estratégia de Marketing e Inovação.
- Diretor de Experiência do Cliente.

- Diretor de Experiência do Consumidor.

- Diretor de Experiência e Operações de Clientes do Grupo.

- Diretor de Marketing.

- Diretor de Marketing Digital.

- Diretor de Operações.

- Diretor de Transformação.

- Diretor de Transformação de Negócios e Governança.

- Diretor de Varejo.

- Diretor do Grupo de Experiência e Marketing do Cliente.

- Global Chief Actuary and Director of Data and Analytics.

- Premier Design Director.

- Retail and Service Proposition Director.

Embora nenhum desses envolvidos tenha, necessariamente, a propriedade do cliente dentro de suas respectivas empresas, isso mostra quem realmente enxerga a experiência do cliente como parte fundamental de sua função. Curiosamente, nem um dos cargos acima têm a palavra "retenção". Não, nem um único diretor sequer de retenção de clientes. Quase todos os negócios voltados para o consumidor que eu conheço estão totalmente direcionados para a prospecção de clientes. A falta de foco na retenção de clientes é notável. Aí reside o verdadeiro desafio de se colocar o cliente em primeiro lugar. Ouvi CEOs falarem sobre o fato de que eles são os "donos" do cliente. Ou que todo o negócio o seja. Como intenção, tudo bem. Como modelo de execução, é muito deficiente – pois a realidade é que o negócio só pode realmente colocar o cliente em primeiro lugar quando tem uma cultura e uma estratégia que promovam isso em toda a organização. A chave do sucesso é que alguém tem de ter um compromisso inequívoco para realizar a transformação necessária para alcançar esse objetivo.

Tenho o privilégio de ter estado no mesmo palco que alguns líderes incríveis, e um deles é o ex-CEO da Walgreens, Greg Wasson, que se apresentou na Shop.org nos Estados Unidos, em 2013. A visão que ele tinha era a seguinte: "Eu me vejo como um bombardeiro B-52 dando cobertura para Sona e seu time, removendo os obstáculos para que ela possa potencializar o uso do digital para nos ajudar a atingir os nossos objetivos de negócio". Esse é um líder que admitiu não ter tido a visão mais adequada de como seria a nova jornada do cliente, tampouco as habilidades digitais para entregá-la. No entanto, ele sabia que a sua líder digital, Sona Chawla, tinha o que era preciso para proporcionar a nova experiência ao cliente. Por esse motivo, fez o melhor que pôde e abriu o caminho para que ela efetivamente entregasse isso.

VISÃO DE EXPERT

Falei com Mike Logue, CEO da Dreams, líder no varejo de camas e colchões. O que faz um bom CEO nesta era multicanal, digital e do cliente em primeiro lugar?

Mike me disse que "Se você não está realmente interessado no negócio e no cliente não vai acompanhar as coisas internamente e entregar a experiência certa". Trata-se de ser apaixonado pelos consumidores.

Mike disse que a razão pela qual isso é mais importante é porque agora eles têm a capacidade de enxergar a jornada do cliente mais cedo, e se você estiver apaixonado em saber os motivos pelos quais um cliente está ou não engajado na jornada, a clareza será muito maior do que antes. Sem essa paixão pelo cliente você fracassará, pois agora a possibilidade de perdê-lo durante a jornada é muito maior em termos de concorrência e da proliferação de escolhas que esse consumidor tem: "Volta-se à motivação de ele ou ela, como CEO, estar verdadeiramente interessado e apaixonado. Se isso não acontecer, seus funcionários perceberão, e o cliente também saberá disso. Se você não está incomodado e só aparece para ganhar um salário, então você está frito. Se não for realmente apaixonado por colocar o cliente em primeiro lugar, você não vencerá a concorrência".

Não se deve esperar que os funcionários sempre saibam como encantar os clientes se, antes disso, eles não tiverem sido autorizados a fazê-lo. A centralidade do cliente requer uma mudança cultural, e tem de ser conduzida de cima para baixo e de baixo para cima. O CEO tem de ter a mentalidade e a capacidade de resposta para oferecer uma cultura e uma forma de trabalhar que sejam verdadeiramente obcecadas pelo cliente. Assim, os novos funcionários devem ser informados sobre a relevância disso e, o que é mais importante, como eles podem desempenhar seu papel para proporcionar a experiência adequada ao cliente quando estão sendo contratados pela empresa.

EM FAVOR DA MUDANÇA

A verdade é que as estruturas organizacionais tradicionais não conseguem lidar de forma adequada com os diversos comportamentos dos clientes que vemos hoje, muito menos se antecipar e se preparar para a forma como os consumidores vão querer comprar e se engajar com eles no futuro.

VISÃO DE EXPERT

Craig Smith, Diretor de Comércio Digital da Ted Baker, falou comigo sobre o velho mundo *versus* o novo mundo e o que isso significa para a estrutura e as capacidades de uma organização. Ele vê a necessidade de eliminar tanto os bloqueios no pensamento quanto, em alguns casos, também as "pessoas antigas". Ele descreveu como a Football Association (FA) opera um programa para definir se alguém está apto ou não para administrar um clube de futebol, e que talvez precisemos agora de algo semelhante no varejo – um programa de pontuação para avaliar a relevância das habilidades e capacidades.

Até 2023, os negócios de sucesso e de alto crescimento no varejo terão pouca semelhança com as organizações de hoje. Dentro de poucos anos, eu prevejo que os varejistas se organizarão muito mais em torno do cliente, exigindo uma mudança de patamar em relação aos objetivos atuais de muitos varejistas de apenas ter uma visão uniforme de seus clientes. Eles precisarão de estratégias de envolvimento do cliente um-a-um (ou *one-by-one*), focadas em proporcionar uma experiência profundamente personalizada em todos os pontos de contato e experiências que o cliente tem com a marca. Já podemos perceber o início dessa tendência atualmente com os serviços ao cliente dentro das lojas, os programas de CRM e a personalização on-line. No entanto, à semelhança dos desafios de estrutura organizacional enfrentados pelos varejistas, essas abordagens não estão integradas e não proporcionam a necessária centralidade no cliente de 360 graus.

Os próximos anos serão um momento de evolução organizacional significativa para os varejistas, pois eles estão trabalhando na transição para um negócio integrado com o cliente em primeiro lugar, com todas as operações reestruturadas em torno das necessidades do cliente. Enquanto cada varejista desenvolverá a estrutura mais adequada às suas necessidades, a chave para esta transição será o desenvolvimento de competências fundamentais e áreas de especialização no engajamento e na experiência do cliente, da marca e de operações, cada uma das quais integrando elementos do marketing atual, *merchandising*, TI, operações de loja e outras áreas funcionais. Os negócios são estruturados, compreensivelmente, em torno do que é usual. O desafio é que – como referi no Capítulo 1 –, sem um foco também no médio e longo prazos, você pode acabar descobrindo, depois de um ano e meio a três anos, que o seu negócio se tornou irrelevante. A estrutura organizacional tradicional destinada a entregar o que é usual não está preparada para enxergar à frente o suficiente para entregar a experiência que os clientes exigirão. Os elementos necessários para entregar isso afetarão toda a sua cadeia de valor e incluirão: tecnologia, pessoas, estrutura, processos, níveis de serviço, alcance, preço, conteúdo, marketing, cadeia de suprimentos, entrega, e assim por diante.

COMO O DIGITAL PRECISA INCORPORAR-SE AO NEGÓCIO?

Os varejistas precisarão fazer um *upgrade* digital desde a diretoria até o chão de loja. Eles precisam levar suas organizações a um nível em que todos os funcionários sejam especialistas em todos os canais, capazes de entregar a experiência exigida pelo cliente e, ao mesmo tempo, de promover a jornada multicanal do cliente na empresa. Isso exige uma mudança cultural significativa nas empresas, e não é exagero dizer que enormes entraves à mudança precisarão ser superados.

◢ A diretoria

Muitos CEOs de todos os setores da economia voltados para o consumo passaram a ocupar o topo do *ranking* numa época em que seus negócios tinham o poder em suas mãos, em vez de na do cliente. Isso foi nos anos 1990. Aí reside grande parte do desafio.

Tive sorte. Eu vi a oportunidade que o comércio eletrônico teve no início do advento desse novo canal. Eu ainda não estava à altura de uma organização onde eu pudesse me dar ao luxo de não me preocupar com essas novidades e em que eu pudesse empregar alguém como eu para lidar com elas. A minha carreira ainda estava se desenvolvendo. Cheguei cedo ao digital, mas, na minha opinião, um pouco tarde para encontrar a minha vocação. Então, senti que não tinha outra opção senão ocupar esse espaço. Essa é certamente uma decisão pela qual sou, até então, grato por ter tomado. A maioria dos CEOs não teve essa oportunidade. Eles já tinham progredido muito mais na carreira do que eu, e por isso não sujaram as mãos nas fases de introdução e crescimento inicial do comércio eletrônico. Só depois de as vendas on-line terem chegado a mais de 10% é que a maioria se encarregou de compreender melhor o que implica ter sucesso no digital. Até hoje muitos ainda nem chegaram tão longe.

Embora a maioria dos CEOs tenha uma profunda compreensão de como a jornada do cliente está evoluindo, alguns têm dificuldade em visualizar a proposta que devem apresentar para lidar com isso e para desafiar e orientar de forma efetiva os líderes digitais dos seus negócios para que eles aproveitem ao máximo o digital para proporcionar a melhor experiência para o cliente.

A experiência digital realmente ajuda, mas não é um pré-requisito para se ser um CEO eficaz. Mas acredito totalmente que ter o foco e a orientação muito fortes no/ao cliente é imprescindível. Portanto, minha grande pergunta é: a maioria dos CEOs da atualidade estão aptos a liderar a suas organizações na próxima década? Alguns estão. Muitos outros, não. Também é provável que esses CEOs liderem o início da transição da empresa; mas é improvável que eles sejam as pessoas certas para entregar o negócio integrado e centrado no cliente a partir de um futuro próximo, fornecendo o que seus clientes desejam, quando e onde.

 VISÃO DE *EXPERT*

Um CEO com experiência no varejo físico que adotou categoricamente o digital e entende claramente o que significa colocar os clientes em primeiro lugar é Philip Mountford, CEO da marca de lingerie Hunkemöller. Perguntei a ele sobre o que faz um grande líder nos dias de hoje.

Philip respondeu muito humildemente dizendo que teve a sorte de ter recebido um pedaço de papel em branco do fundo de investimentos para determinar como moldar e escalar o negócio. Muito poucos CEOs conseguem reescrever a história de um negócio. A maioria deles é como um corredor numa corrida de revezamento, que apenas carrega o bastão; muito poucos são capazes de reinventar o negócio. Philip derrubou barreiras entre o comércio eletrônico e as lojas, em parte incentivando todas as equipes de gerência e funcionários para que todos se beneficiassem com as vendas multicanal. Além disso, ele também desenvolveu uma estrutura mais integrada que está firmemente ancorada na entrega do produto certo, no canal certo e no momento certo, apoiada por comunicações de marketing integradas.

Há sinais encorajadores de que alguns varejistas estão reconhecendo que as habilidades digitais e voltadas para o cliente são necessárias em seus CEOs, por exemplo, a Sur La Table, uma das maiores redes de varejo norte-americana de utilidades domésticas, nomeando Billy May. Eu falei com o Billy. Ele é um dos profissionais mais experientes em digital e comércio eletrônico nos Estados Unidos. Ele é também um dos primeiros a fazer a transição para o cargo de CEO de varejo, mudando-se da Abercrombie & Fitch para a Sur La Table, uma das principais empresas de cozinha e gastronomia experimental. Perguntei a ele quais eram as habilidades que ele achava lhe dar as ferramentas para se mudar para esse novo cargo. Ele me disse que quando se fala em ser centrado no cliente, os executivos do digital tendem a começar a partir do cliente e a trabalhar no sentido contrário. Eles têm uma orientação para a resolução e desenvolvimento de soluções para os problemas dos consumidores. Os executivos digitais, sejam de marketing ou de vendas, concentram-se em métricas, acompanham as interações com *scorecards* e estão geralmente focados nos resultados. Eles se esforçam para atender e superar as expectativas dos clientes. Eles também tendem a ser mais colaborativos e interfuncionais, dispostos a testar, aprender e escalar.

Billy usou um bom exemplo do fato de que os executivos comerciais digitais não codificam, portanto eles precisam trabalhar em colaboração com engenheiros e desenvolvedores. Muitas vezes, dependem de outras partes do negócio, tais como lojas/*omnichannel*, compradores e pessoal de *merchandising*, criadores de conteúdo, e assim por diante, a fim de conseguirem o desempenho financeiro necessário. Aqueles que eram executivos digitais nos estágios iniciais do digital e do comércio eletrônico tiveram que trabalhar duro para serem ouvidos. Isto exigiu que eles se tornassem mais colaborativos e garantissem o envolvimento das partes interessadas em todo o negócio.

Ao contrário de muitos outros executivos, os de formação digital tendem a concentrar-se igualmente no planejamento estratégico a longo prazo e nas capacidades de execução a curto prazo.

Outro CEO com uma pegada digital, Mark Newton-Jones, da Mothercare, também já foi nomeado. Nos Estados Unidos, Kohl's nomeou sua antiga Chief Customer Officer, Michelle Gass, como CEO – outro sinal de que as empresas estão reconhecendo que a centralidade no cliente estará no cerne do sucesso da organização. Contudo, essas continuam a ser as exceções. Com a maioria dos CEOs do varejo com poucas probabilidades de serem destituídos de seus cargos, em breve, por um líder digital ou de cliente, eles devem trabalhar com seus clientes, diretores multicanal e de comércio eletrônico atuais para entregar o que é demandado.

Os modelos a seguir destacam como eu vejo a evolução das organizações de departamentalizadas para centradas no cliente.

A TRANSFORMAÇÃO DIGITAL DA ORGANIZAÇÃO

◢ Fase 1: formação

FIGURA 7.1 ▸ Fase 1 – formação

O responsável típico pela primeira fase da transformação digital é o gestor do comércio eletrônico ou de multicanais. Esta fase normalmente teria um *score* de maturidade digital ou DMI (*Digital Matutrity Index*, ou Índice de Maturidade Digital) de 25% a 45%. O DMI é um *scorecard* ponderado de 25 pontos em relação a critérios-chave.

Geralmente, essa etapa marca, de forma isolada, o comércio eletrônico para operações multicanais em estágios iniciais. As principais características dessa fase são:

▸ É bastante departamentalizada e opera como um negócio dentro de outro negócio.

▸ O foco em P&L (lucros e perdas) é apenas no on-line.

▸ As habilidades digitais se concentram em um único time.

▸ Desenvolvimento de competências digitais especializadas.

▸ As equipes de vendas são de alto desempenho.

◢ Fase 2: crescimento

A fase de crescimento será normalmente liderada pelo Diretor Multicanal. É aqui que as funções multicanal começariam a se integrar, fornecendo assim um *score* DMI de aproximadamente 45% a 65%. Tais seriam os destaques desta etapa:

FIGURA 7.2 Fase 2 – crescimento

> Os clientes interagem por meio do digital *instore* (dentro da loja), em dispositivos móveis ou em computadores.

> São implementadas experiências multicanal, tais como "clique e retire", estoque on-line, "corredor infinito" dentro da loja.

> O on-line representa o batimento cardíaco digital do negócio.

> Os P&Ls (lucros e perdas) são específicos para cada canal.

> Algumas funções podem ser integradas.

Fase 3: florescimento

FIGURA 7.3 Fase 3 – florescimento

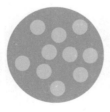

A fase final é o florescimento, quando você saberá se a organização está realmente centrada no cliente. Essa etapa não deveria ter apenas um único responsável e uma única competência, pois a experiência multicanal é compartilhada em todos os níveis. Esta etapa teria um *score* DMI superior a 65% com destaques como:

> A tomada de decisões é impulsionada por *insight*.

> A estrutura organizacional e o modelo operacional estão estruturados em torno do cliente.

> Há um foco na receita por cliente e no valor vitalício do cliente (LTV), em vez de apenas um cálculo de P&Ls (lucros e perdas).

> As competências digitais são distribuídas por toda a organização.

> Os cargos não contêm quaisquer qualificadores como "multicanal" ou "*omnichannel*".

Como é calculado o DMI ou Índice de Maturidade Digital

FIGURA 7.4 Índice de maturidade digital para o time, talentos e modelo de habilidades

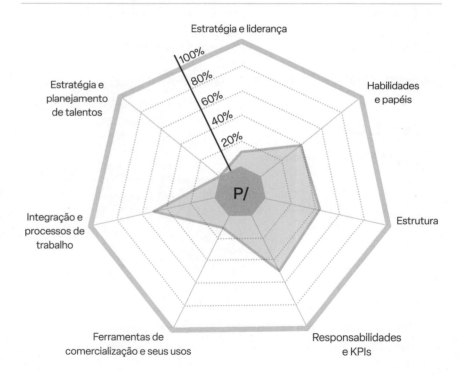

Fonte: Practicology

Estratégia e liderança

1 Com foco no cliente e no digital, a empresa terá uma liderança digital a partir do topo.

2 Um líder digital é alguém que tenha uma compreensão profunda do digital e que vai além das questões superficiais. É provável que essa pessoa já tenha trabalhado com *e-commerce* ou com digital durante grande parte da sua carreira.

3 A centralidade no cliente é um pilar estratégico do crescimento, e o digital é reconhecido como um meio para se atingir esse objetivo.

4 A visão e a estratégia da empresa, centradas no cliente de forma digital, são adequadamente comunicadas e compreendidas.

Habilidades e papéis multicanal

1 Os papéis de *e-commerce* e multicanal são especificados dentro das funções.

2 Existem habilidades e papéis que abrangem todas as disciplinas de *e-commerce* e de multicanal que sejam relevantes e apropriadas.

3 Habilidades de negociação: os times de *e-commerce* são comercialmente focados.

4 Profundidade da experiência: as pessoas que ocupam os papéis no digital são experientes e têm um bom domínio das melhores práticas em sua função para promover o crescimento de forma contínua.

Habilidades e papéis multicanal: desdobramentos por disciplina

As habilidades e papéis corretos existem para suportarem a estratégia e a implementação em cada uma das seguintes áreas:

1 Liderança.

2. Prospecção de clientes: habilidades e papéis podem incluir todos os canais de mídia disponíveis para prospecção, como PPC (*Pay per Click*), *retargeting*, SEO (*Search Engine Optimization*), afiliados, redes de display, mídia social paga, análise de marketing.

3. Retenção e engajamento do cliente: habilidades e papéis podem englobar mídias sociais, e-mail marketing, CRM e lealdade, *copywriting* e editorial.

4. Gestão de site e conteúdo: habilidade e papéis podem abranger gestão do calendário de campanhas, planejamento de conteúdo, gestão de fotografia, *web design* e arte, produção para *web*, classificações e *reviews*.

5. *Merchandising* no site: habilidades e papéis podem envolver *merchandising* on-line, gestão de estoques, aprimoramento de produtos, categorização e publicação, gestão de sites de busca e análise das vendas.

6. *Site analytics* e CRO (*Conversion Rate Optimization*): habilidades e papéis podem incluir *web analytics*, testes multivariados e relatórios.

7. Desenvolvimento e programação ou gestão de projeto: habilidades e papéis que envolvam liderança de produto (*product owner*), gestão de programas e projetos, análise de negócios e desenvolvimento de *front-end*. Havendo terceirização, são necessárias habilidades para gerenciar o trabalho realizado pelos fornecedores.

8. Digitalização da loja: há habilidades e papéis para gerenciar o "clique e retire" e para liderar outras iniciativas.

9. Logística e serviço ao cliente: habilidades e papéis para gerenciar a logística e o serviço ao cliente na *web* (essa categoria se refere aos papéis de gestão e não ao time de logística que trabalha no estoque ou atendentes do SAC).

10. *Insights* sobre o cliente: habilidades e papéis para lidar com a gestão de *data science*, análise de dados, manipulação de dados, estratégia de CRM, gestão de campanhas de CRM.

Estrutura

1 Os papéis de *e-commerce* ou multicanal se situam dentro de uma estrutura com linhas de comunicação e responsabilidades claras, independentemente de estarem em times integrados ou autônomos. A estrutura segue e suporta a estratégia da empresa.

2 A administração dos lucros e perdas com *e-commerce* ou multicanal compreende o controle sobre todos os mecanismos de venda relevantes, seja por meio da estrutura ou das responsabilidades.

Responsabilidades e KPIs

1 Há descrições claras de papéis que são perfeitamente compreendidas e articuladas por cada um dos membros do time.

2 Os papéis têm objetivos claros e mensuráveis ligados aos KPIs e métricas comerciais. Os KPIs se desdobram pelos níveis do time, de modo que toda a equipe contribua para a consecução dos objetivos comuns. Os KPIs são revisados com frequência e usados para fazer a prestação de contas dos times.

Ferramentas de comercialização e seus usos

1 A equipe é fluente e familiarizada com as ferramentas de *web analytics*, desempenho de marketing, entre outras. A maioria dos membros do time têm acesso a ferramentas relevantes, checam diariamente a performance e fazem suas próprias análises. *Insights*, em vez de dados, formam a espinha dorsal do processo comercial. As ações são realizadas com base no uso de *insights*.

2 Há definições e padrões acordados para os KPIs, métricas e outros indicadores de performance.

Integração e processos de trabalho

1 As disciplinas de *e-commerce* e multicanal são bem integradas ao restante do negócio, tanto no que tange à estrutura quanto aos processos de trabalho.

Estratégia e planejamento de talentos

① A organização compreende quais habilidades serão requeridas para o negócio no futuro à medida em que o ambiente digital e o comportamento do consumidor vão amadurecendo. As capacidades digitais requeridas para todos os papéis são reconhecidas e apoiadas por um plano de ação e um cronograma de implementação.

② A empresa reconhece a importância da qualificação digital e promove e investe ativamente em um programa de T&D (treinamento e desenvolvimento).

PRIORIZANDO OS TIMES PARA A QUALIFICAÇÃO DIGITAL

A demanda de empresas voltadas para o consumidor por talentos digitais está superando a oferta, e a quantidade de talentos é limitada. Isso significa que bons candidatos podem receber altos salários, muitas vezes significativamente maiores do que os de outras áreas da organização. Por isso, aprimorar os times atuais é requisito obrigatório para quem deseja reter seus talentos. Seria recomendável desenvolver programas de T&D para os três grupos mostrados na Figura 7.5.

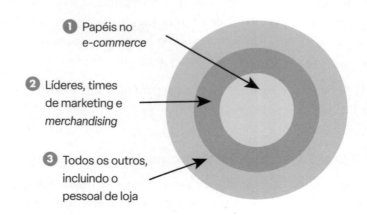

FIGURA 7.5 Treinamento e Desenvolvimento

A ESTRUTURA DEPARTAMENTALIZADA ATUAL

Para realmente se tornar uma empresa centrada no cliente, é preciso desfazer os departamentos existentes na maioria dos negócios. As empresas foram estruturadas em torno de canais, e não de clientes.

A maioria dos varejistas não está estruturada para atender aos clientes de hoje nos vários canais que eles utilizam, nos diversos aparelhos que eles possuem e nas interações sociais das quais participam. Por quê? Fundamentalmente, os varejistas de hoje são criados, antes de tudo, para servir à marca, não aos clientes. Eles pedem aos clientes que comprem deles, lhes deem margem, vendas e retorno sobre o investimento.

A Figura 8 destaca o desafio dos varejistas, com a maioria deles estruturada por canais. Não há economias de escala. Há muita duplicidade. Mas, o mais importante, o cliente perde devido a uma variedade inconsistente do sortimento e das comunicações de marketing por meio dos canais, já que ambos estão sendo conduzidos por times diferentes.

Os times de *merchandising* estão divididos por canal. Uma parte do time está focada no "tráfego dos corredores" e "*layout* de loja", enquanto outros se concentram em como apresentar produtos on-line (onde o processo de compra do cliente muitas vezes começa) – tudo isso enquanto tentam atender o mesmo cliente. São poucos os varejistas que organizaram seus especialistas em *merchandising* em times focados em segmentos de clientes ou em grupos de necessidades. Essa não seria uma forma verdadeiramente centrada no cliente para planejar o sortimento de produtos?

Além disso, muitos comerciantes ainda definem *merchandising* ou categorização de produtos em termos de como o estabelecimento adquire o produto, em vez de como os clientes compram e esperam encontrar o produto. As marcas de moda e de luxo são particularmente culpadas disso, criando uma terminologia de vanguarda para representar "coleções" das quais os clientes nunca ouviram falar.

Com muita frequência, times de compras on-line e off-line e de *merchandising* são divididos por canal. Em casos extremos, os compradores para lojas e on-line têm pouco ou nenhum contato entre si e, geralmente, competem no que diz respeito à satisfação dos clientes e ao relacionamento com os fornecedores.

Em muitas empresas, continuamos a ver preços diferenciados para os mesmos produtos em diferentes canais. Os clientes não conseguem entender isso, mesmo que os varejistas tenham razões comerciais plausíveis para fazê-lo, como custos de venda diferentes ou para tentar ser competitivos em termos de preços em comparação aos seus concorrentes que operam apenas no on-line. A proliferação de canais tornou essa situação mais difícil de gerir, em especial para as marcas.

> Na minha opinião, precisamos mudar de *"omnichannel"* para *"unichannel"* onde o cliente tem não apenas uma experiência consistente, mas também um preço coerente.

Os clientes de uma grife de moda com um canal por atacado podem descobrir que o mesmo artigo está à venda a preços diferentes não só no próprio site e nas lojas da marca, mas também a um preço diferente no site de uma loja de departamentos ou num site de ofertas relâmpago tipo o Vente-privee ou o Brand Alley. Da mesma forma, os comerciantes de diferentes canais muitas vezes não conseguem tomar as melhores decisões em virtude das limitações impostas pelos estoques com que trabalham. Recusar-se a transferir o seu estoque para um site que poderia vender o triplo, com o intuito de manter toda sua gama de produtos onde não está vendendo, é ainda uma queixa bastante comum.

A função marketing é frequentemente dividida e desarticulada, bem como dividida por canais ou áreas, o que acaba por criar visões díspares do mesmo cliente ou, no mínimo, tornar a organização incapaz de ter uma visão única do cliente. As abordagens organizacionais contemporâneas exacerbam essa questão. A definição dos times e dos departamentos como "marca/direto/CRM" e "off-line/on-line" perpetua uma visão fragmentada de qualquer tipo de cliente. Além disso, poucos times de marketing estão atentos aos dois extremos do espectro do marketing: o emocional (marca/narrativa) e o analítico – a maioria das marcas hoje em dia costuma ser boa em um ou em outro, mas raramente é boa em ambos.

O primeiro pensamento da área de TI é o de gerir o risco e não o impacto para o cliente. Como resultado, muitas áreas de TI estão mais concentradas nos empregados e nas ferramentas de análise interna do que na experiência do cliente. Além disso, muitos times de TI continuam a ser independentes, em vez de viverem dentro de cada área da organização para serem parceiros mais fortes na satisfação das necessidades dos clientes. Imagine o quanto mais eficaz seria a TI se houvesse um time de desenvolvimento ágil, com uma abordagem *fail-fast* ligada às principais áreas do negócio orientadas para o cliente!

Um time digital que, frequentemente, é muito autônomo e que possui uma colcha de retalhos de ligações com outras áreas da empresa – sem saber o que fazer com todas as coisas digitais, muitos varejistas fizeram com o digital exatamente o que fazem com outras funções: criaram um departamento. Como em todos os departamentos, essa situação estabelece uma competição interna por orçamento, recursos e atenção de mais uma área dentro da empresa sem atender às necessidades dos seus clientes.

Uma função de distribuição e cadeia de suprimentos que, em muitos casos, ainda separa os estoques para os diferentes canais – para esse fim, não há um estoque único ou sequer uma visão global do estoque, de modo que os produtos acabam não sendo entregues ao canal onde há demanda. Adicionalmente a esses obstáculos organizacionais, a realidade é que muitos varejistas simplesmente ignoram a orientação para o cliente. Quantos varejistas realmente colocam o cliente à frente e no centro de tudo o que fazem?

Os modelos variados que vemos no mercado de hoje incluem empresas lideradas por lojistas (estratégia do "produto em primeiro lugar"); pela marca (alavancando a aspiração e o envolvimento emocional do rótulo" *versus* especificamente seu produto ou serviço); e pela tecnologia (como foco na maneira como a tecnologia pode proporcionar uma melhor experiência e diferenciação). Muito poucos adotaram genuinamente uma estratégia liderada pelo cliente ("atendimento ao cliente em primeiro lugar"). Para obter sucesso, os varejistas no curto, no médio e no longo prazos precisam se reestruturar, tendo o cliente como ponto focal pra montar equipes funcionais para atender de maneira otimizada a esse cliente.

A Figura 7.6 mostra um modelo organizacional de varejo construído com base em silos de canal. A experiência do cliente dentro de cada canal geralmente é boa, mas começa a se desgastar conforme os clientes passam de um canal a outro.

FIGURA 7.6 Canais do cliente

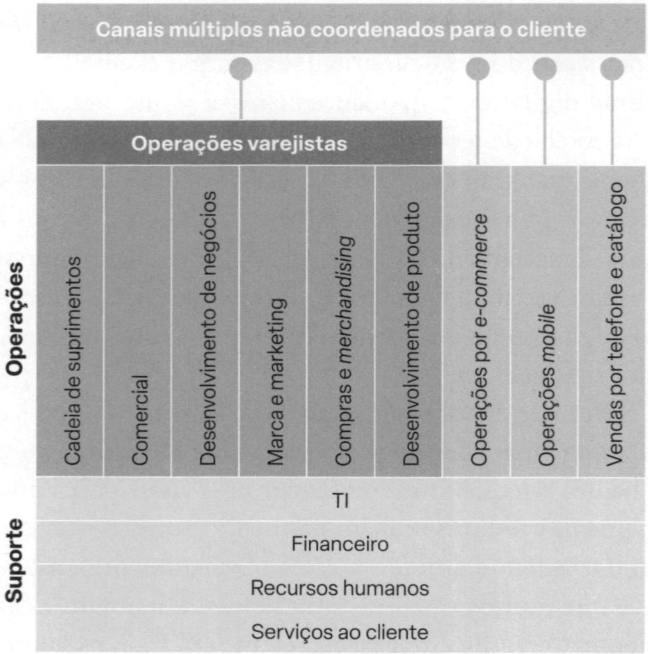

	Canais múltiplos não coordenados para o cliente							
	Operações varejistas							
Operações	Cadeia de suprimentos	Comercial	Desenvolvimento de negócios	Marca e marketing	Compras e merchandising	Desenvolvimento de produto	Operações por e-commerce	Operações mobile	Vendas por telefone e catálogo
Suporte	TI							
	Financeiro							
	Recursos humanos							
	Serviços ao cliente							

◢ Varejistas de múltiplos canais com pouca ou nenhuma integração

O cliente conhece dispositivos móveis e espera que todos os pontos de contato de um varejista funcionem juntos (por que não?). Entretanto, como varejistas sabemos que as hierarquias atuais, relacionamentos hierárquicos e mesmo lucros, perdas e estruturas de incentivo simplesmente não são projetados para entregar o que o cliente supõe ser uma infraestrutura totalmente lógica – se amplamente invisível – para apoiar a maneira como ele compra agora.

A Figura 7.7 representa o foco no atendimento ao cliente e no alinhamento de todas as funções e operações empresariais para atingir esse objetivo.

FIGURA 7.7 Funções empresariais centradas no cliente

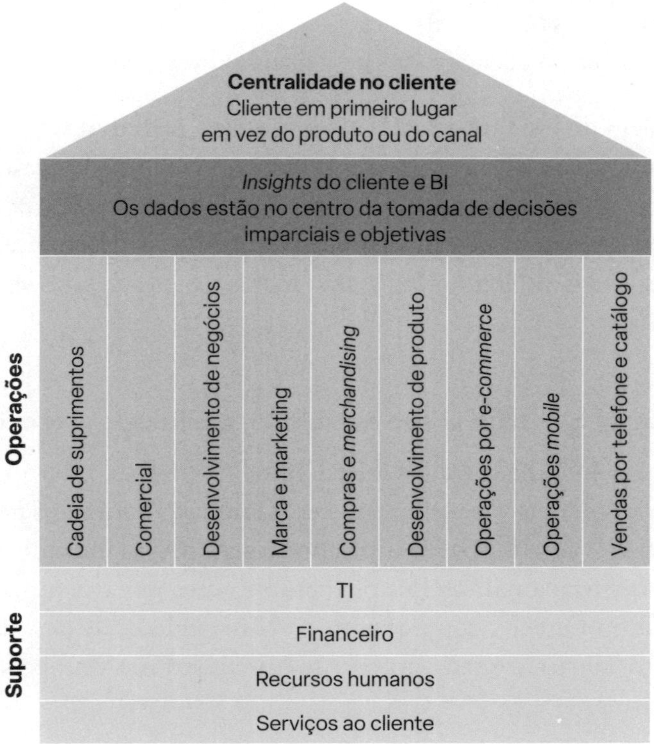

Centralidade no cliente
Cliente em primeiro lugar em vez do produto ou do canal

Insights do cliente e BI
Os dados estão no centro da tomada de decisões imparciais e objetivas

Operações
- Cadeia de suprimentos
- Comercial
- Desenvolvimento de negócios
- Marca e marketing
- Compras e merchandising
- Desenvolvimento de produto
- Operações por e-commerce
- Operações mobile
- Vendas por telefone e catálogo

Suporte
- TI
- Financeiro
- Recursos humanos
- Serviços ao cliente

Organizar-se em torno do cliente exige novos modelos de estruturas, responsabilidades, formas de trabalho e talento. Também é necessário *insight* e inteligência empresarial para desempenhar um papel central na tomada de decisões com base em evidências. Isso significa que investir em *insights* terá de ser um foco estratégico e central para qualquer negócio.

Em breve, toda empresa terá de adaptar sua estrutura a um cliente, produto e marca específicos. Alguns empregarão modelos de mudança organizacional como o RACI (responsável, *accountable*, consultado e informado) (JACKA; KELLER, 2009) para estruturar o plano de recursos e alinhar as responsabilidades.

R Responsável: pessoa que atua na atividade.

A Accountable: pessoa com autoridade para decidir.

C Consultado: *stakeholder* importante que deve ser incluído na decisão ou na atividade.

I Informado: precisa saber sobre a decisão ou a ação.

O modelo de mudança RACI pode ajudar a realinhar responsabilidades (Jacka; Keller, 2009). No futuro, a principal diferença será que as empresas voltadas para o consumidor estarão focadas em uma coisa só: **atender às necessidades e expectativas do cliente**, em vez de focar as metas de marketing *versus* metas de *merchandising versus* metas de TI.

Qualquer que seja a sua estrutura, agilidade é a chave

Falei com Jonathan Wall, Chief Digital Officer da líder varejista de moda Missguided, e perguntei a ele: "Como se monta um negócio de forma ágil?". Jonathan tem uma abordagem muito inovadora para o design organizacional, que implementou tanto em sua função anterior no Shop Direct Group quanto na Missguided. Ele descreveu o pensamento sobre a jornada do cliente e a construção do negócio da seguinte forma:

- um time de marketing digital cuidando do tráfego;

- um time de *onboarding* de clientes;

- um time cujo papel é ajudar os clientes a encontrar o produto para colocar no carrinho e tudo mais.

Tudo isso foi construído de maneira ágil. A Shop Direct terá oito equipes de produtos para gerenciar a jornada de ponta a ponta.

Perguntei a Jonathan: "Como fazer isso em uma empresa multicanal?".

Ele gosta de uma abordagem com base em evidências: "Construir o negócio com uma abordagem baseada em evidências para oferecer uma hipótese para, só então, agir" é a maneira como ele a descreveu.

Pense em algum problema que você tenha, por exemplo: "Estamos muito ocupados no sábado: é porque as pessoas gostam mais de experimentar as coisas no sábado?". Nesse caso, você montaria a equipe de acordo com isso.

Jonathan gosta de remover opiniões e basear estrutura e equipe em evidências.

OS PAPÉIS REQUERIDOS PARA REALIZAR A MUDANÇA

◢ Um agente de mudança!

Embora o diretor atual multicanal ou de *e-commerce* possa ter a visão do que a experiência multicanal do cliente deve ser, ele possui as habilidades e a experiência necessárias para conduzir a mudança do programa a fim de reestruturar o negócio e estabelecer a visão? Ou a empresa precisa trazer alguém ou contratar um fornecedor externo para apoiar o gerenciamento das mudanças e a transformação do negócio? Alguns varejistas dividiram essa função em duas, com um diretor de *e-commerce* mais comercial e um diretor de *e-commerce* de tecnologia e desenvolvimento. Isso permite que um varejista mantenha o foco máximo nas receitas e na lucratividade do varejo multicanal atual, enquanto aborda, ao mesmo tempo, o roteiro e a agenda da mudança organizacional.

◢ Uma nova função emergente é a de CCO ou Diretor de Cliente

Esse diretor é alguém cuja responsabilidade é garantir que a experiência do cliente seja consistente em todos os pontos de contato. No entanto, a experiência do cliente por si só nunca será o bastante para fornecer a ele a experiência completa, pois as comunicações de marketing também são um elemento crítico e, portanto, devem ficar sob a responsabilidade do Chief Customer Officer (CCO), ou Diretor de Cliente.

O próximo desafio importante é a personalização e o engajamento, e o CCO deve ser a pessoa mais capaz de proporcionar uma experiência mais engajadora e personalizada com a marca. Que formação essa pessoa deve ter? Um misto de habilidades e experiências:

▸ multicanal, tendendo para o on-line;

- *expertise* digital, a fim de ter a visão e as ferramentas práticas para entregar uma boa experiência na loja;

- o ideal é ter experiência com marketing, baseada tanto na marca quanto em performance, para que possa garantir comunicações consistentes e articuladas com o cliente.

◢ CIO (*Chief Insight Officer*)

Varejistas possuem grandes quantidades de dados, mas não *insights* – e muitas vezes eles não têm habilidades em negócios para interpretar dados de maneira eficaz e transformá-los em *insights* passíveis de serem implementados. Para isso, é provável que vejamos surgir uma nova função que se concentre em trazer à tona *insights* práticos de toda a cadeia de valor de uma empresa multicanal. Isso terá foco tanto externo quanto interno. Do ponto de vista de causa e efeito, os fatores internos são a causa, e o efeito é o impacto sobre a experiência do cliente.

◢ CTOs (*Chief Technology Officer*) Digitais ou Multicanal

Por muito tempo haverá demanda por diretores de tecnologia (CTOs) com viés digital e sólida experiência multicanal que dominem o roteiro da transformação digital e multicanal.

◢ CEOs (*Chief Executive Officer*) Digitais

Para aqueles de vocês que ainda não estão lá, é pra lá que todos vocês estão indo! Quem melhor para liderar o negócio varejista do futuro do que os responsáveis por remodelar a proposta de valor para o cliente e liderar a transformação rumo a um negócio mais integrado e multicanal – e que coloca o cliente no centro de tudo o que fazem?

◢ Não vamos nos esquecer da "economia GIG"

A expressão "economia GIG" está sendo cada vez mais usada para se referir a trabalhos flexíveis e que pagam pouco, em que as pessoas trabalham para qualquer uma das várias novas empresas disruptivas, podendo incluir a Uber ou serviços de entrega como o Hermes ou o Deliveroo. Essas pessoas não são funcionárias, daí o termo "economia GIG", a qual infere que as pessoas recebem trabalhos pontuais. Tem havido uma fiscalização crescente desses participantes e de muitos dos que cada vez mais têm levantado preocupações sobre taxas de remuneração, a complexidade das horas de trabalho e a segurança relativamente escassa no trabalho. Mesmo assim, isso não acabará tão cedo. A tecnologia tem sido o facilitador para impulsionar esses novos modelos de negócios, e a força de trabalho flexível ou "economia GIG" é necessária para permitir que esses serviços sejam proporcionados de forma proveitosa.

VISÃO DE *EXPERT*

ENCONTRAR AS HABILIDADES TECNOLÓGICAS CERTAS NEM SEMPRE É TÃO FÁCIL

Falei com Julian Burnett, ex-CIO, Diretor Executivo da cadeia de suprimentos da House of Fraser, sobre alguns dos desafios que ele e outros CIOs enfrentam quando se trata de habilidades e estruturas relacionadas à tecnologia. Ele me disse que os roteiros dos fornecedores de tecnologia não estão acompanhando as demandas dos clientes e varejistas. Isso, por sua vez, obriga as varejistas a elaborar soluções *in-house*. Ele também tem o mesmo desafio com integradores de sistemas – eles não dão conta de encontrar habilidades relevantes. Julian descreveu como a maneira de transformação usando tecnologia é digital, e não é a mesma coisa que *e-commerce*.

Um desafio nisso é que, no mercado de fornecedores de tecnologia, muito poucos fornecedores estão atendendo aos requisitos digitais e físicos de maneira independente de canal. Acrescente-se a isso o desejo da House of Fraser de ser mais ágil e analítico, e Julian constrói a própria equipe de engenharia e ciência de dados dentro da empresa.

A House of Fraser está aproveitando sua equipe de ciência de dados e ferramentas de terceiros para garantir que tenham maior controle sobre o marketing de produtos e preços para refletir a atividade da concorrência. Eles são capazes de reduzir seus preços ou gastar menos com marketing.

DICAS PRÁTICAS PARA MELHORAR A EXPERIÊNCIA DO CLIENTE

1. Desenvolva novas funções que possam ajudar a impulsionar a centralização no cliente.
2. Delegue a alguém a propriedade do cliente e de sua experiência e, crucialmente, o encargo para proporcionar a mudança necessária a fim de se tornar uma empresa que prioriza o cliente.
3. Crie uma cultura em que o cliente venha em primeiro lugar.
4. Crie uma equipe multifuncional responsável por colocar o cliente em primeiro lugar.
5. Adote uma estrutura organizacional de dois níveis em áreas como TI (tecnologia da informação): um focado em BAU (*business as usual*, ou rotina atual), e o outro no roteiro para novos projetos.
6. Certifique-se de ter um líder que entenda o que realmente significa colocar o cliente em primeiro lugar.

1 DESENVOLVA NOVAS FUNÇÕES QUE POSSAM AJUDAR A ESTIMULAR A CENTRALIZAÇÃO NO CLIENTE

Sem essas funções específicas, uma organização não será verdadeiramente capaz de estimular a transformação exigida pela empresa em colocar de fato o cliente em primeiro lugar. A maioria das empresas não têm *insights* acionáveis. A principal função necessária para revelar isso é a de um cientista de dados, que pode interrogar os dados e determinar as ações necessárias. Por exemplo: quais segmentos de clientes compram em mais de um de seus canais? Quem são seus segmentos de clientes mais lucrativos? Como você encontra mais deles? Quem responde à sua atividade de marketing e incentivos?

❷ DELEGUE A ALGUÉM A PROPRIEDADE DO CLIENTE E DE SUA EXPERIÊNCIA E, PRINCIPALMENTE, O ENCARGO PARA PROPORCIONAR A MUDANÇA NECESSÁRIA A FIM DE SE TORNAR UMA EMPRESA QUE PRIORIZA O CLIENTE

Se não fizer isso, você nunca se tornará uma empresa verdadeiramente centrada no cliente. É preciso um grau considerável de mudança e transformação para alinhar toda a organização e proporcionar a experiência adequada ao cliente. Alguém tem que conduzir essa mudança. Não vai acontecer por conta própria. E não vai acontecer se o CEO assumir a responsabilidade por isso, pois eles estarão muito ocupados gerenciando o negócio e todas as suas partes constituintes.

Mesmo depois de ter delegado essa responsabilidade a alguém, você precisa abrir o caminho para essa pessoa. Em qualquer organização, sempre há resistência a mudanças. A maioria das pessoas não gosta de mudar. Portanto, é função do CEO e da diretoria garantir que a pessoa a quem se atribuiu a ordem de incentivar a transformação rumo a um negócio centrado no cliente tenha todo o suporte de que precisa para proporcionar isso. Entre outras coisas, isso garantirá que todos os diretores e diretorias da empresa estejam a bordo.

❸ CRIE UMA CULTURA EM QUE O CLIENTE VENHA EM PRIMEIRO LUGAR

A cultura de uma empresa, seus valores e o que ela defende são cruciais de várias maneiras. Principalmente quando se trata das pessoas que você deseja trazer para o negócio, pois é preciso engajar quem tenha propensão natural para um ótimo atendimento ao cliente. No Capítulo 8, expando a cultura em detalhes, bem como as áreas a focar a fim de impulsionar a mudança cultural.

❹ CRIE UM TIME MULTIFUNCIONAL RESPONSÁVEL POR COLOCAR O CLIENTE EM PRIMEIRO LUGAR

Crie responsabilidade pela mudança para uma empresa que prioriza o cliente em toda a sua organização por meio de uma equipe multifuncional. Essa mudança é por demais monumental para sua organização a ponto de você não poder responsabilizar uma só pessoa por sua entrega bem-sucedida. Se você responsabilizar as pessoas em toda a cadeia de valor, terá uma chance ainda maior de acertar.

⑤ ADOTE UMA ESTRUTURA ORGANIZACIONAL DE DOIS NÍVEIS EM ÁREAS COMO TI (TECNOLOGIA DA INFORMAÇÃO): UM FOCADO EM BAU (*BUSINESS AS USUAL*, OU ROTINA ATUAL), E OUTRO NO DESENVOLVIMENTO DE NOVOS PROJETOS

Você não pode esperar que uma equipe que já tenha um trabalho diário também assuma o desenvolvimento de negócios/novas iniciativas. Na minha experiência, isso acontece com enorme frequência. Quando se adota essa abordagem, alguma coisa tem que ceder. Ou seus sistemas e negócios existentes sofrem porque o foco mudou para as "coisas novas em folha" que a equipe foi solicitada a desenvolver, ou os novos desenvolvimentos serão atrasados, superorçados e, provavelmente, mal implementados, como consequência de ter de gastar tempo demais apenas mantendo os sistemas existentes funcionando.

Minha recomendação seria ter uma equipe central em cada área operacional, cujo trabalho é manter o *business as usual* (BAU) e uma equipe à parte para desenvolver as novas maneiras de trabalhar. Quando estiver pronto, você troca o antigo pelo novo. Em todo caso, geralmente é necessário um conjunto de habilidades diferentes e uma mentalidade distinta para cada área.

⑥ CERTIFIQUE-SE DE TER UM LÍDER QUE ENTENDA O QUE REALMENTE SIGNIFICA COLOCAR O CLIENTE EM PRIMEIRO LUGAR

A transformação para uma organização verdadeiramente centrada no cliente deve ser uma abordagem de cima para baixo e de baixo para cima. O CEO dá o tom. Ele tem que dar o exemplo. O fato de o fundador e ex-CEO da AO.com John Roberts passar quarenta minutos todos os dias assinando cartas de clientes não passaria despercebido pelos colegas. Ele estava definindo o tom de como a empresa tinha de lidar com seus clientes. Conheço vários outros CEOs e ex-CEOs que fariam o mesmo – Sir Charles Dunstone, presidente da Dixons Carphone, é apenas um deles.

 COM A PALAVRA, O PROFESSOR MALCOLM McDONALD

Embora este capítulo tenha focado a construção da arquitetura organizacional no varejo, há poucas dúvidas de que em todos os setores o futuro será muito diferente, considerando-se o ritmo acelerado da tecnologia, que exige habilidades, *mindset* e estrutura organizacional totalmente novas.

As empresas já estão fazendo várias das coisas especificadas neste capítulo, e líderes de estratégia digital estão jogando fora seus cartões de visita após uma década em que perderam contato com as bases de suas empresas. Essas pessoas não perderam contato com o digital, apenas perderam de vista as necessidades básicas de seus clientes e os incentivos de longo prazo subjacentes às suas atividades.

Elas percebem que, hoje, temos ferramentas digitais incríveis à disposição, mas também que as mesmas questões antigas de estratégias de marketing ainda subsistem – compreensão de mercado, segmentação de mercado, *insights*, *branding*, posicionamento e engajamento. Mas voltemos ao papel do digital em tudo isso. A empresa de consultoria McKinsey assim definiu o digital: "Interações eletrônicas controladas pelo cliente ou utilização multiplataformas. Digital é uma abreviação para todas as coisas 'não tradicionais' que provêm do uso on-line e de celulares" (DUNCAN; HAZAN; ROCHE, 2013).

No mesmo artigo, seguem outras afirmações: "A segmentação digital avança várias etapas para fortalecer vendas, operações, desenvolvimento de produtos e todos os outros processos de negócio importantes voltados para o cliente. A incorporação de uso, gastos, atitudes e necessidades específicas de produtos e marcas pode capacitar o desenvolvimento de uma segmentação muito mais sutil. Essa abordagem altamente segmentada será necessária para conquistar e manter relacionamentos com os clientes".

Porém, conforme se afirmou neste capítulo, isso ainda não aconteceu, sobretudo no varejo. Seria realmente maravilhoso e estimulante para nós, enquanto clientes, se fosse possível termos uma experiência perfeita em todos os pontos de contato, particularmente um que mostrasse que eles sabem quem somos e quais as nossas preferências.

Neste ponto, gostaria de fazer uma observação final sobre a importância da retenção de clientes mencionada no início do capítulo, pois ela é, de fato, um ponto fraco marcante na maioria das organizações, algo discutido com maior profundidade em minha publicação sobre planejamento de marketing (McDonald, 2016). Primeiro, as contas de P&Ls geralmente têm apenas uma linha para receita, e a maioria das outras são para custos. O problema com isso é exatamente o que se explicou neste capítulo. Não há indicação de quantos clientes foram perdidos durante o período do relatório. Porém, há outro problema, que é cultural. Adquirir clientes é como caçar. O varejo é mais parecido com a agricultura. Caçar é estimulante. Cultivar é um tédio. Entretanto, as consequências da falha generalizada em medir e registrar a retenção/perda de clientes podem ser devastadoras. A conclusão é que um aumento de 5% na retenção de clientes pode aumentar os lucros em até 95%, a menos, é claro, que a HBR, a Bain and Company, a Forrester e outras estejam mentindo (Stillwagon, 2014)!

Segue abaixo um exemplo de uma empresa real que estava operando em um mercado em crescimento. Sua conta de P&Ls revelou crescimento em vendas, mas eles não sabiam que seu desempenho de mercado subjacente era extremamente ruim e que tudo o que seria necessário para as finanças se deteriorarem era uma desaceleração do crescimento do mercado, o que acabou acontecendo com resultados desastrosos. Embora houvesse outros indicadores concorrentes, o mais sério era o desempenho de retenção de clientes, como mostrado na Figura 10.

A partir disso, pode-se perceber que havia seis segmentos nesse mercado. De particular interesse são os segmentos 3 e 6. O maior é o segmento 3, respondendo por 27,1% das vendas do setor, mas por somente 14,7% de seus lucros. O segmento 6 representa apenas 11% das vendas do setor, mas quase um quarto dos lucros.

O melhor desempenho dessa empresa em particular (uma taxa de deserção de clientes de 15%) estava no pior segmento, e mesmo aí uma taxa de deserção de 15% é um desempenho muito fraco. No segmento 6, entretanto, de longe o melhor, sua taxa de evasão foi 35%, o que significa que eles estavam perdendo mais de um terço desses clientes todos os anos. Seu desempenho no segmento altamente lucrativo, o 5, foi quase tão ruim, e é realmente prejudicial quando as empresas não fazem esse tipo de análise crucial tendo, é claro, realizado uma segmentação adequada com base em necessidades.

TABELA 7.1 Mensuração da lucratividade do segmento

	Total de Mercado	Segmento 1	Segmento 2	Segmento 3	Segmento 4	Segmento 5	Segmento 6
Porcentagem de mercado representada por segmento	100,0	14,8	9,5	27,1	18,8	18,8	11,0
Porcentagem de todos os lucros no mercado total produzido por segmento	100,0	7,1	4,9	14,7	21,8	28,5	23,0
Razão de lucros produzida por segmento em relação ao peso de segmento na população total	1,00	0,48	0,52	0,54	1,16	1,52	2,09
Taxa de evasão	23%	20%	17%	15%	28%	30%	35%

Para concluir meus comentários, o principal autor deste livro, Martin, está totalmente correto em suas previsões sobre o futuro, e complemento-as com uma opinião. Uma nova geração de especialistas digitais de fato tomará conta de nossas empresas, mas precisamos lembrar que o digital não é estratégia. Se ela for usada da maneira sugerida por Martin neste capítulo, o jogo estratégico vai se aprimorar, com alvos, posicionamento e *branding* melhores, mas, acima de tudo, clientes mais satisfeitos.

Portanto, embora não se possa ter uma estratégia digital bem-sucedida sem uma estratégia robusta para aquilo que se vende, as pessoas para quem você vende e por que elas deveriam comprar de você e não de outros que vendem coisas semelhantes, você definitivamente precisa agora de uma estratégia digital para captar esses novos clientes, a fim de que eles possam crescer com você. ■

REFERÊNCIAS

DUNCAN, E.; HAZAN, E.; ROCHE, K. IConsumer: Digital Consumers Altering the Value Chain. On-line, 2013. Disponível em: <https://www.mckinsey.com/~/media/mckinsey/industries/telecommunications/ our%20insights/developing%20 a%20fine%20grained%20look%20at%20 how%20digital%20consumers%20behave/iconsumervaluechain.ashx>. Acesso em: 19 dez. 2017.

JACKA, J. M.; KELLER, P. J. *Business Process Mapping: Improving Customer Satisfaction*. Chinchester: John Wiley & Sons, 2009.

MCDONALD, M. *Malcolm McDonald on Marketing Planning*. Londres: Kogan Page, 2016.

STILLWAGON, A. Did You Know: a 5% Increase in Retention Increases Profits by Up to 95%. On-line, 2014. https://smallbiztrends.com/2014/09/increase-in-customer-retention-increases-profits.html>. Acesso em: 5 dez. 2017.

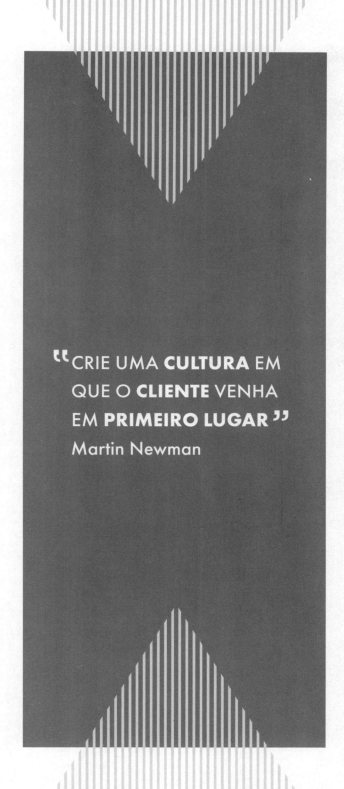

> "CRIE UMA **CULTURA** EM QUE O **CLIENTE** VENHA EM **PRIMEIRO LUGAR**"
> Martin Newman

CAPÍTULO 7

8

Mudança cultural:
deve ser de cima
para baixo e de
baixo para cima

O QUE VOCÊ APRENDERÁ NESTE CAPÍTULO?

▶ Você aprenderá que o CEO deve ser a pessoa mais obcecada de todas por colocar o cliente em primeiro lugar. Se não, a empresa não terá uma cultura realmente centrada no cliente, nem seu pessoal será capacitado para fazer a coisa certa para o cliente.

▶ Destacarei uma estrutura e uma abordagem que você pode utilizar para incentivar a mudança para uma cultura centrada no cliente.

▶ Discutirei como capacitar a equipe para colocar o cliente em primeiro lugar.

▶ A importância da transparência em todas as interações com o cliente.

A IMPORTÂNCIA DA CULTURA

Como afirma o grande Peter Drucker, "A cultura devora a estratégia de café da manhã!".

Concordo em gênero, número e grau. Sua organização investe mais tempo e esforço pensando na própria estratégia ou na cultura? Estou certo de que, em 90% dos casos, o foco é na estratégia. A cultura de uma empresa é frequentemente esquecida – sendo que é um dos principais alicerces para do sucesso.

A Richards, uma rede de lojas de moda de primeira linha em Greenwich, Connecticut, com unidades em todos os Estados Unidos, é um exemplo de empresa realmente centrada no cliente. Eles conhecem a maioria dos clientes, se não todos, pelo nome. Sua equipe os acompanha há décadas. Jack Mitchell, filho do fundador, escreveu um livro cujo tema era "abraçando seu cliente" – uma espécie de metáfora para a centralidade no cliente. Isso diz tudo o que você precisa saber sobre cultura organizacional.

Para ter um negócio focado no cliente como o do Jack, pode ser mais eficaz adotar uma política de recrutamento baseada em atitudes e no desenvolvimento de competências

DEFININDO CULTURA

Acredito que valha a pena retratar o que constitui a cultura de uma organização. Elaborei um modelo com a letra "V"! Portanto, segue a visão de cultura dos 6Vs:

◢ 1. Visão

Uma cultura organizacional eficaz deve provir de uma visão ou linha de conduta clara que a empresa cria para descrever seus propósito e direção. Isso, por sua vez, fornece propósito para a cultura da empresa. Uma das maiores campanhas de marketing de todos os tempos foi a do setor de locação de veículos, quando a vice-líder Avis, que queria tomar mercado da líder Hertz, disse, "Somos a segunda, mas nos esforçamos mais". Não é muito difícil imaginar como uma cultura de serviço teria sido necessária para permear as empresas da Avis a fim de proporcionar isso e implementar a visão (RICHARDS, 2017).

◢ 2. Valores

Os valores de uma companhia estão no cerne de sua cultura. Eles são aquilo que a empresa defende. A autenticidade dos valores da organização é primordial. Em termos gerais, os valores descreveriam como a empresa trata seus funcionários, clientes, e assim por diante. É crucial que os valores sejam implementados e respeitados diariamente. Não é conversa fiada. Os valores também têm um papel importante na definição do tipo de pessoal de que você precisa na sua organização. Seus valores devem permear toda a empresa e funcionar como um elemento fundamental na transformação da sua organização em um negócio mais centrado no cliente. A responsabilidade social corporativa (RSC) também deve fazer parte de seu sistema de valores. No Capítulo

9, falo com detalhes sobre RSC. Seus valores podem incluir integridade, cuidar de sua comunidade, colocando os clientes na frente e no centro de tudo o que você faz.

◢ 3. Verbalizar

Você precisa se comunicar incansavelmente com seus colegas e apoiá-los enquanto estimula a mudança cultural na empresa. Compartilhe exemplos bons e ruins sobre como os colegas implementaram seus valores culturais – coisas que deram certo, que não deram e atitudes corretivas que foram tomadas para fazer melhorias. Você também deve compartilhar exemplos de outras empresas e de como elas foram bem-sucedidas em estimular a mudança cultural, bem como cenários específicos de onde essa mudança causou impacto positivo.

A maneira e o tom com que você fala com clientes e colegas também têm extrema importância. Isso vem do topo, e com frequência é um reflexo de como as pessoas são gerenciadas e do comportamento geral. O CEO tem de ter a mentalidade e a capacidade de resposta para oferecer uma cultura e uma forma de trabalhar que seja verdadeiramente obcecada pelo cliente. Jack Mitchell, que mencionei anteriormente, escreveu um livro chamado *Hug Your People* (MITCHELL, 2009).

Os CEOs mais eficazes trabalham sem cessar e querem ouvir diretamente dos clientes como eles podem se aprimorar. Chamo essa atitude de ouvir a voz do cliente.

◢ 4. Vestir a camisa

Você não pode evitar se envolver no processo. Pense em como a performance de sua equipe é mensurada e como ela é incentivada. Por exemplo, se você tem apenas KPIs comerciais ligados a vendas, lucros, volumes e assim por diante, é de se esperar que os colegas tenham isso como foco. Se, por outro lado, você tem KPIs como satisfação do cliente e Net Promoter Score (NPS) que usava para mensurar a performance, eles têm uma melhor chance de estimular o resultado certo para o cliente. Eles também se inclinam mais facilmente no sentido de uma cultura mais pensada e centrada no cliente.

Você só conseguirá incentivar uma mudança cultural em sua empresa se tornar as pessoas responsáveis. Talvez nem todo mundo na organização se adapte à nova cultura que você deseja implementar pela empresa, e isso por si só pode levar a uma necessidade de reestruturação ou, na pior das hipóteses, a eliminar pessoas que você perceber incapazes de se adaptar à nova cultura.

◢ 5. Viralização

Por natureza, a internet tem impacto viralizante. Pense nas empresas que você conhece que fecharam ou sofreram impacto significativo por causa de reações negativas on-line em redes sociais. O contrário pode ser dito quando uma marca faz algo positivo. Isso pode gerar muito boa reputação e terminar com milhares de defensores em vez de detratores. Com isso em mente, vale a pena refletir sobre sua cultura e as implicações positivas que ela pode ter em termos de pessoas comentando sobre sua empresa, tanto clientes como colegas. Notícia ruim é a primeira que chega, e boas notícias, também.

◢ 6. Verificação

Ter a cultura certa é algo que precisa ser mantido. Defini-la e depois esquecê-la vai garantir, na melhor das hipóteses, que sua equipe se esqueça daquilo que a empresa defende e como se comporta – e, na pior, pode levar a uma quebra da confiança do cliente. Portanto, é fundamental que alguém seja responsável por garantir que a cultura da empresa não seja algo que se afirma num relatório anual ou documento estratégico, e sim proporcionada dia após dia.

Na maioria das vezes, a responsabilidade ficará com o diretor de RH e sua equipe. Meu conselho seria apontar uma equipe multifuncional para ficar de olho em sua cultura e na centralização no cliente. Assim, você terá maiores chances de garantir que ela seja proporcionada de maneira contínua e consistente pela organização. A Metro Bank do Reino Unido, por exemplo, possui uma cultura e um sistema muito abertos, pelos quais seus colegas podem apontar quaisquer regras sem sentido que atrapalhem proporcionar a experiência certa aos clientes (*FinTech Futures*, 2013).

A MUDANÇA CULTURAL DA PERSPECTIVA DIGITAL

Para a maioria dos varejistas, a mudança para uma empresa que incorpora o digital requer uma mudança cultural significativa. Então, o que é uma cultura digital? Ela precisa abranger tudo. É muito mais simples que criar ferramentas digitais ou uma tecnologia aprimorada.

◢ Engajamento do cliente

O cliente precisa estar no centro disso. Afinal, é sua experiência por diferentes canais e pontos de contato, bem como sua habilidade de "comprar e se engajar como quiserem", que determina o sucesso de empresas multicanal. O digital é o capacitador que proporciona essa experiência. Com ênfase no atendimento ao cliente, varejistas colocarão os clientes à frente e no centro de tudo o que fazem e melhorarão o digital para proporcionar uma experiência otimizada. A política geral da Metro Bank é que "se para o cliente está certo, é a coisa certa a fazer" (*FinTech Futures*, 2013). Seu foco é angariar fãs, e não apenas clientes. Você consegue imaginar algum banco tradicional em qualquer lugar do mundo que poderia ao menos começar a pensar dessa forma?

◢ Imperativos comerciais

Há muitas questões que oprimem o desempenho comercial de empresas multicanal que miram o cliente. Muitas equipes de *e-commerce* são tecnicamente boas, mas comercialmente ineficazes. Elas não são investidoras. Da mesma forma, muitos varejistas lutam para avaliar o efeito halo do multicanal e, portanto, não se juntaram aos seus canais para proporcionar a experiência exigida pelos clientes. Trabalhar de forma departamentalizada – seja com uma equipe de *e-commerce* separada ou planejamento e *merchandising* desarticulados – significa que o cliente não é contemplado com aquilo que deseja comprar, no momento e no local onde quer comprar.

◢ Insights acionáveis

Big data, *small data* e "qualquer-coisa-data": temos mais deles do que jamais tivemos antes. Porém, dados não são *insights*, e, portanto, precisamos garantir que estamos instilando uma cultura de querer entender o que os dados estão nos dizendo e as ações necessárias par a melhorar a performance. Não nos sentiríamos muito melhor em nossos cargos se pudéssemos tomar decisões respaldadas por *insights*?

◢ Capacitando suas equipes

Sua equipe está capacitada em todos os pontos de contato para proporcionar a experiência exigida pelos clientes? O ex-diretor de Digital e Marketing da Sainsbury's e Argos (Post Acquisition), Bertrand Bodson, falou sobre sua equipe de loja, que fornecia o maior exército digital em potencial do país. Reflitam: a idade média das equipes de loja da maioria dos varejistas é abaixo de 30 anos, quase todos *early adopters* (adotantes iniciais) digitais. Permitir a eles que aproveitem a tecnologia digital na loja, como soluções de atendimento ao cliente ou caixas móveis, é algo natural.

◢ Inovação e adequação ao ritmo da mudança

A capacidade de falhar depressa (*fail fast*) e inovar para ficar à frente do jogo é crucial. No entanto, a maioria dos varejistas ainda trabalha com um roteiro anual bastante fixo. Isso também dialoga com a visão de investimento da organização. O espaço em que estamos muda tão rápido que todos os dias novos desenvolvimentos garantem que as expectativas do cliente em relação à própria experiência mudem constantemente, e, portanto, exige uma cultura que consiga acompanhar o ritmo da mudança que o cliente está vivenciando.

A VERDADEIRA CULTURA E *ÉTHOS* DA CENTRALIDADE NO CLIENTE

A cultura é extremamente importante e significativa como estímulo à mudança e transformação para oferecer um negócio voltado para o cliente. Um dos melhores exemplos de uma empresa com cultura realmente voltada para o cliente é a Zappos, a maior loja on-line de calçados do mundo, adquirida pela Amazon em 2009. Tony Hsieh é o CEO. Oferece-se aos novos contratados $2.000 para eles saírem – pensando no interesse em manter apenas as pessoas obcecadas pelo cliente (Felloni, 2015).

ESTUDO DE CASO:
AO.COM

A AO.com (ex-AppliancesOn-line.com) tem uma cultura muito forte voltada para o cliente. Os funcionários do *call center* podem compensar os clientes quer isso custe 50 centavos ou £5.000. Eles não têm restrições financeiras, e podem fazer o "justo e razoável" para resolver problemas. Tratam cada cliente como se fosse da própria família – e a maneira como podem resolver uma questão para eles. Podem despachar um produto no mesmo dia e também enviar um buquê de flores como pedido de desculpas sem necessidade de aprovação. Empregam pessoas que se importam e sejam apaixonadas pela empresa e seus clientes. Sua abordagem é a "e", não "ou". Não se pode pagar pessoas para se importarem. Sua meta é recrutar gente "ambiciosa E humilde" – geralmente, você consegue uma ou outra (MULQUINEY, 2016).

Como já destaquei, a cultura é estimulada desde o topo. Para isto, John Roberts, fundador da AO.com, costumava passar quarenta minutos por dia assinando cartas para clientes quando ainda estava envolvido no dia a dia da empresa. Clientes recebiam uma resposta dele, independentemente de terem escrito para reclamar ou para elogiar a empresa. Isso também cria um ciclo fechado de feedback. Quantos CEOs você conhece que reservam um tempo para fazer isso?

Motoristas, cuidado! A AO.com também tem uma publicação de feedback de seus motoristas no Facebook; feedback do cliente sobre a qualidade do serviço que lhe foi prestado. A publicação bimestral é enviada aos motoristas e também ao fundador. Ela inclui feedback positivos e negativos, com o objetivo de mostrar o efeito que os motoristas podem causar na experiência do cliente (MULQUINEY, 2016).

ESTUDO DE CASO:
PRODUTOS DE LUXO ENTREGUES SEM LUXO

Com a chegada de meu aniversário de 20 anos de casamento, e de férias com a família nos Estados Unidos, aconteceu de tropeçarmos "por acaso" em uma loja de bolsas sofisticadas da qual eu nunca tinha ouvido falar. Minha esposa e filhas comentaram sobre a beleza de um certo pequeno mimo: a semente estava plantada. De volta ao Reino Unido, faltando dois dias, eu tinha poucas opções para garantir o presente perfeito. Então, procurei no Google. Apareceu a Matches Fashion oferecendo entrega para o dia seguinte, uma marca que eu conhecia, mas com a qual não tinha comprado antes. Maravilha! O único problema é que ela chegaria entre 18h e 21h. Minha esposa estaria em casa, mas talvez eu não estivesse durante todo esse intervalo. Claro, eu não queria que minha esposa recebesse o pacote, pois estragaria a surpresa!

Telefonei, expliquei a situação e perguntei se eles poderiam agendar a entrega para um intervalo de uma hora. "Lamento, senhor, nossa empresa de entregas não pode fazer isso". Apesar do preço de luxo na etiqueta, fiquei terrivelmente surpreso por eles não oferecerem maior flexibilidade. Após mais conversas, fiquei com a promessa de me retornarem a ligação, mas nunca mais recebi notícias deles. Comprei a bolsa e esperei pelo melhor.

Mesmo que minha esposa tenha ficado muito feliz com ela, compartilhei minha decepção com a experiência do cliente em uma conversa posterior com a cofundadora da Matches Fashion, Ruth Chapman. Prontamente, ela lidou com o problema, e é justo dizer que hoje a Matches Fashion é uma das lojas mais centradas no cliente que existem. Todas as pessoas que trabalham na empresa, da sala de correspondência aos compradores, dos empacotadores no centro de distribuição à equipe de marketing, têm em mente o cliente o tempo todo, na frente e no centro. Isso impulsiona os processos e propostas apropriados para oferecer a melhor experiência ao cliente.

No mundo do *e-commerce*, falar de personalização geralmente se refere a como os itens são exibidos para clientes diferentes, a quais produtos são promovidos e, talvez, aos preços. Serviço e realização tendem a não ser discutidos com tanta profundidade. Embora as opções de atendimento sejam boas, como a entrega noturna no dia seguinte, quando você entra em uma loja de luxo a expectativa é por serviço personalizado; cada vez mais, os varejistas de luxo – e, na verdade, outros setores do varejo – descobrirão que seus clientes on-line também esperam esse serviço personalizado.

O objetivo é saber o que o cliente deseja antes de ele sequer saber que deseja. Isso é impulsionado por uma combinação de dados do cliente sobre o comportamento, para onde ele está viajando, quais roupas ele prefere em situações diferentes.

A boa notícia é que a Matches Fashion resolveu o problema e construiu uma empresa de sucesso fenomenal, culminando em sua venda para um fundo de investimentos em 2017 por £400 milhões (BUTLER; WOOD, 2017).

DICAS PRÁTICAS PARA MELHORAR A EXPERIÊNCIA DO CLIENTE

1. Use o modelo dos 6Vs para desenvolver sua cultura empresarial tendo o cliente em primeiro lugar.
2. Surpreenda e encante os clientes.
3. Lidere pelo exemplo: a cultura vem do topo.
4. Crie um time multifuncional para garantir que a sua cultura seja mantida.
5. Seja sempre 100% transparente com os clientes.
6. Desenvolva um plano de marketing para comunicar a sua cultura tanto para os clientes externos quanto para os internos
7. A cultura devora a estratégia de café da manhã – nunca se esqueça disso.

1 USE O MODELO DOS 6Vs PARA DESENVOLVER SUA CULTURA EMPRESARIAL TENDO O CLIENTE EM PRIMEIRO LUGAR

Use os 6Vs. Se você não registrá-los, não seguir um processo e nem comunicá-lo amplamente por toda a empresa, isso não acontecerá. Sua cultura e valores não serão implementados de maneira eficaz.

❷ SURPREENDA E ENCANTE OS CLIENTES

Um grande exemplo é a Pret A Manger (Pret). Os funcionários da loja são capacitados para oferecer ao cliente um café gratuito – ou outras atitudes aleatórias de gentileza – quando algo dá errado. Muitas vezes isso é inesperado e, portanto, causa um grande impacto sobre a impressão que o cliente tem da Pret. No entanto, aqui também se trata da equipe capacitada a fazer a coisa certa; não se trata do direito e da expectativa do cliente de sempre conseguir algo quando quer.

❸ LIDERE PELO EXEMPLO: A CULTURA VEM DO TOPO

Como afirmei anteriormente, a cultura vem do topo. Tudo bem que ela seja definida pelo RH, mas, para que a cultura permeie a empresa, ela deve ser vivida e absorvida pela diretoria, pelo CEO, o COO, o CFO e assim por diante. O CEO fica em um escritório suntuoso, com todos os aparatos de alguém que está no topo, ou se coloca entre os colegas? Ficar no cerne da empresa tem várias vantagens. Não estou defendendo que todos os CEOs ajam assim. Mas isso diz tudo o que você precisa saber sobre o CEO e a maneira como ele enxerga os colegas e a cultura – e a importância de ser visível na empresa.

❹ CRIE UM TIME MULTIFUNCIONAL PARA GARANTIR QUE A SUA CULTURA SEJA MANTIDA

Conforme afirmado no Capítulo 7, você precisa de uma ou mais pessoas que tenham autorização para definir e oferecer uma cultura e uma empresa obcecadas pelo cliente. Uma equipe multifuncional também ajudará a garantir o alinhamento em toda a empresa.

❺ SEJA SEMPRE 100% TRANSPARENTE COM OS CLIENTES

Os clientes percebem quando estão sendo passados para trás, e botam a boca no trombone num piscar de olhos nas redes sociais. Portanto, seja esperto e nunca tente enganá-los.

No Capítulo 14 falo sobre o varejista de produtos elétricos AO. com, um dos raros tipos de empresas que compreendem a importância da transparência total com os clientes. Como já mencionado acima, seu fundador e ex-CEO John Roberts passava quarenta minutos por dia respondendo cartas de clientes, independentemente de eles terem escrito à empresa por causa de uma experiência boa ou de uma ruim. Isso é o que chamo de "circuito fechado de feedback". Consequentemente, isso fazia com que os clientes fossem direto para as mídias sociais elogiar a empresa.

❻ DESENVOLVA UM PLANO DE MARKETING PARA COMUNICAR A SUA CULTURA TANTO PARA OS CLIENTES EXTERNOS QUANTO PARA OS INTERNOS

Seus clientes externos precisarão saber qual a atual diferença em sua empresa e por que eles deveriam acreditar em você. Seus clientes internos terão de saber por que você está mudando e o que a mudança significa para eles.

❼ A CULTURA DEVORA A ESTRATÉGIA DE CAFÉ DA MANHÃ – NUNCA SE ESQUEÇA DISSO

Garanta que a sua seja relevante. Ela é o coração de sua empresa. Sua cultura percorre todos os setores de sua companhia, internos e externos. Se seus colegas não gostam da cultura, é quase certo de que seus clientes também não gostarão dela.

COM A PALAVRA, O PROFESSOR MALCOLM McDONALD

Neste capítulo, gostaria de focar meus comentários na importância das declarações de missão. Como Martin destacou, elas são cruciais para ajudar a imergir a equipe e os clientes nos valores e no éthos de sua marca. Acertar esse aspecto do negócio pode mudar para sempre sua empresa, e para melhor. Entretanto, permita-me começar descartando a maioria das pretensas declarações de missão em muitas organizações: um amontoado de afirmações genéricas e sem sentido sobre ser "voltado para o cliente" e "centrado no cliente". Muitas vezes elas são popularizadas nos locais de trabalho e explicitamente ridicularizadas por funcionários que não compram a ideia após observar, no dia a dia, o éthos interno da empresa.

O mundo está cheio do que chamo de declarações de missão genéricas, como as seguintes:

- **A linha de conduta genérica:** "A principal missão de nossa organização é proteger e aprimorar o valor dos investimentos de seu proprietário, atendendo, ao mesmo tempo, às necessidades de seus clientes de forma eficiente e justa. (Insira o nome da organização) busca obter isso de uma maneira que contribua com o desenvolvimento e crescimento de seus funcionários, e com os objetivos dos países e comunidades em que ela opera".

- **O clichê da linha de conduta genérica:** "Maximizar a riqueza dos acionistas superando as expectativas do cliente e proporcionando oportunidades para nossos funcionários levarem vidas plenas, respeitando, ao mesmo tempo, o ambiente e as comunidades em que operamos".

A pergunta que não quer calar: existe alguma organização no mundo para a qual isso não seria igualmente aplicável? Há três tipos de linha de conduta, definidos a seguir.

Tipos de linha de conduta

- **Tipo 1:** "maternal" – geralmente encontrada em relatórios anuais. Elaborada para apaziguar acionistas, sem nenhuma outra utilidade prática.

- **Tipo 2:** a realidade. Uma declaração significativa, exclusiva da organização em causa, que "impacta" o comportamento dos executivos em todos os níveis.

- **Tipo 3:** esta é uma declaração de "propósito" (ou linha de conduta de nível inferior). É apropriada em termos de país/ramo/departamento da organização.

Deixe-me, portanto, explicar onde elas se encaixam e por que são tão importantes.

◢ Por que declarações de missão são importantes?

Se a organização não tem nenhuma noção clara sobre a própria visão e valores, ela pode estar num dilema sobre o caminho a seguir. Com base nisso, você entenderá que estou incluindo a visão e os valores nesta discussão e explicação das declarações de missão.

O processo de formulação da estratégia de negócios deve começar com uma revisão e articulação da missão da empresa. A missão (ou visão) encapsula a identidade da empresa em termos do que ela é, o que a torna especial, o que defende e o rumo que está tomando. Ela deve refletir explicitamente as crenças básicas, os valores e as aspirações da organização, fornecendo uma declaração de propósito duradoura que distinga a organização de sua concorrência e um dispositivo importante para coordenar a atividade interna.

Embora nossa pesquisa tenha revelado vários formatos diferentes, resumimos a seguir os melhores em termos de formato ideal.

◢ Conteúdos de uma declaração de missão

❶ Função ou contribuição: por exemplo, caridade, em busca de lucros, inovador, em busca de oportunidades.

❷ Definição da empresa: isso deve ser feito em termos de benefícios fornecidos ou necessidades satisfeitas, e não de serviços oferecidos.

❸ Competências distintivas: são as habilidades essenciais, capacidades ou recursos que fundamentam quaisquer sucessos alcançados até o momento. A competência pode consistir de um item particular ou da posse de várias habilidades, em comparação com a concorrência. Todas devem ser consideradas em termos de como oferecem vantagens diferenciais, ou seja, se você conseguir citar o nome de um concorrente nessas competências distintivas, essas competências *não* são distintivas.

❹ Indicações para o futuro: isso vai se referir de forma breve ao que a empresa *fará*, o que *talvez* faça e o que *nunca* fará.

◢ A natureza das missões corporativas

Uma análise do que já foi escrito sobre missões sugere que várias questões-chave são importantes e precisam ser levadas em consideração. São elas:

- Não é sensato definir a missão de maneira muito estrita ou muito ampla.

- O público-alvo da missão deve ser cuidadosamente considerado.

- É crucial entender a empresa em que se está.

- A missão deve ser exclusiva da organização que a está preparando.

- A missão deve ser orientada para as necessidades, e não para as ofertas.

- Dentro de qualquer organização, deverá haver uma hierarquia de declarações de missão.

A declaração de missão deve proporcionar certo foco para as atividades da organização. No entanto, assim como há riscos em definições empresariais muito estritas, como o caso da IBM nos anos 1980 e, mais recentemente, da Kodak, não ter nenhum vínculo pode ser igualmente prejudicial.

Na verdade, entre as duas falhas, essa talvez seja a mais comum. Por exemplo, a desregulamentação do setor de serviços financeiros em muitos países levou os bancos a se diversificarem de sua atividade principal para corretagem de ações e banco de investimento, com resultados desastrosos. De maneira similar, varejistas adotaram a diversificação longe daquilo que os clientes consideravam seus domínios tradicionais. Ao descobrirem que não eram lucrativos nessas áreas, eles tiveram dificuldades para voltar ao negócio principal de varejo.

Às vezes, a identidade deles fica perdida no processo. Um exemplo é a marca Woolworths, do Reino Unido – apesar de sua tentativa de diversificar, ela jogou fora a antiga identidade, que era seu ponto forte, e não conseguiu preencher o vazio. Outro exemplo é a companhia elétrica Enron, dos Estados Unidos. A empresa assumiu acordos e projetos além do escopo de sua missão central e passou a ser citada por questões irrevogáveis de contabilidade e fraude no início dos anos 2000 (BBC, 2002). Nesses casos, se missões *efetivas* tivessem sido formuladas, com o foco estratégico necessário que isso implica, elas poderiam ter encontrado métodos alternativos de diversificação que evitassem perda de lucratividade e falta de integração em toda a empresa.

DHL WORLD EXPRESS – DECLARAÇÃO MUNDIAL DE MISSÃO

A DHL se tornará a líder mundialmente reconhecida na entrega expressa de documentos e pacotes. A liderança será alcançada pelo estabelecimento de padrões industriais de excelência em termos de qualidade de serviços e por manter a posição de menor custo relativa ao compromisso de nosso serviço em todos os mercados-alvo do mundo. Alcançar essa missão exige:

- Dedicação absoluta em compreender e satisfazer as necessidades de nossos clientes com a mistura apropriada de serviços, confiabilidade, produtos e preço para cada cliente.

- Um ambiente que recompensa a realização, o entusiasmo e o espírito de equipe, e que oferece a cada pessoa na DHL oportunidades de primeira linha para desenvolvimento e crescimento pessoal superior.

- Uma rede mundial de informações de primeira linha para faturamento, localização, rastreamento e gerenciamento de informações/comunicações.

- Alocação de recursos consistente com o reconhecimento de que somos uma empresa mundial.

- Uma organização profissional capaz de manter a iniciativa local e tomada de decisões local, ao mesmo tempo trabalhando em conjunto com uma rede de gerenciamento central.

> A evolução de nossa empresa para novos serviços, mercados-alvo ou produtos será totalmente motivada por nosso comprometimento resoluto em antecipar e cumprir as necessidades variáveis de nossos clientes.
>
> **Fonte:** MCDONALD; PAYNE; FROW (2011).

A missão da DHL exposta acima foca várias das questões-chave que consideramos que devem ser abordadas em uma declaração de missão para uma firma desse porte. Também ilustra a necessidade de desenvolver objetivos corporativos que sejam profundamente integrados com a declaração de missão. Sem um vínculo sólido, que fornece meios para mensurar se a missão pode ser alcançada, muito do valor em potencial de uma missão pode ser dissipado. A relação entre objetivos corporativos e a missão foi bem resumida pelo presidente e CEO da General Mills:

> Concordamos que, a menos que nossa declaração de missão seja respaldada por objetivos e estratégias específicos, palavras ficam sem sentido, mas também acredito que nossos objetivos e estratégias são bem mais prováveis de se colocar em prática onde exista uma declaração ou crença principal (ou seja, uma missão) da qual provenham planos e ações específicas.

Resumindo, declarações de missão às vezes se limitam a uma afirmação vazia num pedaço de papel, ou refletem e sustentam valores fundamentais de uma organização em busca de sua estratégia. É importante que todas as empresas encapsulem isso em uma afirmação breve, altamente personalizada e significativa. Ela confere aos variados *stakeholders* a serviço da organização um propósito e um senso de direção claros.

A declaração de missão do serviço é um dispositivo importante que pode fornecer uma compreensão para os funcionários que trabalham em diferentes setores da organização, permitindo a eles que se unam e defendam o valor e a filosofia corporativos. No entanto, é essencial que a declaração de missão seja comunicada com clareza a todos os *stakeholders* e considerada tanto relevante quanto realista. A não ser que essas exigências sejam cumpridas, a declaração de missão provavelmente não causará nenhum impacto real na organização, na capacitação da equipe e na mudança cultural. ■

REFERÊNCIAS

BBC. Business/Enron Scandal At-a-Glance. On-line, 2002. Disponível em: <http://news.bbc.co.uk/1/hi/business/1780075.stm>. Acesso em: 14 dez. 2017.

BUTLER, S.; WOOD, Z. Husband and Wife Bank £400m From Sale of Matchesfashion.com. On-line, 2017. Disponível em: <https://www.theguardian.com/technology/2017/sep/01/husband-wife-chapman-bank-400m-sale-matches-fashion>. Acesso em: 29 nov. 2017.

FELLONI. Zappos' Sneaky Strategy For Hiring the Best People Involves a Van Ride From the Airport to the Interview. On-line, 2015. Disponível em: <http://uk.businessinsider.com/zappos-sneaky-strategy-for-hiring-the-best-people-2015-12>. Acesso em: 29 nov. 2017.

FINTECH FUTURES Metro Bank All About Customer Care, Says Donaldson. On-line, 2013. Disponível em: <http://www.bankingtech.com/184801/metro-bank-all-about-customer-care-says-donaldson/>. Acesso em: 29 nov. 2017.

MCDONALD, M.; PAYNE, A.; FROW, P. *Marketing Plans For Services: a Complete Guide*. Chichester: John Wiley & Sons, 2011.

MITCHELL, J. *Hug Your People: the Proven Way to Hire, Inspire, and Recognize your Team and Achieve Remarkable Results*. Londres: Random House, 2009.

MULQUINEY, A. 5 Customer Service Lessons from AO.com. On-line, 2016. Disponível em: <https://www.maginus.com/news/blog/5-customer-service-lessons-from-ao.com/>. Acesso em: 2 maio 2018.

RICHARDS, K. How Avis Brilliantly Pioneered Underdog Advertising With "We Try Harder". On-line, 2017. Disponível em> <http://www.adweek.com/creativity/how-avis-brilliantly-pioneered-underdog-advertising-with-we-try-harder/#/>. Acesso em: 29 nov. 2017.

9

Menos sobre a **empresa**, **mais** sobre **responsabilidade social**

O QUE VOCÊ APRENDERÁ NESTE CAPÍTULO?

▶ Causa e efeito: responsabilidade social e sustentabilidade.

▶ O que você defende é extremamente importante.

▶ Exponho marcas cuja responsabilidade social teve séria inovação entre os clientes. Exemplos incluem a Kering Group (Gucci, Balenciaga e outros); Kathmandu, a varejista de artigos esportivos; Toms, a loja de sapatos; Warby Parker e Magrabi, varejistas de óculos de grau.

▶ Disponibilizarei exemplos práticos de como garantir que sua cadeia de suprimentos o ajude a atingir seus objetivos relacionados a sustentabilidade.

De certa forma, a sustentabilidade sofre do mesmo desafio que o tema principal deste livro – colocar os clientes em primeiro lugar –, tanto que muitas empresas a veem como um custo, não como um benefício. Elas não compreendem o que é sustentabilidade, sua crescente importância para a base de clientes e, é claro, para o meio ambiente. Não enxergam o risco comercial e para a reputação de não abordá-la de frente.

VISÃO DE *EXPERT*

Conversei com uma das maiores formadoras de opinião do mundo desse setor, Livia Firth.

Livia é a fundadora e diretora de criação da Eco-Age, uma consultoria de marca/marketing que ajuda as empresas a crescer por meio da criação, implementação e comunicação de soluções sustentáveis. Ao longo dos últimos dez anos, a Eco-Age desenvolveu conexões consideráveis com as vozes mais influentes do mundo em termos de sustentabilidade e consegue estimular um debate mundial focando o impacto social e ambiental positivo.

Comecei perguntando a Livia o que ela achava que os varejistas deveriam fazer, e que atualmente não fazem, quando o assunto é responsabilidade social corporativa (RSC). Ela me disse o seguinte: "Os varejistas não contam a história dos produtos que vendem – onde eles foram feitos, por quem, quais materiais foram usados. Às vezes, é por descuido da parte deles, para muitos, é porque não têm uma história positiva para contar!".

Eu me identifiquei de verdade com isso. Sou comerciante de profissão, e o *brand builder* que mora em mim diz que contar histórias sobre como os produtos são fabricados, inclusive os materiais utilizados, é uma mensagem potencialmente marcante para transmitir aos clientes. Porém, na opinião de Livia, se a marca não tem nenhum foco em sustentabilidade e meio ambiente, talvez não tenha nada de positivo para defender! *Millennials* em particular, mais do que qualquer outro grupo geracional, são extremamente focados em sustentabilidade. Muitos deles querem saber logo de cara como a marca de quem estão pensando em comprar aborda a sustentabilidade.

Portanto, ignorar isso e continuar focando apenas as margens e ter produtos fabricados de uma forma que prejudica o meio ambiente ou as pessoas que os fabricam pra você é assumir uma perspectiva bastante limitada e de curto prazo. Com o tempo, essas empresas perderão vendas e *market share* conforme seus clientes migram para marcas capazes de demonstrar cuidado genuíno com o meio ambiente e que tomaram atitudes para garantir que estão adotando a melhor abordagem em termos de sustentabilidade.

Com essa questão em mente, compreendi muito bem o que marcas voltadas para o consumidor poderiam fazer para que, em vez de a sustentabilidade e a RSC serem apenas mais uma obrigação a ser cumprida, elas pudessem ser muito mais significativas e impactantes.

Livia me contou que a RSC é uma pauta antiga. Na cabeça da maioria das pessoas, um item a ser cumprido.

Entretanto, estamos rumando para iniciativas guiadas por propósitos. As organizações precisam perceber que são responsáveis pelo impacto que geram, e deveriam querer fazer isso de uma maneira melhor tanto para o meio ambiente quanto para seus clientes e colegas.

Para reforçar esse ponto de vista, Livia usou o exemplo da Kering Group, proprietária de várias marcas de luxo, entre elas, Stella McCartney, Gucci e Balenciaga. Ela me contou que a Kering começou muitos anos atrás como um departamento dedicado à sustentabilidade, e que depois deu início a uma conta de perdas e lucros (P&Ls) ambiental, a qual chamou de EP&L (*Enviromental Profit and Loss*).

Esse é um aprimoramento altamente eficaz, já que uma contabilidade de perdas e ganhos ambientais (EP&L) permite a uma companhia que mensure, em valores monetários, os custos e benefícios que gera para o ambiente, e, por sua vez, toma decisões empresariais mais sustentáveis. Ela transforma a empresa de um cenário de cumprimento de tabela para um onde a sustentabilidade se torna parte central da estratégia empresarial e da rotina. A Kering descreve que EP&L facilita uma melhor forma de pensar. Ela mensura a pegada ambiental nas próprias operações e ao longo de toda a cadeia de suprimentos, e em seguida calcula seu valor monetário.

Esse é um ótimo exemplo de uma empresa que claramente coloca a sustentabilidade e a responsabilidade social no cerne daquilo que faz, mas também reconhece os benefícios comerciais de proceder assim. Livia também citou a Unilever como empresa que tem como foco a sustentabilidade. Ela me contou que "eles lançaram, em sua cadeia de suprimentos, o primeiro relatório de direitos humanos de todos os tempos. Também fizeram vários trabalhos sobre o que é um salário justo e como abordar a questão da pobreza na cadeia de suprimentos".

Livia me disse que hoje os clientes têm muito mais informações do que jamais cogitaram. Algumas dessas informações também são direcionadas por funcionários de empresas fornecedoras. Um exemplo disso vem da Turquia, onde funcionários da fábrica costuraram uma etiqueta nas jaquetas afirmando que a Zara não estava lhes pagando o suficiente (*Business of Fashion*, 2017). Infelizmente, também há várias tragédias relacionadas a cadeias de suprimento que ocorreram ao longo dos anos em muitos países do Terceiro Mundo, inclusive Bangladesh, em que trabalhadores morreram ou foram gravemente feridos em fábricas mal construídas – ou, como aponta Livia em seu documentário *The True Cost*, em que uma fábrica continha apenas uma porta e nenhuma rota de fuga para os trabalhadores, e, portanto, eles morriam em incêndios ou outros eventos traumáticos.

Esses eventos, bem como as informações agora disponíveis, aumentaram a consciência dos consumidores, e, portanto, há um foco muito mais amplo do que antes na maneira como as marcas garantem que trabalhadores em fábricas e outros na cadeia de suprimentos estão sendo tratados. Há um enorme risco à reputação associado a isso.

Livia e sua equipe trabalham com muitos varejistas líderes no mundo todo, e um deles é o revendedor multicanal de luxo Matches Fashion. Seu desejo era instruir fornecedores e marcas sobre o impacto da responsabilidade social, e a Eco-Age ajudou a desenvolver isso e um código de conduta para as marcas, para a equipe interna, o envio de produtos e as embalagens, e outros elementos de sua cadeia de valor. Que bela maneira de garantir que tanto seus colegas quanto seus parceiros adotem o que você está tentando atingir – e, com um código de conduta em mãos, você tem algo a desenvolver quando se trata de responsabilizar pessoas. Este é um bom exemplo de uma empresa que compreende a importância da responsabilidade social e o impacto que ela causa sobre seus clientes.

Livia me disse que, a menos que se aborde o capital humano (social) em sua própria empresa e o capital natural (ambiental), matérias-primas se tornarão cada vez mais escassas. Em outras palavras, a menos que você garanta os direitos de seus funcionários e a sustentabilidade e suprimento de suas matérias-primas, seus lucros vão despencar. Há claras e palpáveis vantagens comerciais na sustentabilidade e em focar o capital humano e o capital natural. O fundamental é que esses benefícios comerciais sejam incentivados integrando-se responsabilidade social e sustentabilidade ao núcleo de sua empresa. Simplesmente não ajuda ninguém quando isso é tratado como uma atividade meramente protocolar.

Se quiser saber mais sobre o tema responsabilidade social, sustentabilidade e o impacto da cadeia de suprimentos no meio ambiente, e se leva a sério a sustentabilidade, o ambiente e o impacto sobre seus clientes,

> recomendo fortemente que assista ao documentário de Livia, *The True Cost*: https://truecostmovie.com (conteúdo em inglês).

Mesmo que os *millennials* não sejam seus principais clientes hoje, no futuro eles serão.

Millennials se importam com sustentabilidade, portanto é vital que você se posicione com autenticidade e credibilidade. *Millennials* são as pessoas que nasceram entre 1982 e 2002 (Howe; Strauss, 2009). *Millennials* são um segmento de clientes extremamente importante. Não somente como indivíduos, mas pela influência que exercem sobre outros e pelo fato de serem as jovens famílias e as pessoas com os ninhos vazios de amanhã. As marcas têm a oportunidade de estar ao lado dos *millennials* ao longo de toda a sua jornada, desde que demonstrem o que significa compreender de fato o que é responsabilidade social e como implementá-la em toda a empresa.

VAREJISTAS DEVEM AGIR EM CONJUNTO

Consumidores se importam com o mundo em que vivemos. Somos cada vez mais influenciados pelo aquecimento global e outros eventos relacionados que nos levam a consumir marcas que demonstram genuinamente que também se importam e criaram uma empresa socialmente responsável de alguma forma.

Há algum tempo, minha esposa vem levando as próprias sacolas ao ir às compras, seja num supermercado ou num *shopping center*, e não aceita mais sacolas plásticas para nenhuma compra que faz. Ela não quer sentir que está contribuindo para o aumento da quantidade de plástico em nossos oceanos. Mesmo que hoje, no Reino Unido, seja uma exigência que os varejistas cobrem por sacolas plásticas, isso não resolve a base do problema. A Bunnings, uma loja australiana DIY (*do it yourself*, ou "faça você mesmo") também presente no Reino Unido, baniu o uso de sacolas plásticas descartáveis, uma vez que a maioria dos varejistas na Austrália e outros mercados no ocidente migraram para uma sacola plástica mais durável e mais cara. Mesmo que isso ajude a reduzir o problema, claramente não vai tão longe a ponto de erradicá-lo.

Infelizmente para os varejistas, de acordo com Annie Leonard, especialista em consumo excessivo, a indústria manufatureira varejista é o segundo setor que mais polui a terra, atrás apenas do petrolífero. Conforme Annie, apenas 1% dos materiais usados para produzir nossos bens de consumo ainda são usados seis meses após a venda (LEONARD, 2007). Esse problema tem de ser resolvido, senão vai continuar afastando os *millennials* de varejistas que não conseguem reverter essa tendência. A crescente conscientização em relação a questões como essa viu nascer o consumo consciente. Ele representa um *mindset* pelo qual os consumidores buscam ativamente meios de tomar decisões positivas sobre o que comprar e de buscar uma solução para o impacto negativo que o consumismo vem causando no mundo.

Um estudo revelou que pessoas pagariam 5% a mais pelas próprias roupas se ficasse garantido que os trabalhadores estavam sendo pagos e tratados de maneira justa, em condições seguras de trabalho. A indústria da moda poderia tirar as pessoas da pobreza acrescentando mero 1% de seus lucros aos salários de seus funcionários (BAKER, 2015). Essa descoberta se revelou predominante entre consumidores mais jovens. A pesquisa "Cone Communications Millennial CSR" revelou que nove entre dez *millennials* mudariam de uma marca para outra que estivesse associada a alguma causa, e dois terços estão envolvidos em RSC por meio das mídias sociais. O estudo também descobriu que *millennials* fariam sacrifícios pessoais a fim de impactar questões com que se preocupam, por exemplo, pagar mais por um produto, compartilhar em vez de comprar e receber um salário menor para trabalhar em uma empresa responsável (CONE COMMUNICATIONS, 2015).

AS PRIORIDADES DOS *MILLENNIALS* E COMO AS GRANDES MARCAS AS ESTÃO ATENDENDO

Por exemplo, *millennials* se importam com o impacto social:

- **83%** são cidadãos ativos e acreditam que as empresas deveriam se envolver em questões sociais.

- **79%** gostariam que fosse mais fácil saber o que as empresas estão fazendo e que elas falassem a respeito.

- **82%** acreditam que empresas podem causar impacto ao abordar questões sociais.

- **69%** querem que as empresas envolvam os consumidores em questões sociais (Rudominer, 2016).

A pesquisa da Cone Communications também revelou que 87% dos estadunidenses comprarão um produto porque a empresa apoia uma questão com a qual eles se importam, e *millennials* demonstraram ser mais propensos do que outras gerações a pesquisar para verificar o que é importante para determinada empresa e com o que ela contribui (Cone Communications, 2015).

NEM TUDO É SOBRE LUCRO

Vamos voltar à Matches Fashion, um varejista multicanal de luxo extremamente bem-sucedido que lançou a Eco-Age para reavaliar sua cadeia de suprimentos e proporcionar a si uma visão sobre como poderia ser mais socialmente responsável como empresa – desde usando corantes à base de vegetais, e não sintéticos, ou embalagens feitas de material reciclável, até como suas marcas de estoque cuidam de suas fábricas. De um ponto de vista cultural, a Matches Fashion possui integridade, e, portanto, é altamente importante que ela dê algo em troca à comunidade. Sim, ela está no mercado para gerar lucro, mas, conforme o que sua cofundadora, Ruth Chapman, me contou, eles estão decididos a imprimir sua marca de uma perspectiva de RSC.

POTENCIALIZE A SUA COMUNIDADE

Marcas como a Zady, Toms, Worby Parker e Kathmandu reconheceram o poder da criação de estratégias empresariais e culturas que tenham como cerne a ideia de que a comunidade pode retribuir e proporcionar algo a comunidades menos abastadas, como a seguir:

- A Toms e a Worby Parker mantêm a premissa de que, para cada par de sapatos ou óculos comprados, elas doam um par gratuito a quem precisa.

- A Zady, uma empresa de *e-commerce* de vestuários e artigos de consumo, se posiciona como um destino para consumidores conscientes.

- A Magrabi, líder em serviços óticos no Oriente Médio e no Norte da África, vai além. Embora não busque tirar vantagem da oportunidade de marketing para promover o que faz, ela está trabalhando para tentar curar a cegueira juntamente com a República dos Camarões e outros países.

- A Kathmandu, uma loja de artigos esportivos com sede na Nova Zelândia, põe as pessoas em primeiro lugar e os direitos humanos como questão número um. A empresa também apoia projetos que geram impacto positivo em suas comunidades locais, e contribui para mensurar melhorias sociais no Nepal, de onde provém a inspiração para a marca.

Todos esses enfoques têm menos a ver com logos e com dar uma cara boa para a marca por meio de uma única campanha, e mais a ver com fazer os consumidores se sentirem capacitados para tomar decisões de compra socialmente conscientes ao desenvolver um relacionamento com a marca. Ao comprar da Toms ou estimular os amigos a fazer isso, consumidores estão apoiando ativamente uma causa. No entanto, eles também estão comprando um produto desejável por si só; a Toms está facilitando para os consumidores demonstrarem suas credenciais sociais. Esse enfoque pode sintonizar com muitos consumidores, mas sobretudo com *millennials*. Eles postarão no Instagram ou no Snapchat fotos de seu último par de Toms, porque são maravilhosos e porque eles sabem que compraram um novo par de sapatos para uma criança de algum país em desenvolvimento.

Marcas que aparentemente colocam a responsabilidade nas mãos dos consumidores podem gerar um público engajado e fiel de clientes mais propensos a se tornarem valiosos no longo prazo.

◢ Retribuindo: compre um, doe outro

Como no exemplo acima da Toms, o modelo "compre um, doe outro" (G1G1) ficou famoso inicialmente em 1995 pelo lançamento do projeto sem fins lucrativos de Nicholas Negroponte "One Laptop Per Child" ("Um laptop por criança", em tradução livre). Desde então, ele tem sido uma estratégia utilizada por muitas *startups*, como a Toms e a Warby Parker (JOYNER, 2014).

CRIE UM PLANO DE LONGO PRAZO E OBJETIVOS CLAROS

Uma das primeiras a adotar uma estratégia integrada de RSC foi a Marks & Spencer, com o Plano A, seu compromisso em tornar as empresas mais sustentáveis em termos ambientais e sociais. Infelizmente, hoje em dia há muito poucas empresas que possuem um enfoque integrado e concentrado em RSC.

Isso não é tudo o que ela faz. Recentemente, a M&S se comprometeu a angariar £25 milhões para saúde mental, instituições de caridade voltadas para doenças cardíacas e câncer e a reduzir pela metade o desperdício de alimentos em suas operações até 2025, à medida em que implementa seus compromissos éticos sob o comando de seu diretor-executivo, Steve Rowe. Rowe, que afirmou que a varejista de moda, alimentos e artigos para o lar também estava "decidida a desempenhar um papel central" na mudança social apoiando projetos comunitários em dez cidades, incluindo Rochdale, Glasgow, Liverpool e Middlesbrough. As iniciativas da M&S incluem reduzir emissões de gás carbônico e conceder subsídios de até £50.000 para empresas comunitárias, aconselhamento de carreira para jovens e 10.000 pares de sapatos a crianças iniciando a vida escolar (BUTLER, 2017).

Outros varejistas e prestadores de serviço também estão refletindo sobre como "retribuir" ao apoiar pessoas necessitadas. A indústria alimentícia sempre teve desafios com o desperdício, e, com tanta gente lutando para sobreviver, fornecer refeições e subsistência é uma iniciativa de RSC incrivelmente importante.

Um bom exemplo disso é a Sainsbury's e o aplicativo Olio. Após um teste bem-sucedido de seis semanas em duas lojas, a Sainsbury's ampliou sua iniciativa com o Olio. O teste inicial teve 10.000 itens alimentícios compartilhados que, de outra forma, teriam sido desperdiçados. Residentes locais baixam o *app* Olio, que lhes informa quando há excedente de alimentos disponíveis em filiais locais da Sainsbury's. Voluntários fazem *upload* de fotos dos alimentos no *app*, que os usuários podem selecionar antes de escolher um entre as marcas locais participantes. O Olio funciona de forma independente em algumas cidades grandes do Reino Unido, mas a parceria da Sainsbury é a primeira do tipo com um varejista importante (RETAIL INSIDER, 2017).

A Tesco – vencedora do Experian Award for Building Stronger Communities (Prêmio Experian para Construir Comunidades mais Fortes, em tradução livre) em 2017 – focou a escassez de alimentos. A companhia lançou a Community Food Connection, que usa um *app* para conectar lojas com excedentes de alimentos com instituições beneficentes locais. Criar uma cultura de sustentabilidade pode ser difícil quando os funcionários também lidam com demandas que vão desde a pressão para cortar custos até o cumprimento de metas de vendas. "É fazer a conexão com a estratégia e pensar em como isso se relaciona com a natureza do negócio", afirma David Grayson, diretor do Doughty Centre for Corporate Responsibility na Cranfield School of Management. "Depois, a difícil tarefa de alinhar isso com remuneração, desenvolvimento executivo, treinamento e mensagens de comunicação" (*Financial Times*, 2017).

◢ A Solar City coloca energia em sua RSC

Outro ótimo exemplo de "cuidados com a comunidade" e "retribuição" é a Solar City, líder em fornecimento de energia solar sediada no Reino Unido. Ela produz e distribui sistemas de energia solar para casas, escolas e empresas. No mundo, há 1,4 bilhões de pessoas sem nenhum acesso à eletricidade. Isso é aproximadamente 20% da população do planeta. Portanto, a energia solar pode ser ainda mais valiosa para comunidades do Terceiro Mundo e países em desenvolvimento que têm um limitado ou mesmo nenhum acesso à eletricidade.

Para esses países, frequentemente não ter eletricidade significa fechar escolas, locais de trabalho, ambientes de lazer/socialização ao pôr do sol.

A Solar City criou sua "Give Power Foundation", que, por sua vez, doa sistemas de energia solar a escolas na América do Sul e na África. Isso permite às escolas que funcionem à noite e disponibilizem aulas para adultos e crianças. Essas aulas podem melhorar as perspectivas de curto e longo prazo das comunidades atendidas (Gauss, 2017).

A FALTA DE AUTENTICIDADE PODE DESTRUIR UMA MARCA

"As pessoas sentem o cheiro da falta de autenticidade", afirma David Grayson. "Se a empresa afirma uma coisa e funciona de outra forma, é perigoso" (*Financial Times*, 2017).

Um grupo de marcas claramente autêntico na forma como aborda sustentabilidade e RSC é a Kering. Ela é proprietária de várias marcas, incluindo a Gucci, a Stella McCartney e a Balenciaga. A Figura 9.1 destaca sua abordagem com a RSC, algo presente no cerne de sua estratégia.

FIGURA 9.1 A EP&L da Kering

Compreender onde estão os impactos

Desenvolver um processo qualificado de tomada de decisões

Firmar nossa estratégia de negócios de forma responsável

QUAL É O PROPÓSITO DA EP&L?

Fortalecer a empresa e gerenciar riscos futuros

Ser transparente com os *stakeholders*

Fonte: Kering (2017)

DICAS PRÁTICAS PARA MELHORAR A EXPERIÊNCIA DO CLIENTE

1. Esqueça a palavra "empresa" e foque a responsabilidade social.
2. Implemente um código de conduta para funcionários, fornecedores e parceiros.
3. Tome decisões de compras que coloquem a sustentabilidade em primeiro lugar.
4. Dê suporte à sua comunidade local.
5. Encoraje seus clientes a participarem de suas iniciativas de Responsabilidade Social Corporativa (RSC).
6. Implemente uma contabilidade de perdas e ganhos ambientais (*EP&L*) – seja claro sobre o valor da responsabilidade social.

1 ESQUEÇA A PALAVRA "EMPRESA" E FOQUE A RESPONSABILIDADE SOCIAL

Se você não fizer isso, os consumidores não se engajarão com suas iniciativas.

2 IMPLEMENTE UM CÓDIGO DE CONDUTA PARA FUNCIONÁRIOS, FORNECEDORES E PARCEIROS

Percorra sua empresa e reflita sobre as implicações da responsabilidade social, sua pegada de carbono, embalagens, política de compras e assim por diante. Converse com seus clientes. Faça com que digam o que é importante para eles. Esses devem ser os pontos de partida para a criação de seu estatuto de RSC. Agora você pode implementar um código de conduta para todos os seus colegas, fornecedores e parceiros, para garantir que as pessoas sejam responsabilizadas pela implementação e a entrega contínuas de sua abordagem de sustentabilidade e responsabilidade social.

❸ TOME DECISÕES DE COMPRAS QUE COLOQUEM A SUSTENTABILIDADE EM PRIMEIRO LUGAR

Seja aquele café de comércio justo ou papel reciclável, isso ajuda a suscitar o *mindset* correto entre seus colegas e define o tom para o foco de sua empresa na responsabilidade social.

❹ DÊ SUPORTE À SUA COMUNIDADE LOCAL

Você pode apoiar ativamente as empresas e a economia? É melhor pagar um pouco mais para comprar no local do que economizar alguns dólares/libras comprando de outro país?

❺ ENCORAJE SEUS CLIENTES A PARTICIPAREM DE SUAS INICIATIVAS DE RESPONSABILIDADE SOCIAL CORPORATIVA (RSC)

Qual é o papel dos clientes em apoiar sua política de RSC? Eles podem reciclar embalagens? Ou mesmo enviá-las de volta a você para reaproveitamento?

❻ IMPLEMENTE UMA CONTABILIDADE DE PERDAS E GANHOS AMBIENTAIS *(EP&L)*

Mesmo que a responsabilidade social seja uma virtude, ela se revelará uma estratégia malsucedida se você não compreender o valor de adotá-la. Adote o método da Kering e implemente uma EP&L. Mensure a pegada ambiental de suas próprias operações e em toda a sua cadeia de suprimentos.

 COM A PALAVRA, O PROFESSOR MALCOLM McDONALD

Para a RSC funcionar, primeiro precisamos produzir valor agregado de acionistas para os investidores. Lembra-se da ICI (Imperial Chemical Industries), a antiga participação de referência no FTSE?

Eles eram maravilhosos com seus funcionários, comunidades locais, instituições de caridade e assim por diante. Porém, não faziam tanto dinheiro quanto a Du Pont, a Siemens e similares, e fecharam as portas, então agora há centenas de milhares de ex-funcionários sem emprego, e comunidades locais e instituições de caridade ficaram desassistidas!

A RSC não deve ser abordada como um *add-on* ou uma iniciativa administrativa, mas como um *éthos* de gestão subjacente. Também é interessante notar que essas companhias, além de serem "bons cidadãos", estimularem a economia circular e assim por diante, também eram extremamente lucrativas. Em outras palavras, não somente satisfaziam a todos os outros *stakeholders* como, também, a seus próprios acionistas.

Isso me lembra uma proposta de um dos meus colegas de um conselho de administração do qual fiz parte em uma de nossas melhores faculdades de administração. A sugestão era adicionar Ética como disciplina eletiva nos programas de mestrado. Apontei que a ética devia ser parte integrante do currículo de Finanças, RH, Economia, TI e assim por diante, não uma reflexão tardia ou um complemento a uma série de palestras voltadas à produção sobre uma disciplina específica.

Para aplicar isso na prática, a capacidade de compreender a economia circular pode ser inestimável como parte integrante da estratégia corporativa. Ela pode, então, ser adaptada individualmente à sua organização como uma fonte de vantagem diferenciada para o crescimento das vendas e dos lucros.

Entretanto, pioneiros da inovação perceberam que a economia circular não tem a ver apenas com o fornecimento de recursos, e mais com a evolução do modelo de negócio para transformar a natureza da demanda de recursos do ponto de vista do cliente. Um relatório da Accenture (2014) identificou mais de cem empresas verdadeiramente disruptivas que aplicam o pensamento de economia circular e novas tecnologias para transformar de maneira seriamente ameaçadora os operadores estabelecidos, criando assim o que a Accenture chama de "vantagem circular". Essa vantagem vem da inovação tanto para a eficiência dos recursos quanto para o valor do cliente – entrega no centro da estratégia, tecnologia e operações de uma empresa!

Um desses exemplos é a Nike, que durante muitos anos trabalhou duro para equilibrar as demandas duplas de produtividade de recursos e valor para o cliente. Por exemplo, a tecnologia FlyKnit™ da Nike, que permite à empresa criar um calçado mais alto com apenas alguns fios. O resultado é um processo de produção com menos desperdício (em 80%), que torna um sapato mais leve e com melhor ajuste e que pode ajudar a aprimorar o desempenho de um atleta. Isso, por sua vez, pode ser usado para apoiar o meio ambiente e ganhar o respeito dos clientes.

O vice-presidente de inovação sustentável da Nike é citado no relatório da Accenture, dizendo: "Esta não é nossa estratégia de sustentabilidade. É parte integrante de nossa estratégia empresarial".

Vou resumir o relatório da Accenture sobre o tópico da economia circular. O modelo "Take, Make, Waste" dos últimos 250 anos não se sustenta mais. A disponibilidade de recursos como solo, florestas, metais e combustíveis minerais não consegue suprir a demanda. O mundo já usa 1,5 planeta Terra em termos de recursos a cada ano. No ritmo das tendências atuais (crescimento populacional, expansão da classe média mundial), consumiremos três planetas em 2050. Isso se traduzirá em US$1 trilhão em perdas para empresas e países cujo crescimento permanece atado ao uso de recursos naturais escassos e intocados. O desenvolvimento econômico e a escassez de recursos estão em uma rota de colisão.

O mesmo relatório descreve muitos exemplos de empresas que já adotaram princípios circulares para fechar o ciclo de energia e materiais. Há vários outros exemplos expostos no relatório da Accenture, e o recomendo a leitores interessados não somente no domínio da RSC/sustentabilidade, mas também na criação de uma vantagem competitiva.

Para mais detalhes sobre esse assunto, consulte o livro de Catherine Weetman, *Economia Circular: conceitos e estratégias para fazer negócios de forma mais inteligente, sustentável e lucrativa*, publicado no Brasil pela Autêntica Business. ■

REFERÊNCIAS

ACCENTURE. Circular Advantage. On-line, 2014. Disponível em: <https://www.accenture.com/t20150523T053139w/us-en/_acnmedia/Accenture/Conversion-Assets/DotCom/Documents/Global/PDF/Strategy_6/Accenture-Circular-Advantage-Innovative-Business-Models-Technologies-Value-Growth.pdf>. Acesso em: 13 dez. 2017.

BAKER, J. The Rise of the Conscious Consumer: Why Businesses Need to Open Up. On-line, 2015. Disponível em: <https://www.theguardian.com/women-in-leadership/2015/apr/02/the-rise-of-the-conscious-consumer-why-businesses-need-to-open-up. Acesso em: 29 nov. 2017.

BUSINESS OF FASHION. Unpaid Turkish Garment Workers Tag Zara Items to Seek Help. On-line, 2017. Disponível em: <https://www. businessoffashion.com/articles/news-analysis/unpaid-turkish-garment-workers- tag-zara-items-to-seek-help>. Acesso em: 18 dez. 2017.

BUTLER, S. M&S Offers Cash Grants to Community Businesses in Ethical Relaunch. On-line, 2017. Disponível em: <https://www.theguardian. com/business/2017/jun/01/ms-targets-food-waste-and-social-change-in- sustainability-plan>. Acesso em: 30 nov. 2017.

CONE COMMUNICATIONS. 2015 Cone Communications *millennial* CSR Study. On-line, 2015. Disponível em: <http://www.conecomm.com/research-blog/2015-cone-communications-millennial-csr-study>. Acesso em: 30 nov. 2017.

FINANCIAL TIMES. The 2017 Responsible Business Awards Winners. On-line, 2017. Disponível em: <https://www.ft.com/content/68b26566-5bf7-11e7-b553-e-2df1b0c3220>. Acesso em: 13 dez. 2017.

GAUSS, A. 6 Socially Responsible Companies to Applaud [Blog] *Classy*. On-line, 2017. Disponível em: <https://www.classy.org/blog/6-socially-responsible-companies-applaud/>. Acesso em: 13 dez. 2017.

HOWE, N.; STRAUSS, W. *Millennials Rising: the Next Great Generation*. Londres: Vintage, 2009.

JOYNER, A. Beyond Buy-One-Give-One Retail. On-line, 2014. Disponível em: <https://www.newyorker.com/business/currency/beyond-buy-one-give-one-retail>. Acesso em: 30 nov. 2017.

KERING.COM. What Is An EP&L?. On-line, 2017. Disponível em: <http://www.kering.com/en/sustainability/whatisepl>. Acesso em: 29 dez. 2017.

LEONARD, A. Story of Stuff, Referenced and Annotated Script. *Journal of Occupational and Environmental Health*, v. 13, p. 1, 2007.

RETAIL INSIDER. Digital Retail Innovations Report. On-line, 2017. Disponível em: <http://webloyalty.co.uk/Images/UK/Digital_Retail_ Innovations_Report_2017.pdf>. Acesso em: 29 nov. 2017.

RUDOMINER, R. Corporate Social Responsibility Matters: Ignore *millennials* at Your Peril. On-line, 2016. Disponível em: <https://www.huffingtonpost.com/ryan-rudominer/corporate-social-responsi_9_b_9155670.html>. Acesso em: 30 nov. 2017.

WEETMAN, C. *A Circular Economy Handbook for Business and Supply Chains: Repair, Remake, Redesign, Rethink*. Londres: Kogan Page, 2016.

"**IMPLEMENTE UM CÓDIGO DE CONDUTA PARA FUNCIONÁRIOS, FORNECEDORES E PARCEIROS.** PERCORRA SUA EMPRESA E REFLITA SOBRE AS IMPLICAÇÕES DA RESPONSABILIDADE SOCIAL, SUA PEGADA DE CARBONO, EMBALAGENS, POLÍTICA DE COMPRAS E ASSIM POR DIANTE."

Martin Newman

CAPÍTULO 9

10

O **varejo**
como **serviço**

O QUE VOCÊ APRENDERÁ NESTE CAPÍTULO?

▶ Você aprenderá por que empresas voltadas para o consumidor precisam se tornar prestadoras de serviços e o que isso significa em termos práticos.

▶ Que tipo de serviços elas podem oferecer para colocar o cliente em primeiro lugar e agregar valor à sua experiência e, portanto, fortalecer seu relacionamento com o cliente.

POR QUE SE TORNAR UM PRESTADOR DE SERVIÇO?

Como destaquei ao longo deste livro, "vender coisas" a clientes não é mais o bastante. Sobretudo em tempos de Amazon, Alibaba e outras plataformas que disponibilizam propostas de valor superiores ao cliente. Também não é o bastante no que tange à variedade de opções que os clientes têm em relação a onde comprar bens de consumo ou serviços. Igualmente, existe a hipótese altamente provável de que esses mercados buscarão ampliar seu ecossistema e começar a acrescentar serviços. Quanto tempo até a Amazon ter uma farmácia e vender remédios sem prescrição médica? Ou começar a vender armações/óculos mediante receita?

No Reino Unido, John Lewis deu um passo ousado ao lançar uma proposta de soluções para o lar em que você pode reservar um profissional credenciado para fazer reparos, instalar equipamentos elétricos e até decorar sua casa. Ele também revelou que está enviando seus parceiros para a escola de teatro, a fim de conseguir proporcionar o nível esperado de serviço a tipos diferentes de clientes. Sua nova loja em Oxford tem um gerente de experiências voltado para a organização de eventos dentro da loja (*instore*) todos os dias úteis do ano.

Nesse ínterim, a Ikea adquiriu a Task Rabbit. Portanto, se montar móveis não está no topo de sua lista de coisas a fazer, eles podem fornecer um faz-tudo para montar para você. Essa ideia de oferecer serviços ao cliente não é apenas uma jogada defensiva contra o surgimento de plataformas de compra e outros disruptores, mas também um reconhecimento do aumento do setor DIFM (*do it for me*, ou "faça por mim").

Existe toda uma geração de nativos digitais que parecem mais sintonizados em compartilhar e alugar do que possuir. Parte disso é estimulada pela economia, outra parte por suas atitudes, valores e crenças. Esse segmento de clientes talvez seja ainda mais propenso a fazer com as próprias mãos, enquanto vários outros segmentos acabam recorrendo a solicitações DIFM. Pense no Dixons Carphone e no "esquadrão Geek" Best Buy's. Pra que perder tempo tentando instalar tecnologias por vezes complicadas se outra pessoa pode fazer isso por você?

A Enjoy.com, uma vendedora autônoma de produtos tecnológicos sediada nos Estados Unidos, disponibiliza gratuitamente especialistas que instalam itens e dão conselhos sobre como aproveitar o máximo de sua nova aquisição:

- Se você fosse uma varejista DIY vendendo galpões de jardim, esperaria que eu mesmo construísse o galpão ou você faria isso por mim?

- Se eu comprasse um pacote de férias com você, eu poderia me interessar por outros serviços que você providenciaria por mim, evitando que eu perdesse um tempo precioso de folga alugando um carro, procurando lugares aonde ir, organizando um passeio ou perguntando a alguém sobre bons restaurantes?

- Se você fosse vendedor de carros, uma vez que eu tivesse adquirido um novo, seria mais conveniente para mim se, quando o carro precisasse de conserto, você o buscasse em minha casa e depois o devolvesse?

- Se você fosse um banco ou uma corretora de seguros, meu valor vitalício e suas taxas de retenção aumentariam se você me falasse proativamente sobre políticas mais relevantes das quais eu poderia me beneficiar que agregassem valor genuíno para mim e meus familiares?

Acho que você sabe a resposta para todas as perguntas acima.

MANTENHA SUA RELEVÂNCIA PRESTANDO SERVIÇOS

Como destaquei no Capítulo 2, acredito firmemente que, para permanecer relevantes aos clientes e proporcionar algo mais que simplesmente vender um produto, os varejistas, com o tempo, precisarão se tornar prestadores de serviço.

A M&S fez parceria com a plataforma de compras West End Dropit em duas de suas lojas em Londres, permitindo que os clientes tenham suas compras recolhidas pelo correio. Hoje em dia, os clientes podem optar por deixar as compras para trás depois de pagar por elas, em vez de carregá-las consigo durante o restante de seu passeio pelo *shopping*. A Dropit faz parcerias com empresas de entrega e seleciona a melhor opção para o endereço de entrega com base em preço e disponibilidade. Um passe de um dia na Dropit custa £10. A Dropit afirma que seus usuários gastam em média 150% a mais que compradores que não usam seus serviços (Waller-Davis, 2017).

O fornecimento de serviços pode assumir vários formatos, desde ir até a loja da Nike no Soho em Nova York – onde você é recebido por vários *personal shoppers* atléticos que passam até uma hora em sua companhia na loja, ajudando-o a encontrar os produtos certos – até o mercado que conta com empacotadores para ajudar clientes mais idosos ou os hipermercados que também ajudam a levar as compras até o carro do cliente. Se os varejistas não entenderem o sentido de oferecer serviços além de vender produtos, muito provavelmente terão de encarar a disrupção do seu setor.

Em nichos como pneus de carros, isso também aconteceu. Uma das principais inconveniências de um pneu furado é que talvez você não tenha um estepe e, portanto, seja forçado a dirigir até a primeira borracharia. É aí que entra a "Tyres On The Drive". Eles vêm até você, onde quer que esteja, no horário que escolher. Assim, você, como cliente, fica totalmente no controle.

ASSINATURAS ESTÃO ENTREGANDO SERVIÇO

Se você pode pré-encomendar algo – pense nisso como "definir e esquecer" –, isso é extremamente conveniente. Sem essa de lembrar quando tem que voltar a encomendar seu xampu ou produtos de limpeza, seu hidratante ou garrafas d'água. Isso pode se aplicar a várias categorias diferentes de produtos. A Birchbox foi uma das primeiras prestadoras de serviços de assinatura no Reino Unido. Eles enviam aos assinantes uma seleção de cinco ou seis amostras de produtos de beleza todos os meses. Seleções de produtos são customizadas para atender às preferências do cliente. Cobra-se deles uma taxa fixa, que varia dependendo da duração do compromisso feito pelo cliente. Então, esses clientes podem ir ao site da Birchbox se quiser encomendar versões em tamanho real de quaisquer amostras. Há uma quantidade imensa de outros varejistas estadunidenses com serviço de assinaturas, desde a Dollar Shave Club, que vende lâminas de barbear, passando pela Loot Crate, que fornece itens para vídeo games, até a Barkbox, que oferece brinquedos e petiscos para cães.

No setor da moda, a marca estadunidense Stitch Fix organiza uma seleção de produtos e envia aos clientes caixas com conteúdos-surpresa. Não há compromisso mensal. Eles cobram uma taxa de US$20 para customizar cada caixa, e depois a taxa pode ser usada para adquirir qualquer item na caixa que o cliente queira comprar. Ele tem três dias para decidir o que deseja adquirir.

QUADRO 10.1 Estrutura de serviços ao cliente

Como eles ajudam os clientes?	Produto	Entrega e devoluções	Marketing	Pós-venda e atendimento ao cliente
Conveniência	"Embrulhe para mim" – se você está reservando um voo, a companhia aérea oferece aluguel de carros e outros serviços extras relevantes	Posso escolher o método de entrega mais conveniente e você me permite fazer devoluções sem custo algum Posso fazer devoluções à sua loja se eu quiser	Recebo incentivos que posso usar em todos os canais Há mensagens em todos os canais me avisando que posso "comprar do meu jeito"	A equipe de atendimento ao cliente começa com um *mindset* "posso fazer" e tenta resolver minhas questões logo de cara Consigo interagir num *chat* ao vivo ou ao telefone, se eu quiser

Como eles ajudam os clientes? ↓	Produto	Entrega e devoluções	Marketing	Pós-venda e atendimento ao cliente
Criação de valor		Posso escolher uma proposta de entrega *prime-type*, onde pago com antecedência por entregas ilimitadas	Consigo primeiro acesso à venda e a produtos com desconto	
Tranquilidade	"Decida e esqueça" – um serviço de assinaturas por onde posso pedir a uma varejista que me envie o mesmo produto a cada "x" semanas	Se algo não der certo, há um serviço de devoluções gratuito e fácil de usar		Recebo garantia apropriada sobre o que acontece se algo dá errado, p.ex., a ATOL cobrindo os custos de meu voo se minha companhia aérea encerra as atividades ou a garantia por um produto
Lembrete	"Não me deixe esquecer" – quando um varejista lembra um cliente, ao fechar a compra, dos produtos que ele comprou da última vez e que não colocou no carrinho		Você me envia lembretes sobre eventos, aniversários/quando preciso enviar presentes, quando provavelmente estou ficando sem um produto ou quando preciso renovar um serviço	
Personalização	Você me oferece a opção de personalizar presentes, produtos, ou serviços que procurei		Você só me envia mensagens de marketing que reflitam o que eu compro ou o que gosto de fazer – nada genérico	Quando contato o *call center*, eles têm todo o meu histórico, o que comprei, do que gostei etc.

Igualmente, também é ótimo contatar um cliente após uma compra, para descobrir o que ele está achando da nova aquisição |

O varejo como serviço

QUAL SERVIÇO FUNCIONARIA MELHOR NO SEU CASO?

Criei uma estrutura no Quadro 10.1 para ajudá-lo a pensar nos serviços que talvez você queira oferecer e por que eles agregam valor para o cliente.

ESTUDO DE CASO HOTEL
MOTEL – HOLIDAY INN

Numa visita a Hong Kong, tive uma experiência do cliente fantástica e pensei em compartilhá-la, já que há vários pequenos pontos de contato com que aprender.

Tive a imensa sorte de ser colocado no Mandarin Oriental Hotel por um organizador de eventos para uma palestra que eu estava apresentando. Desde o instante em que cheguei, a experiência foi fantástica. Para mim, ficou claro que eles haviam pensado em todos os pontos de contato em potencial e em como proporcionar a experiência do cliente mais relevante possível.

Em seguida, a pessoa que fez meu *check-in* me levou até o quarto e explicou como tudo funcionava. Depois de um voo de onze horas, a primeira coisa que eu queria era um banho. Parece uma coisa pequena, mas, enquanto o espelho se enchia de vapor, um espaço no meio, do tamanho do meu corpo, não se encheu, permanecendo limpo. Informação demais, tenho certeza, mas achei maravilhoso, e até hoje não tenho a menor ideia de como eles fizeram isso.

Os pequenos detalhes do hotel eram ótimos. De chuveiros sendo desligados para você não se escalpelar ou sofrer um infarto devido à água fria quando você o ligasse, até gelo novo no meu balde de champanhe todos os dias. Uma noite, não consegui fazer a TV funcionar. Liguei para a recepção e me disseram que resolveriam o problema imediatamente. Quando cheguei do jantar, havia uma carta da pessoa que consertara a TV, com um pedido de desculpas e detalhes para contato caso eu tivesse problemas posteriores.

É claro que todos os bons hotéis têm serviços de abertura de cama. Mas não assim:

▶ Um lindo par de pantufas foi deixado ao lado da cama junto com um pouco de óleo para me ajudar a dormir.

- A camareira/encarregada da limpeza sabia meu nome – na verdade, todos no hotel pareciam saber meu nome. Compare isso com o relatório de comunicações eletrônicas da Practicology (2017), onde 15% dos varejistas não enviam sequer um e-mail de boas-vindas.
- A academia ficava aberta 24 horas por dia, 7 dias por semana, sem essa bobagem de abrir só às 7 da manhã.
- Eles instalaram braçadeiras no meu telefone e cabos portáteis para carregar *laptops*.
- O papel higiênico tinha uma dobra, tornando desnecessário ficar escarafunchando para tentar achar o início do rolo.
- Todos os interruptores ficavam claramente marcados e iluminados quando a luz do quarto se apagava.
- Mais tomadas do que você conseguiria usar.
- Finalmente encontrei alguém capaz de engraxar os meus sapatos... Eles os engraxavam todas as noites!
- Eles dobravam minhas roupas.
- Havia um gancho para minha toalha de banho.
- Doces na cesta.
- Eles colocaram em uma caixinha os recibos e cartões de visita que eu estava juntando.

E assim por diante... Meu *checkout* se estendeu (sem cobrança) até as 16h30, já que meu voo era só às 23h.

Essa é uma empresa que claramente entende o que é necessário para colocar os clientes em primeiro lugar, além de não considerar apenas os custos, mas todo o custo-benefício de proporcionar uma experiência tão incrível. Em todos os casos, a equipe é bem treinada e capacitada para fornecer a experiência certa do início até o último minuto em que saí do hotel, e tanto a recepcionista quanto o mensageiro perguntaram se eu não tinha deixado nada no quarto ou no cofre, e se eu estava com o meu passaporte.

> **DICAS PRÁTICAS PARA MELHORAR A EXPERIÊNCIA DO CLIENTE**
>
> ① Você conseguiria facilitar a vida dos clientes permitindo que eles paguem uma assinatura ou uma recompra automática para produtos grandes, volumosos ou de uso frequente?
>
> ② Permita aos clientes que interajam com um serviço de *chat* on-line em tempo real.
>
> ③ Quais serviços você pode oferecer para melhorar a experiência de compra do cliente? Você pode ajudá-lo a construir, instalar e manter o que ele adquiriu?
>
> ④ Certifique-se de haver mensagens claras do tipo "comprar do meu jeito" em todos os canais e pontos de contato.
>
> ⑤ Use o modelo de serviços que você criou.

① VOCÊ CONSEGUIRIA FACILITAR A VIDA DOS CLIENTES PERMITINDO QUE ELES PAGUEM UMA ASSINATURA OU UMA RECOMPRA AUTOMÁTICA PARA PRODUTOS GRANDES, VOLUMOSOS OU DE USO FREQUENTE?

Isso se aplica a qualquer coisa, de comida para pets a produtos de limpeza, de artigos de beleza e cuidados pessoais a alimentos não perecíveis.

O legal é que isso cativa os clientes. Garante e protege seus negócios. Maximiza o valor de vida útil para você. Também é altamente provável que eles gastarão mais com você ao longo do tempo, devido ao fato de já comprarem seus produtos.

② PERMITA AOS CLIENTES QUE INTERAJAM POR MEIO DE UM SERVIÇO DE *CHAT* ON-LINE EM TEMPO REAL

Fui um dos primeiros adeptos do *e-commerce* no Reino Unido a implementar um *chat* em tempo no Ted Baker, em 2007. O *chat* em tempo real é uma ótima forma de incentivar vendas, aumentar conversões e os valores médios dos pedidos e das unidades por transação. Funciona para alguns segmentos de clientes que precisam de mais informações técnicas do que o site oferece sobre produtos como televisores ou computadores, ou pode ser apenas uma segurança para um cliente que adquire um terno ou vestido novo.

É seu assistente de vendas virtual. Algumas empresas estão proporcionando esse serviço por intermédio de sua equipe de *call center*, e cada vez mais empresas estão usando *chat bots* nos *chats*. Falarei com detalhes sobre IA no Capítulo 15, dando minhas opiniões sobre sua eficácia.

❸ QUAIS SERVIÇOS VOCÊ PODE OFERECER PARA MELHORAR A EXPERIÊNCIA DE COMPRA DO CLIENTE? VOCÊ PODE AJUDÁ-LO A CONSTRUIR, INSTALAR E MANTER O QUE ELE ADQUIRIU?

Certifique-se de atender o segmento cada vez maior de clientes "faça por mim" (DIFM). Quais serviços você pode oferecer que melhorem a experiência do seu cliente? Vivemos em um mundo rico de tarefas e pobre de tempo, portanto cada vez mais os clientes buscarão se envolver com empresas capazes de ajudá-los a construir, instalar e manter o que adquiriram. Em termos de necessidade de compra, talvez este seja o segmento de clientes que cresce mais rápido. Temos visto uma infinidade de novos participantes neste espaço, bem como no de aquisições. A Ikea comprou a Task Rabbit. A John Lewis oferece um diretório on-line de prestadoras de serviço para pesquisar e escolher.

❹ CERTIFIQUE-SE DE HAVER MENSAGENS CLARAS DO TIPO "COMPRAR DO MEU JEITO" EM TODOS OS CANAIS E PONTOS DE CONTATO

Não tome como garantia que os clientes sabem que você tem um site, ou que podem clicar e coletar. Você precisa se certificar de que todos os canais se promovam entre si. Assim, não haverá ambiguidade em relação a como os clientes podem buscar seus produtos ou serviços.

⑤ USE O MODELO DE SERVIÇOS QUE VOCÊ CRIOU

Pense em como seus produtos/serviços, seu serviço pós-venda/ao cliente, bem como sua proposta de valor abrangente ao cliente podem apoiar seus diferentes segmentos de clientes.

COM A PALAVRA, O PROFESSOR MALCOLM McDONALD

Marcas de serviço como serviços ao cliente

Gostaria de ampliar esse tópico fazendo alguns comentários sobre empresas de serviços e a importância do nome de suas marcas.

Todas as companhias líderes mundiais em avaliação de marcas sabem que essas marcas, em si, respondem por pelo menos 25% de todos os ativos intangíveis. Tais ativos podem incluir a personalidade da marca, o éthos, o serviço personalizado – aspectos não diretamente relacionados a estimular lucros, mas que obviamente compõem a marca como um todo e a experiência do serviço. Para falar a verdade, acredito que é muito mais que isso, porque tudo o que uma organização faz em todas as suas áreas se manifesta nas ofertas feitas na plataforma de compras, e, é claro, todas elas carregam em si o nome da marca da organização.

O objetivo dessa introdução é apontar o fato de que marcas vieram para dominar o cenário comercial, ainda que, no setor de serviços, o gerenciamento da marca ainda seja uma arte meio confusa e obscura. Muitas marcas tradicionais do setor de serviços em todo o mundo são um pouco mais que rótulos de fornecedores, "mais do mesmo", possuem posicionamento fraco, baixa qualidade e suporte escasso. Essas organizações prestadoras de serviços não entendem o cliente e muitas vezes são obrigadas a negociar com base no preço.

◢ Uma marca de sucesso está em conformidade com os seguintes critérios

① Uma marca de sucesso tem nome, símbolo ou design (ou combinação de fontes) que identifique que o "produto" de uma organização tem vantagem competitiva viável, como a Coca-Cola, a Microsoft e a Marks & Spencer.

② Uma marca de sucesso gera lucros e desempenho de mercado superiores.

③ Uma marca de sucesso só é um ativo se gera vantagem competitiva viável.

④ Uma marca de sucesso, como outros ativos, vai se depreciar sem investir mais na satisfação das necessidades do cliente.

O termo "marca" abrange não apenas produtos de consumo, mas todo um conjunto de ofertas que incluem pessoas (como estrelas *pop* e políticos), lugares (como Paris), navios (como o *Queen Mary*), setores industriais e produtos varejistas. Traduzindo isso para marcas de serviço e marcas como serviço, primeiro devemos reconhecer que a definição e os desafios destacados aqui são amplos, em expansão e em evolução, de acordo com as necessidades específicas de cada um.

◢ Os desafios das marcas de serviços

A crescente concorrência no setor de serviços fez muitas empresas perceberem que uma marca forte de serviços é parte essencial de sua vantagem competitiva. Infelizmente, a compreensão da marca de serviços não acompanhou o crescimento do setor de serviços. Marcas baseadas em serviços, como a Virgin, em oposição a marcas baseadas em produtos como sabão em pó ou cereais matinais, envolvem uma interface múltipla com o consumidor, em que ele experimenta a marca em níveis variados. A reação inicial dos anunciantes de serviços aos novos desafios teve como base o pressuposto de que os princípios do *branding* de produtos se aplicariam da mesma forma ao *branding* de serviços. Entretanto, logo eles descobriram que a natureza específica dos serviços exige conceitos e métodos sob medida, e que é improvável que o *branding* de produtos seja eficaz se seus princípios são transferidos para os serviços sem nenhuma adaptação.

Nos setores financeiros e de seguros, por exemplo, muito poucas marcas conseguiram criar uma lista completa de percepções na mente das pessoas. Uma pergunta como "O que o Barclays Bank oferece que seja diferente do Lloyds?" provavelmente levaria a um silêncio perplexo, a despeito de bilhões de libras gastas por ano em publicidade. No entanto, o setor de linhas aéreas demonstrou que é possível obter uma diferenciação clara das marcas de serviços. Se fosse solicitado aos passageiros que classificassem a Virgin, a Lufthansa ou a Singapore Airlines de acordo com pontualidade, entretenimento durante o voo e tripulação cuidadosos, muito provavelmente eles dariam respostas similares sem hesitação.

◢ Marcas de serviços consistentes por meio de pessoas

Em primeiro lugar, uma marca de serviço se baseia inteiramente na "maneira como uma empresa faz as coisas" e nos valores e cultura de uma companhia. Isso significa que uma personalidade de marca não pode ser elaborada apenas pelo departamento de marketing, mas sim que ela depende de toda a empresa, do presidente-executivo a qualquer pessoa que tenha contato com os clientes. Isso porque as percepções que os clientes têm da marca dependem imensamente de interações individuais com os funcionários da empresa, como no caso do hotel-modelo descrito neste capítulo. Portanto, é preciso colocar ênfase particular na entrega consistente do serviço. A construção da marca precisa ser realizada de baixo para cima, e envolve uma análise aprofundada de cada aspecto da interação entre o cliente e a organização.

◢ *Branding* para tornar tangível o intangível

Um dos aspectos mais problemáticos das marcas de serviços é que os consumidores têm de lidar com ofertas intangíveis. Uma maneira eficaz de tornar as marcas tangíveis é usar a maior quantidade possível de elementos físicos que possam ser a ela associados, como o uniforme dos funcionários, a decoração do escritório e o tipo de música que se toca para os clientes à espera no telefone. Uma marca de serviço pode projetar seus valores por meio de símbolos físicos e representações, como as linhas aéreas Virgin fizeram de forma tão bem-sucedida com sua vibrante cor vermelha refletindo a posição dinâmica e desafiadora adotada. O design das embalagens desempenha um papel importante para itens de marca, e em marcas de serviços isso também representa uma oportunidade para diferenciações mais eficazes, como no caso das caixas do McDonald's para o McLanche feliz. As faixas azuis e amarelas das lojas da Ikea, por exemplo, não somente aludem à tradição escandinava da companhia como também orientam os consumidores pelas diferentes seções. Por fim, o design das instalações físicas pode ser usado para *diferenciar* a marca de serviço de suas concorrentes. O interior de aço polido dos restaurantes Pret A Manger permite aos consumidores distingui-los claramente de outras lanchonetes e bistrôs.

Uma maneira pela qual os consumidores avaliam uma marca de serviço depende, em grande parte, do grau de participação na entrega do serviço. Se o desempenho do serviço exige um alto nível de envolvimento do consumidor, é extremamente importante que os consumidores entendam suas funções e estejam dispostos a participar, do contrário, sua inevitável frustração enfraquecerá a marca. Por exemplo, placas grandes, fáceis de ler, e telas na entrada das lojas Ikea informam aos consumidores de que maneira eles devem tirar medidas, escolher os móveis e pegá-los. A marca Ikea se constrói sob o princípio de que os consumidores estão dispostos a serem envolvidos na "criação" do serviço, não apenas em consumi-lo, aproveitando a experiência bastante personalizada e o desejo de "construir" sua própria casa em vez de apenas comprá-la.

Concluindo, existem algumas organizações disruptoras estimulantes surgindo, como a Airbnb e a ZipCar, mas, no geral, o setor de serviços ainda ilustra os desafios gerais relacionados às marcas de serviços e a necessidade de um novo *mindset*. Uma marca de serviços deve ter como base uma clara posição competitiva, o que, por sua vez, tem de provir da estratégia corporativa. Isso requer uma abordagem holística e o envolvimento de toda a companhia. O posicionamento da marca e os benefícios devem então ser comunicados aos segmentos-alvo do mercado, e evidências reais devem provir da capacidade da marca de satisfazer as necessidades do cliente.

◢ **Para resumir**

▶ *Branding* como serviço ao cliente.

▶ Grandes marcas não se diferenciam apenas em nome da diferenciação.

▶ Elas inovam em relação aos principais benefícios do serviço.

▶ Elas tornam a marca distinta e famosa (fácil de reconhecer).

▶ A organização inteira vive a marca em todos os pontos de contato.

▶ Elas facilitam a compra.

Em outras palavras, fazem o básico da maneira correta. ■

REFERÊNCIAS

PRACTICOLOGY. Practicology Customer Communications Report 2015. On-line, 2015. Disponível em: <https://www.practicology.com/ files/3114/4017/0408/Practicology_Customer_Communications_report_2015.pdf>. Acesso em: 1 dez. 2017.

WALLER-DAVIES, B. M&S Stores Sign Up For Hands-Free Shopping. *Retail Week*, On-line, 2017. Disponível em: <https://www.retail-week.com/ topics/technology/ms-stores-sign-up-for-hands-free-shopping/7021404.article>. Acesso em: 13 dez. 2017.

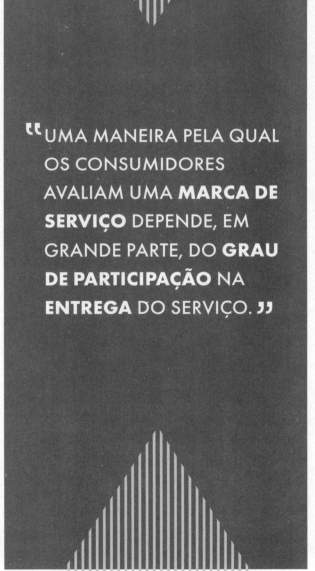

11

Conquistando os **corações** e as **mentes** dos clientes em **mercados internacionais**

O QUE VOCÊ APRENDERÁ NESTE CAPÍTULO?

▶ Os clientes de mercados internacionais possuem elementos diferentes que são mais importantes para eles. Tome como exemplo a Alemanha, onde pagar por débito direto ou transferência bancária é crucial. Devoluções gratuitas também são muito importantes no país, já que ele possui uma forte herança de listas e tendência a devolver produtos.

▶ Como ganhar a confiança de clientes em novos mercados geográficos.

▶ A China e a oportunidade.

▶ Opções para modelos estruturais e operacionais.

OS CONSUMIDORES ESTÃO CONTENTES EM COMPRAR PARA ALÉM DAS FRONTEIRAS

A internacionalização faz parte da agenda da maioria das empresas, independentemente do setor de clientes em que elas operam. De fato, alguém poderia argumentar que agentes de mudança como o Brexit, que votou pela saída do Reino Unido da União Europeia em 2016, praticamente obrigou as empresas a buscar expandir seu alcance para outras regiões geográficas. Nos Estados Unidos, muitos varejistas enfrentam a tempestade perfeita de ter lojas demais, com cada vez mais clientes mudando para o virtual, e também de perder *market share* para plataformas como a Amazon.

De acordo com a pesquisa "Pulse of the Online Shopper" da UPS europeia, 73% dos consumidores haviam comprado de um varejista internacional dentro da Europa, e 57% tinham comprado de um varejista internacional fora da Europa (UPS, 2017).

VISÃO DE *EXPERT*

Billy May, CEO da Sur La Table nos Estados Unidos, possui vasta experiência em internacionalização. Anteriormente, ele foi Vice-Presidente Sênior de Marketing, Direct-to-Consumer, Omnichannel e Desenvolvimento Corporativo da Abercrombie & Fitch (A&F), e, antes disso, Vice-Presidente global de Digital e *E-commerce* do grupo Adidas. Enquanto a Adidas tem operações localizadas em todo o mundo, a A&F utiliza um modelo operacional centralizado. Todas as decisões relacionadas a internacionalização e localização são tomadas em Columbus, Ohio.

Quando a empresa tomou a decisão de expandir internacionalmente em meados de 2000, foi por meios diretos e se internacionalizando por conta própria, sem recorrer a terceiros ou licenciados.

Já que a empresa abriu lojas físicas, ela também decidiu lançar sites regionais ao mesmo tempo. Porém, ao contrário da experiência física, Billy afirmou que "não se pode presumir que mercados internacionais se comportem como o seu próprio mercado". Enquanto experiências são compartilhadas globalmente, o comportamento do consumidor é muito diferente, em termos digitais, de um país para outro, sobretudo dentro da Europa.

Você precisa ser relevante para esses mercados locais: preço e promoções, pagamentos e opções de pagamentos (uma das considerações mais negligenciadas), satisfação, envio e devoluções. Por exemplo, Billy May destacou o Reino Unido como um dos mercados *omnichannel* mais avançados mundialmente, e, portanto, as expectativas do cliente em relação a satisfação e disponibilidade são muito claras. Se você deseja ser relevante nesse mercado, um envio de cinco a sete dias não é aceitável.

Igualmente importante numa era que tem o cliente como centro, se não mais, o marketing tem que ser relevante para o cliente final. Ele precisa se situar além de apenas em linguagem, criação e conteúdo – mas também no preço e em promoção, levando em consideração feriados e eventos locais sobre os quais você não tem visibilidade nos Estados Unidos. A partir dos recursos e dos requisitos do mercado local, é bom trabalhar com um parceiro local, incluindo uma agência de marketing que

> possa fornecer a visão e o suporte necessários para se conectar com o cliente e impulsionar uma marca.

QUAIS SÃO AS OPORTUNIDADES OFERECIDAS PELA INTERNACIONALIZAÇÃO?

Estimular crescimento/fluxos de receita:

▶ Oportunidades de venda por atacado:

- mercado local off-line;
- mercados locais segmentados;
- segmentos internacionais;
- lojas internacionais com envio para o mundo todo;
- parceiras de franquias.

▶ Oportunidades de varejo:

- lojas;
- on-line;
- *showrooms*;
- *pop-ups*;
- entrega por navio e parceiras (i.e., Amazon, eBay ou versões locais).

▶ Oportunidades *instore* para incentivar a lealdade a sites localizados:

- equipe multilíngue nas lojas;
- compre na loja para entrega em domicílio no país de origem;
- *gateway* de pagamento em várias moedas, em caixas;
- captura de e-mail.

ABORDAGENS ATUAIS À INTERNACIONALIZAÇÃO

QUADRO 11.1 Abordagens atuais para a internacionalização

ESTRATÉGIA	PRÓS	CONTRAS
❶ **Não fazer nada**: não permitir que ninguém do exterior compre	• Não muitos! • Potencial de reduzir pedidos fraudulentos	• Uma experiência do cliente muito pobre • Limita potencial demanda e impacta vendas e lucros • Perde oportunidade de adquirir *market share* de novos mercados
❷ **Padronização:** apertar apenas o botão de compra	• Obter indicações de potenciais demandas de outros mercados	• Sem localização, a demanda será suprimida
❸ **Adaptação**: localizar certos aspectos	• Você começa a obter uma indicação melhor da potencial demanda de outros mercados • Você impulsiona a conversão (o pagamento ou a moeda muitas vezes é o primeiro elemento a ser localizado)	• Não fornece uma perspectiva real do que a demanda poderia ser
❹ **Localização**: regionalizar totalmente a proposição on-line do cliente (pagamento, moeda, idioma, serviço)	• A melhor experiência do cliente • Você maximizará a geração de demandas de mercados locais	• É a rota mais cara para seguir
❺ **Arriscando**: presença do *marketplace*	• É uma forma econômica de descobrir potencial demanda para sua marca	• Você não detém o cliente ou os dados, quem detém é o *marketplace*
❻ **Entrada no mercado multicanal:** liderar com lojas abertas e virtuais	• A melhor experiência do cliente, já que possibilita que o cliente "compre do jeito dele"	• É caro abrir lojas em outros mercados
❼ **Liderar com lojas**: em seguida, localizar on-line	• Você pode se aproximar dos clientes e dar vida à sua marca	• É caro e também limita o alcance da marca

VISÃO DE *EXPERT*

Conversei com Dave Elston, que foi diretor digital europeu da Clarks. Perguntei a ele o que teria feito de diferente, se pudesse voltar atrás, se tivesse tido a experiência de localizar a Clarks em vários mercados. Essas foram as principais lições aprendidas:

▶ Para começar, ele afirmou que viu demais as coisas por meio de uma visão britânica.

▶ Alemães e outras nacionalidades têm uma mentalidade muito diferente em relação a compras on-line, bem como ao que gostam e ao que não gostam.

▶ Desde o início, ele teria colocado alguém na equipe que vendesse on-line em alemão.

▶ Ele teria implementado pagamento por boleto para a Alemanha. O fato de não ter feito isso limitou o escopo da oportunidade, mas também o deixou muito consciente do equilíbrio entre o aumento do tamanho do carrinho *versus* o aumento das devoluções.

▶ Ele percebeu que subestimou a importância da responsabilidade social corporativa – particularmente em relação a clientes alemães. Por exemplo, consumidores entrariam em contato com o *call center* perguntando como produtos de couro eram produzidos.

▶ Ele teria analisado como gerenciar melhor as devoluções na Alemanha antes do lançamento. No entanto, você precisa ajudar os executivos a ver outros mercados com visão de consumidor – eles estavam olhando para altas taxas de retorno, acima dos níveis das do Reino Unido, pensando que havia algo errado quando, na verdade, são a norma na Alemanha.

▶ Ele pediria aos varejistas que analisassem como habilitar o melhor procedimento de devolução para o consumidor e que entendessem suas expectativas, por exemplo, como implementar reembolsos mais rápidos para o consumidor.

▶ Dave examinaria mais de perto como os consumidores em toda a UE compram de diferentes maneiras e em momentos distintos, por exemplo, o Norte da UE *versus* o Sul da UE e a compreensão dessas variações. Por exemplo,

> os franceses são muito focados em inspiração, os alemães, no uso final e, portanto, o *merchandising* precisa refletir essas variações no comportamento dos consumidores.
>
> ▶ Dave também acredita que as expectativas de atendimento aumentarão na UE e os consumidores não estão preparados para esperar mais de um ou dois dias pelos pedidos.

A Figura 11.1 mostra a abordagem mais comum de localização e as etapas priorizadas ao longo do caminho, e o fato de que todos os componentes básicos precisam estar no lugar para maximizar o retorno da atividade de marketing.

O impacto do idioma em conversões e vendas já é significativo, conforme mostrado na Figura 13.

Por exemplo, a Alemanha é um mercado altamente atraente, devido à sua escala e seu tamanho. No entanto, é um mercado complicado de se obter sucesso, por:

▶ Ser o maior mercado da UE.

▶ Sua população de 81 milhões de habitantes.

▶ Ser um país com 5.700 cidades grandes e pequenas, mas apenas 3 terem mais de 1 milhão de habitantes.

▶ Somente 81 regiões metropolitanas terem mais de 100.000 habitantes.

▶ 37 milhões de pessoas (45% da população total) moram em 300 cidades.

▶ 75% dos alemães terem feito compras on-line.

▶ Taxas de devolução podem passar de 40%.
(Hughes, 2016)

Frequentemente, quando marcas de países anglófonos internacionalizam, no início elas dão preferência a mercados de língua inglesa –

Reino Unido, Estados Unidos, África do Sul, Austrália, Nova Zelândia etc. No entanto, o negócio é muito mais complexo do que elas pensam:

As grades de tamanho são diferentes.

- A terminologia é diferente.
- Canais de marketing se comportam de maneira diferente.
- Métodos de pagamento são diferentes.

FIGURA 11.1 Processo de transição da localização

*O marketing terá retornos limitados até que as outras etapas sejam implementadas

FIGURA 11.2 Conversão pela tradução

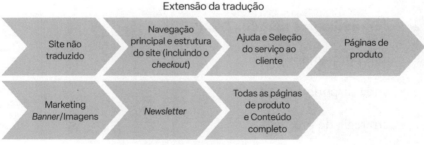

OS FATORES CRÍTICOS DE SUCESSO

- **Visitantes:**
  - lojas físicas;
  - existência de parcerias;

- atividades de marketing, inclusive RP;
- consciência de marca;
- penetração na internet;
- tamanho da população;
- histórico de negociação no mercado.

▶ Conversão:

- experiências do usuário;
- localização, inclusive tradução;
- meios de pagamento;
- custos de entrega;
- proposta de serviços;
- oferta de produtos e adequação ao mercado;
- concorrência: atacado, parceiros e concorrentes locais.

▶ Valor médio dos pedidos (VMPs):

- itens por pedido;
- renda disponível;
- estratégia de preços;
- meios de pagamento;
- custo do envio e limites para promoções.

▶ Devoluções:

- confiabilidade dos parceiros de envio;
- hábitos do cliente;

- grades de tamanhos e clareza das informações sobre os produtos;
- meios de pagamento.

> **Carrinhos abandonados:**

- taxas de entrega;
- meios de pagamento;
- verificação de fraude;
- preocupações com a segurança e a privacidade;
- opções de *checkout* (*checkout* convidado *versus* registro obrigatório);
- informações de *checkout*, processos e facilidade de uso dentro dos padrões de mercado.

O GRANDE SHOPPING DA CHINA

A China está no radar de todos. O tamanho e as proporções do mercado são muito atraentes. Porém, é possivelmente o mercado internacional mais complexo para onde expandir.

Enquanto historicamente o *direct-to-consumer* (D2C) não tem sido grande parte do mercado global, há um número crescente de marcas lançando os próprios canais diretos no mercado. A WeChat, o aplicativo chinês para celular de mídias sociais, também é o divisor de águas para incentivar vendas D2C. O D2C também é um incentivo para engajamento de clientes e a habilidade das empresas de exibirem com eficácia suas marcas, o que é impossível em sites de compras lotados.

A plataforma Tmall é a dominante no mercado chinês, e deveria ser o primeiro canal para qualquer marca que deseje alcance e exposição. Ela detém cerca de 56% do mercado total. A JD.com é outra, com cerca de 22% do mercado, e isso deve ser considerado, ao lado de uma oferta on-line direta na China, para reforçar a proposta da marca (CHADHA, 2017). As margens têm sido um desafio, uma vez que os mercados geralmente são movidos por desconto.

Entretanto, de acordo com um relatório da KPMG de 2016, hoje em dia consumidores chineses tendem a ser mais leais a uma companhia que disponibiliza um apoio excelente ao cliente (51,8%), em comparação com as que oferecem promoções especiais a clientes leais (43,7%). Confiabilidade e atendimento ao cliente são os fatores mais importantes. Uma questão em curso para os proprietários da marca são as mercadorias falsificadas. Nos últimos dois anos, o governo liderou uma apreensão contra falsificações e produtos falsificados para aumentar a confiança do mercado local na compra de produtos locais.

Estes são os principais picos de vendas on-line:

- **Singles Day 11/11:** Este é o maior dia de negociação na China, gerando vendas de US$25,3 bilhões em 2017; 90% das vendas foram feitas em um dispositivo móvel (RUSSELL, 2017).

- **Double 12 Day 12/12:** Este é outro grande dia de *e-commerce*, e festival da lua de outono; em meados de setembro há outro feriado importante para dar pequenos presentes (CIW, 2016).

Com 70.1% comprando on-line porque confiam mais em marcas mundiais do que nas pequenas ou locais, talvez nunca tenha havido momento melhor para as varejistas internacionais acrescentarem a China a seu mapa (KPMG, 2016).

MARCAS ESTADUNIDENSES PRECISAM VIAJAR MAIS

Marcas estadunidenses, definitivamente, têm a oportunidade, se não a necessidade, de expandir seu alcance para novos mercados geográficos. Porém, em sentido geral, elas precisam saber melhor como adaptar suas propostas às questões locais.

Muitos vão para os mercados de língua inglesa para começar, sendo o Reino Unido e a Austrália os principais alvos. A entrada efetiva digitalmente não é tão fácil quanto parece. Algumas das principais considerações que as marcas estadunidenses precisam acertar são:

- Elas têm consciência de marca? Elas podem ter centenas de lojas em seu mercado local nos Estados Unidos, mas os clientes dos novos mercados sabem quem elas são, o que defendem e qual sua proposta de valor para o cliente?

- A Best Buy tentou replicar sua proposta de loja *big-box* de seu mercado local nos Estados Unidos. Acabaram fechando suas lojas na China, na Turquia e na Europa. Na China, um dos desafios foi não conseguir diferenciar suas linhas de produtos das varejistas locais (*International Business Guide*, 2013).

- Tamanho é documento: os tamanhos das roupas nos Estados Unidos são diferentes dos do Reino Unido, que, por sua vez, são diferentes dos da Europa. Você precisa acertar isso, caso contrário vai impactar negativamente as taxas de conversão e gerar uma porcentagem significativa de devoluções.

- Atenção à linguagem: o inglês estadunidense não é o mesmo que o do Reino Unido ou da Austrália. Na verdade, australianos também possuem termos exclusivos. Por exemplo, *thong*[1] no Reino Unido é roupa de baixo/calcinha, mas na Austrália é um par de chinelos! *Fall*, nos Estados Unidos, que no Reino Unido é *autumn season*, neste último país significa cair!

- A Austrália é contrassazonal. Eles estão no hemisfério sul. O verão deles é inverno nos Estados Unidos e no Reino Unido. Portanto, você precisa de uma gama de produtos bem diferentes dos que vende em seu mercado local.

- Você espera que os consumidores do Reino Unido ou da Austrália paguem taxas e impostos sobre o custo do produto, sendo que muitas vezes eles poderão comprar produtos similares no próprio mercado sem esses custos extras?

- Você acha que consumidores no Reino Unido e na Austrália querem pagar em dólar estadunidense ($US), libras (£GBP) e dólar australiano ($AUS)?

---

[1] Tanga ou sandália, em inglês. (N. T.)

- Como você gerenciará o atendimento ao cliente? Você está em um fuso horário muito diferente do desses países.

Quando dá errado e por quê

Expectativas podem ser altas demais sobre retorno financeiro. Leva tempo para desenvolver, sobretudo se você tem pouca ou nenhuma consciência de marca. Portanto, você precisa de paciência e apoio da diretoria.

Subestimar o custo do investimento – internacionalização on-line não é barato. Você tem uma série de coisas em que pensar que exigirão investimento. São elas:

- recursos/número de funcionários;
- tradução;
- adaptar sua tecnologia para apoiar meios de pagamento locais;
- mudar a interface da experiência do cliente onde necessário;
- marketing: custos de aquisição e retenção;
- gestão de logística reversa (devoluções);
- satisfação;
- atendimento ao cliente.

PRINCIPAIS BARREIRAS

- Falta de localização: esta é a principal causa e efeito do desempenho baixo.
- Marketing nas áreas erradas: você precisa testar e aprender depressa.
- Recursos insuficientes – como destacado acima.
- Reconhecimento fraco de marca – é preciso investimento para construir uma marca em um mercado novo, frequentemente em publicidade acima da média e mídias mais tradicionais.

▶ Falta de *buy-in* em todos os níveis: junto com os orçamentos de marketing, muitas vezes o internacional é o que sofre com a redução em investimentos quando a empresa tem de "reduzir gastos". Ninguém compra a oportunidade logo de cara. Portanto, é crucial garantir seu envolvimento com um amplo leque de *stakeholders* em toda a empresa para levá-los com você durante a jornada e para que eles entendam do que se trata a oportunidade.

DICAS PRÁTICAS PARA MELHORAR A EXPERIÊNCIA DO CLIENTE

Os 11Cs da internacionalização:

1. Escolha o **país (country)** certo para onde expandir.
2. Entenda o **comportamento do consumidor** no mercado local.
3. Adeque a **comunicação** com o cliente ao local.
4. Adeque **a cultura e o clima** ao local.
5. Ofereça um **serviço ao cliente (customer service)** adequado ao local.
6. Entenda a cadeia de valor e as propostas de seus **concorrentes**.
7. Ofereça **câmbio e meios de pagamento** apropriados.
8. Saiba o que é uma boa **conversão** e como entregá-la.
9. Considere os **canais de vendas** mais apropriados.
10. Pense no **conteúdo** local.
11. **Equipe (crew)**: considere os recursos humanos e a estrutura adequados à internacionalização.

Dica extra: defina como você ganhará confiança nos novos mercados.

OS 11Cs DA INTERNACIONALIZAÇÃO

Vários anos atrás, criei um modelo para internacionalização que ainda serve atualmente na hora de considerar a oportunidade e os desafios da internacionalização. Também funciona bem ao se considerar como deve ser a experiência do cliente. Publicado sob permissão da

Econsultancy em janeiro de 2012, o artigo inteiro, intitulado "The Internationalization of E-commerce: a Best Practice Guide" ("A internacionalização do *e-commerce*: um guia de boas práticas", em tradução livre), pode ser acessado aqui: https://econsultancy.com/reports/the-internationalisation-of-*e-commerce*. Chama-se "Os 11Cs da internacionalização" (veja o box acima "Dicas práticas para melhorar a experiência do cliente", e veja abaixo os detalhes expandidos).

❶ ESCOLHA O PAÍS (COUNTRY) CERTO PARA ONDE EXPANDIR

QUADRO 11.2 Modelo de priorização do país

PARA ANÁLISE	CONSIDERAÇÕES
Análise da concorrência	Tamanho da oportunidade: marcas do mercado local e empresas financeiras com *market share*
Estratégia de preços	Avaliar produtos similares no mercado para mapear expectativas de preço do cliente
Distribuição e logística	Custos de envio, taxas de importação, facilidades de devolução, parceiros locais
Idiomas esperados	Custo de sites totalmente traduzidos *vs* países que comercializam em inglês
Consciência existente	Quantidade atual de visitantes no site, parceiros por atacado já existentes
Custos de marketing	Revisão por território para custos de RP, custos de PPC etc.
Estudos de caso	Revisão de marcas semelhantes e suas experiências *vs* pavimentar o caminho
Tamanho e necessidade da oportunidade	Analisar a adequação do produto ao mercado

❷ ENTENDA O COMPORTAMENTO DO CONSUMIDOR NO MERCADO LOCAL

A análise de mercado deve ser clara em relação à segmentação de clientes e até que ponto a oferta de seu produto ou serviço é relevante e intimamente alinhada com seus clientes locais.

- penetração de banda larga/móvel;
- uso de cartão de crédito/PayPal;

- expectativas de satisfação/entrega;
- demografia, estilo de vida, comportamento.

③ ADEQUE A COMUNICAÇÃO COM O CLIENTE AO LOCAL

- Marketing, atendimento ao cliente e conteúdo.
- É necessário conteúdo no idioma local? Se sim, os usuários provavelmente também vão esperar um atendimento ao cliente no idioma local.
- Você usará recursos de idioma local interno ou apenas de terceiros? Os custos para diferentes países afetarão o ROI.
- Mesmo com recursos internos, você provavelmente precisará de suporte de marketing/RP no país para garantir que o plano seja otimizado.

④ ADEQUE A CULTURA E O CLIMA AO LOCAL

- Na Suécia, funcionalidade e velocidade são os fatores mais importantes. Na França, o foco é o design.
- Também há questões operacionais básicas a considerar – feriados nacionais, carga horária etc.
- Há questões estratégicas mais importantes sobre se você também precisa adequar ao local a gama de produtos.

⑤ OFEREÇA UM *SERVIÇO AO CLIENTE (CUSTOMER SERVICE)* ADEQUADO AO LOCAL

- Como você gerenciará pedidos e queixas de clientes de fusos horários variados?
- O horário de funcionamento pode ser afetado ao entrar nos mercados em diferentes fusos horários.
- Quantos idiomas sua equipe de atendimento ao cliente comporta?

> Envio e o último quilômetro da entrega.

⑥ ENTENDA A CADEIA DE VALOR E AS PROPOSTAS DE SEUS CONCORRENTES

Considere o marketing, o *market share* e o posicionamento para entender como ganhar vantagem competitiva em relação a:

> concorrentes locais;

> outros concorrentes internacionais on-line.

⑦ OFEREÇA CÂMBIO E MEIOS DE PAGAMENTO APROPRIADOS

> Alemães pagam por ELV[2] ou débito em conta.

> Escandinavos gostam de cobrança na entrega (*Cash on Delivery*, COD).

> Chineses costumavam preferir o COD, mas isso está mudando.

> Seu provedor de meios de pagamento pode atender a todos os métodos que os clientes queiram usar?

⑧ SAIBA O QUE É UMA BOA CONVERSÃO E COMO ENTREGÁ-LA

> Quais KPIs você deve esperar em países diferentes? Em si, os KPIs são diferentes?

> Como garantir aos clientes que é confiável comprar na sua empresa?

⑨ CONSIDERE OS CANAIS DE VENDAS MAIS APROPRIADOS

> Se você tem lojas no país, vai disponibilizar serviços multicanal?

---

[2] *Elektronisches Lastschriftverfahren*, uma forma popular de transação de débito em conta na Alemanha. (N. T.)

- Como as vendas diretas on-line impactarão seu relacionamento com os atacadistas locais e franqueados?

- Que tipo de proposta para serviços móveis você deve apresentar? Na Holanda, por exemplo, a penetração em *smartphones* é alta, mas transações móveis, baixas.

- Plataformas de compra.

⑩ PENSE NO CONTEÚDO LOCAL

- Não é só a linguagem que precisa mudar – você também necessitará de uma estratégia de conteúdo apropriada para cada mercado que deseja atingir.

- Seu CMS (Sistema de Gerenciamento de Conteúdo) deve permitir níveis adequados de acesso e controle sobre o conteúdo criado.

⑪ *EQUIPE (CREW)*: CONSIDERE OS RECURSOS HUMANOS E A ESTRUTURA ADEQUADOS À INTERNACIONALIZAÇÃO

- Que recursos você fornecerá à equipe?

- Você consegue fazer tudo da sede da sua empresa?

- Idioma/serviço conforme local.

- Marketing conforme local.

DICA EXTRA: DETERMINE COMO VOCÊ GANHARÁ CONFIANÇA NOS NOVOS MERCADOS

- Diga a eles há quanto tempo você está estabelecido.

- Se você possui lojas em seu mercado de origem, deixe claro. Elas fornecem credibilidade.

- Disponibilize um telefone para contato na página inicial de seu site.

COM A PALAVRA, O PROFESSOR MALCOLM McDONALD

As considerações a seguir são relevantes para qualquer organização que pensa em fazer marketing internacional:

- Se devem comercializar no exterior.
- Como escolher onde comercializar no exterior.
- Uma vez lá, como ter sucesso.

O primeiro desses itens é o mais importante, e é representado pelo terceiro quadrante da famosa Matriz de Ansoff (1980): desenvolvimento de mercado. Conforme mencionado neste capítulo, é mais arriscado entrar em novos mercados do que apresentar novos produtos em mercados onde clientes conhecem você e confiam na sua marca. Entretanto, presumindo que você decidiu entrar em novos mercados internacionais, o próximo item se relaciona a comercializar no exterior.

Esse item deveria ser fácil de abordar, já que haverá países em que as oportunidades de sucesso são maiores que em outros e onde você terá mais oportunidades para ser competitivo. Mas é prudente agir com racionalidade nessa questão, e, como Martin apontou, se você é uma marca estrangeira, seria insensato ignorar mercados como a China. Uma vez lá, o sucesso dependerá inteiramente de procedimentos tradicionais de marketing, que agora vou detalhar.

Simplificando, o marketing internacional é o desempenho da tarefa de marketing além das fronteiras nacionais. O método básico, no entanto, não difere em nada do marketing local, e os princípios envolvidos permanecem os mesmos. Logo, um fornecedor precisa fazer pesquisa de mercado, identificar um mercado-alvo, desenvolver produtos apropriados, adotar uma política condizente de preços, promover vendas e assim por diante. Apesar disso, sempre que as organizações começam a operar fora de seus mercados locais, são os empreendimentos mais bem-sucedidos os que mais parecem sofrer.

Isso levou acadêmicos e profissionais a se perguntarem o porquê. Examinando, o que fica claro é que, embora os princípios sejam os mesmos, o contexto é diferente, e adotar um *mindset* similar para plataformas de mercado internacionais pode gerar problemas. O que vem à tona em seguida é a importância das diferenças, em vez das semelhanças envolvidas ao se comercializar no exterior. Nesse âmbito, torna-se importante reconhecer que o controle que se pode exercer sobre o mix de marketing é reduzido, dependendo de como o fornecedor adentra esse mercado. Deixe-me começar resumindo alguns fatores ambientais que devem ser levados em conta, mostrados no Quadro 11.3.

QUADRO 11.3 Fatores ambientais que afetam o marketing global

FATOR AMBIENTAL	EXEMPLO
Sistema Legal	Contraste entre lei comum, lei civil e lei com base em sistemas religiosos
Ideologia política governamental	Varia de ditaduras totalitárias a democracias liberais
Vínculos históricos	Podem ser positivos e negativos. Ex-colônias muitas vezes possuem vínculos benéficos, enquanto rivalidades nacionais de longa data podem gerar dificuldades
Atitude em relação a investimentos estrangeiros	Algumas localidades o estimulam com subsídios financeiros, enquanto outras impõem como condição, digamos, intercâmbio tecnológico
Divisão cultural Norte/Sul	A maioria das regiões do mundo vê diferenças em atitudes, comportamentos e consumo
Infraestrutura tecnológica	Pode incluir transporte, telecomunicações, institutos de pesquisa, acesso a fontes de energia e assim por diante
Desenvolvimento econômico	Em geral, o nível de industrialização afeta os níveis de prosperidade, desenvolvimento da infraestrutura, saúde pública e assim por diante
Papel e influência do governo	Alguns governos legislam amplamente, como o de Singapura, enquanto outros possuem níveis baixos de iniciativa e intervenção estatal, como os Estados Unidos.

Por exemplo, os Estados Unidos possuem uma economia de livre mercado altamente desenvolvida, que contém uma forte cultura automobilística e hábitos de compra específicos. A Tesco entrou nesse mercado apesar de uma mudança similar já ter se provado um pesadelo para a Marks & Spencer e a Sainsbury. Eles introduziram uma nova marca, as lojas Fresh e Easy, conforme o modelo das lojas da Tesco

Express na Grã-Bretanha, e se especializaram em uma gama limitada de "alimentos integrais que não custam todo o seu salário do mês". Porém, lojas locais para compras maiores de supermercado eram a contracultura: mercados altamente competitivos promoviam a escolha como uma expectativa para o consumidor dos Estados Unidos, e o foco no preço e na conveniência é o que os estadunidenses fazem melhor que qualquer outra pessoa. A Tesco acabou se retirando, com perdas de aproximadamente £1 bilhão. A seguir, uma lista de outros fatores que tornam o marketing internacional mais complexo:

- idioma;
- gostos e modismos;
- requisitos para embalagens;
- ambiente físico (temperatura, umidade);
- fornecimento de energia;
- medidas de segurança;
- estrutura e tamanho das famílias;
- horário comercial;
- o que é educado e o que não é;
- regras sociais;
- níveis de alfabetização;
- infraestrutura de comunicação;
- práticas de distribuição;
- métodos de transação.

No entanto, os princípios para o sucesso são sempre os mesmos, e são os seguintes:

- Compreender o mercado com profundidade.

▶ Segmentos baseados em necessidades-alvo.

▶ Fazer uma oferta específica para cada segmento.

▶ Ter diferenciação, posicionamento e *branding* claros.

Com essas regras, onde quer que você faça negócios no mundo, será bem-sucedido. ■

REFERÊNCIAS

ANSOFF, H. I. Strategic Issue Management. *Strategic Management Journal*, v. 1, n. 2, p. 131-148, 1980.

CHADHA, R. Alibaba's Tmall Maintains Reign Over China's Retail *e-commerce*. On-line, 2017. Disponível em: <https://retail.emarketer.com/article/alibabas-tmall-maintains-reign-over-chinas-retail-ecommerce/58ada2369c13e50c186f6f32>. Acesso em: 1 dez. 2017.

CIW. Alibaba Double 12 Promotion Focuses on Social Commerce in 2016. On-line, 2016. Doisponível em: <https://www.chinainternetwatch.com/19392/alibaba-double-12-2016/>. Acesso em: 1 dez. 2017.

HUGHES, I. Key Considerations for Targeting the German eCommerce Market. On-line, 2016. Disponível em: <https://www.salesoptimize.com/german-ecommerce-market/>. Acesso em: 1 dez. 2017.

INTERNATIONAL BUSINESS GUIDE. 10 Successful American Businesses That Have Failed Overseas. On-line, 2013. Disponível: <https://www.internationalbusinessguide.org/10-successful-american-businesses-that-have-failed-overseas/>. Acesso em: 19 dez. 2017.

KPMG. China's Connected Consumers 2016. On-line, 2016. Disponível em: <https://assets.kpmg.com/content/dam/kpmg/cn/pdf/en/2016/11/china-s-connected-consumer-2016.pdf>. Acesso em: 1 dez. 2017.

NEWMAN, M. The Internationalisation of E-commerce: A best practice guide. London: Econsultancy. On-line, 2012. Disponível em: <https://econsultancy.com/reports/the-internationalisation-of-e-commerce>. Acesso em: 15 jun. 2018.

RUSSELL, J. Alibaba Smashes Its Single's Day Record Once Again as Sales Cross $25 Billion, *TechCrunch*. On-line, 2017. Disponível em: <https://techcrunch.com/2017/11/11/alibaba-smashes-its-singles-day-record/>. Acesso em: 2 maio 2018.

UPS. Pulse of the On-line Shopper. On-line, 2017. Disponível em: <https://solutions.ups.com/ups-pulse-of-the-on-line-shopper-LP.html?WT.mc_id=VAN701693>. Acesso em: 12 dez. 2017.

12

Comunicação de **marketing** centrada no **cliente**

O QUE VOCÊ APRENDERÁ NESTE CAPÍTULO?

▶ Como o mix de comunicações de marketing mudou e o que isso significa para os conjuntos de habilidades e atividades.

▶ *Growth hacking* explicado, e a oportunidade que ele oferece.

▶ As oportunidades apresentadas pelo marketing de proximidade.

▶ A jornada do cliente em evolução, e o que isso significa para a atividade de prospecção.

▶ Os pontos de contato adquiridos, comprados/pagos nos pontos de contato da jornada do cliente.

Como os tempos mudaram. Em 2005, uma publicidade tradicional ainda seria a primeira coisa em que você pensaria quando o assunto era obter novos clientes. O Google AdWords ainda era relativamente incipiente. Embora algumas abordagens tradicionais ainda tenham um papel importante a desempenhar, principalmente do ponto de vista do reconhecimento da marca, canais de marketing digital são os principais incentivos para prospecção e retenção de clientes.

Por padrão, a lealdade envolve o foco em um conjunto mais restrito de clientes já existentes. No entanto, discordo fundamentalmente do ponto central que sempre ouço sobre lealdade – que ela está morta e não agrega mais valor. A noção de que, de alguma forma, a lealdade deu o que tinha que dar. Discordo, porque os consumidores nunca foram tão leais. Não porque não desejem ser, mas porque não viam o valor de ser leal a uma ou outra marca.

Varejistas, marcas de bens de consumo, agências de viagens, financeiras e *players* importantes em outras verticais têm se esforçado para entender o que impulsiona a lealdade. Deve ser mais que um programa genérico baseado em pontos. Também deve agregar valor de mais formas do que simplesmente oferecendo um incentivo para a próxima compra. Eu argumentaria, ainda, que a lealdade tem de proporcionar o valor que os consumidores buscam; portanto, em termos de causa e efeito, ela não foi entregue, e, como consequência, o comportamento do consumidor se alinhou a isso, de modo que os consumidores se tornaram inerentemente desleais.

Programas de fidelidade e CRM melhores, bem-pensados e mais completos farão diferença? Sim, farão. Mas as empresas precisam ir mais longe. Elas precisam parar de pensar em si mesmas no contexto tradicional de que "vendem coisas" e "vendem serviços", e mudar para um modelo em que se comportam como uma empresa de atendimento ao cliente que por acaso vende produtos e serviços. Essa é uma forma totalmente diferente de trabalhar e se comportar. Uma forma que tanto os clientes atuais quanto os novos levariam muito mais a sério, já que começariam a perceber o quanto gostam da empresa em questão e quanto essa empresa se importa com eles. É uma proposta de valor totalmente nova para o cliente.

Não podemos nos esquecer do valor de clientes leais. É o que chamamos de efeito Pareto. A maioria das empresas gera uma porcentagem considerável de suas vendas a partir de uma pequena porcentagem da base de clientes. Se eu fosse uma empresa voltada para o consumidor e gerasse de 70% a 80% de minhas vendas de 20% a 25% de meus clientes, ia querer saber quem eram esses 20% a 25%, o que os tornava tão leais e como eu poderia encontrar mais clientes exatamente como eles. Isso influenciaria em que eu investiria meu orçamento.

Então, o que de fato mudou na estratégia de comunicações de marketing?

Afinal, a maioria dos princípios básicos permanecem:

> Você precisa identificar quem é o cliente. É claro que, conforme discutido anteriormente, há muitos tipos diferentes de clientes, não apenas um segmento abrangente de cliente ou *persona*. A chave é identificar

um pequeno número de segmentos ou grupos em que você possa focar e onde possa criar uma proposta que se alinhe com eles.

> Você precisa descobrir como atraí-los até sua loja ou seu site.

> Você precisa compreender os novos canais que podem ajudá-lo a ampliar seu alcance e impulsionar uma prospecção de clientes mais eficaz, incluindo o item shopping do Google e automação de marketing.

> Você precisa saber como alavancar o *growth hacking*: trabalhar pelas bordas para conseguir fazer um marketing viral barato.

> Você precisa entender que as mídias sociais são importantes demais para serem consideradas apenas uma parte da comunicação de marketing. Embora elas sejam um canal de comunicação de marketing, são muito mais estratégicas do que isso. Veja o Capítulo 14 para uma definição integral do papel estratégico que as mídias sociais devem desempenhar em sua empresa.

GROWTH HACKING EM MAIS DETALHES

Comunicações tradicionais de marketing têm objetivos variados, inclusive aumentar a consciência de marca. O *growth hacking* foca o crescimento da base de dados de clientes e, subsequentemente, o crescimento das vendas e da lucratividade. Por definição, é um método tipo "teste e aprove" para iniciativas de marketing mais baratas e de crescimento alto.

Growth hackers argumentariam que existe um *mindset*, e não um conjunto de ferramentas. É um estado de espírito que, para ser eficaz, deve permear a organização.

A seguir, alguns exemplos de *growth hacking*.

◢ O growth hack do Facebook

O Facebook é a maior rede social do mundo, com aproximadamente 1,9 bilhões de usuários ativos por mês. O Facebook usou *growth hacking* para incentivar engajamento e novos inscritos. Eles alavancaram as notificações por e-mail para estimular níveis significativos de participação. Consumidores recebiam e-mails afirmando que eles haviam sido marcados no Facebook. Isso estimulou um nível incrivelmente elevado de ativação e resposta, com quantidades imensas de inscrições (*Growth Hackers*, [s.d.]).

◢ Airbnb

Quando o Airbnb foi lançado, seu objetivo era expandir depressa e aumentar a base de usuários. Para conseguir isso, eles planejaram um engenhoso esquema pelo qual usuários que postavam sua propriedade no Airbnb recebiam a opção de colocar o anúncio no Craigslist. Considerando que o Craigslist tinha uma base de dados imensa de milhões de usuários, isso deu ao Airbnb acesso a um vasto público em potencial. Quando a postagem do usuário era publicada no Craigslist, havia um link que o levava de volta ao Airbnb. Essa iniciativa de *growth hacking* permitiu ao Airbnb expandir rapidamente sua base de usuários, explorando a base de clientes de outras pessoas (WALSH, 2015).

◢ Dropbox

O Dropbox surgiu como um plano inteligente de expandir clientes já existentes, a fim de incentivar a prospecção de clientes por meio de um esquema de referências. O Dropbox fornece espaço de armazenamento extra para quem fez a referência e para o novo cliente. Isso gera engajamento e investimento dos usuários em seu produto principal (VEERASAMY, 2014).

◢ Hotmail

O Hotmail desenvolveu um *growth hack* altamente eficaz. Eles colocaram uma mensagem e um *hyperlink* no fim de cada mensagem de e-mail do Hotmail distribuída dizendo "P.S: Eu te amo. Obtenha seu e-mail gratuito no Hotmail". Assim, eles alavancaram sua base de clientes, que não estavam cientes de promoverem inadvertidamente o Hotmail aos destinatários de seus e-mails, que se inscreveram em contas do Hotmail.

Alavancaram o próprio canal de propaganda gratuita e adquiriram uma quantidade imensa de novos usuários nesse processo (CARD, 2017).

◢ **Ticketmaster**

De forma bem-sucedida, a Ticketmaster usou um cronômetro em contagem regressiva para criar "urgência" em incentivar usuários a comprar passagens mais depressa. Esse *hack* funcionou bem para alavancar o crescimento (*Kentico.com*, [s.d.]).

COMPETÊNCIAS E HABILIDADES REQUERIDAS NO MARKETING ATUAL

Apesar de uma tecnologia de marketing cada vez maior em jogo, inclusive em aprendizado de máquina e automação, bons profissionais de marketing digital podem ajudar a garantir que você maximize o ROI a partir de todas as suas atividades. O desafio aqui é que profissionais de marketing digital não cresceram no mundo tradicional. Eles cresceram com dados, métricas e ROI.

Profissionais de marketing digital não têm a menor ideia sobre consciência de marca, já que isso não é medido no topo de funil, mas apenas na conversão. Sem dúvida, são focados demais no retorno sobre os gastos com publicidade (ROAS, na sigla em inglês). Profissionais de marketing digitais sabem que precisam trabalhar mais no topo do funil para construir consciência, mas eles não estão fazendo isso com as ferramentas certas, por exemplo, busca e exibição pagas. As duas funções podem se ajudar, mas a maior parte do foco está na que pode ser diretamente mensurada, como busca paga. Em última instância, esses grupos de profissionais de marketing analíticos e criativos precisam se unir, planejar em conjunto e entrar num acordo sobre qual é o papel de cada canal de marketing em criar consciência, consideração e, depois, a compra. Atualmente, as habilidades de marketing estão muito separadas por áreas. Ou você trabalha com mídias sociais, ou é especialista em marketing de mecanismo de busca (SEM, na sigla em inglês) ou de buscas pagas. É claro que isso não está relacionado apenas a aptidões; a causa e o efeito também se devem ao fato de as empresas focarem excessivamente o ROI e o plano de negócios. Isso gera diminuição de investimentos no teste e no aprendizado, bem como em atividades que constroem a marca. O outro lado desse desafio relacionado a profissionais de marketing digital é o desafio enfrentado por quem vem de um ambiente de marketing tradicional. A TV mudou para a programática. O foco está mais relacionado a exposição e alcance do que a vender coisas. Os profissionais de marketing tradicionais entendem de econometria; de dados, nem tanto.

◢ Marketing deve ser divertido

Um canal de marketing subutilizado é o *streaming* de vídeo. Ele não funciona somente para eventos. Consumidores têm altos níveis de engajamento com *streamings* de vídeo ao vivo, principalmente porque são reais. Eles também fazem seus clientes se sentirem especiais e podem ser um estímulo muito eficaz de vendas e conversões, sobretudo quando agregam valor ao cliente fazendo-o dar uma olhadinha em novos produtos ou uma visão interna de sua marca. Adoramos autenticidade, e *streamings* de vídeo ao vivo proporcionam isso. Sim, são arriscados, mas também permitem que uma marca revele uma "face humana" e, em certo nível, vulnerabilidade, o que, em épocas de programática, aprendizado de máquina e IA, não é nada ruim. Também joga com a nova e grande tendência do "comércio conversacional".

Você pode incentivar defensores de sua marca a falar sobre por que eles adoram você e, fazendo isso, lembrar seus clientes do que o torna grande, além de promover ofertas para eles. Mark Zuckerberg, fundador do Facebook, disse, em sua videoconferência de resultados em julho de 2016, que estamos migrando para um mundo onde o vídeo vem em primeiro lugar, e em que o vídeo está "no coração de todos os nossos aplicativos e serviços" (ZUCKERBERG, 2016). A Cisco afirmou que, até 2019, eles esperam que 80% do tráfego do mundo da internet esteja relacionado a vídeos (*Cisco*, 2017).

NÃO SUBESTIME O VALOR DO MARKETING VIRAL

O *growth hacking* não é a única coisa que incentiva o marketing viral. Nos primeiros vinte anos de vida da Ted Baker, a marca não fez nenhuma propaganda tradicional. Suas vitrines eram a principal ferramenta de prospecção de clientes. O que eles perderam em termos de alcance por meio das mídias tradicionais, sem dúvida eles mais do que compensaram recorrendo a um maior tráfego nas lojas do que os outros varejistas, ao mesmo tempo incentivando o boca a boca, gerado pelo curioso e envolvente cenário que pode ser visto tanto nas vitrines como no interior das lojas. Craig Smith, diretor comercial digital, anteriormente diretor de comunicação da marca, me contou sobre como isso contribuiu com a "mística" por trás da marca. Frequentemente, as pessoas perguntam: quem é Ted Baker? Ted Baker reconhece o papel que o marketing digital desempenha e investe em diferentes atividades de marketing digital para estimular vendas on-line e o tráfego em suas lojas físicas.

MARKETING DE PROXIMIDADE: FIQUE MAIS PERTO DE SEUS CLIENTES NO "MOMENTO DA INTENÇÃO"

Uma das oportunidades de marketing relativamente inexploradas está no marketing de proximidade.

Isso é aproveitado quando um cliente está em uma instalação física – ou perto dela. Acredito que isso se tornará muito mais difundido no futuro. Afinal, tem muito a oferecer às empresas voltadas para o consumidor em termos de convencer alguém nas proximidades de um restaurante, de uma loja ou uma concessionária. Isso pode impulsionar a conversão quando um consumidor pretende fazer uma compra e também incentivar uma decisão de compra espontânea. O marketing de proximidade via *web* por meio de *smartphones* é muitas vezes mais eficaz do que o marketing por e-mail. No entanto, a grande maioria das empresas de bens consumo ainda não experimentou o marketing de proximidade e o *web-push*. Conforme avançamos para a era do comércio de conversão e pesquisas ativadas por voz, as estruturas de dados e avaliações se tornarão extremamente importantes, já que seremos ainda mais influenciados pelas percepções de outras pessoas como nós em relação ao restaurante ou ao hotel que estamos querendo reservar. "Encontre para mim o melhor restaurante nas proximidades" ou "a melhor loja de roupas" exigirá repensar a maneira como vendemos a nós mesmos.

O grupo Sumo descobriu que a taxa de abertura de uma mensagem *web-push* é de 46%, e a taxa de cliques é de 6,3%, enquanto os e-mails têm uma taxa de abertura de 17% e uma taxa de cliques de 2,3% – o que significa que 2,7 vezes mais pessoas abrirão e clicarão em uma mensagem *web-push* (Sumo Group, 2017).

De 2005 a 2015, as vendas das lojas de departamento nos Estados Unidos caíram 31,2%. Portanto, o marketing de proximidade tem um papel importante a desempenhar tanto em garantir que ajuda a impulsionar a conquista de clientes alcançando-os nas proximidades de suas lojas com promoções e mensagens relevantes, mas também fazendo coisas parecidas quando os clientes estiverem dentro das lojas. O marketing de proximidade pode ajudar a impulsionar a conversão e também aumentar os valores médios dos pedidos e as unidades por transação na loja (Proximity Directory, 2017).

Cerca de 90% de todos os consumidores são inscritos em uma empresa de marketing de proximidade, onde podem acessar cupons, promoções e ofertas especiais. Então, claramente há demanda para soluções de marketing de proximidade que agregam valor ao cliente. Varejistas dos Estados Unidos adotam mais cedo soluções de proximidade de marketing que outros países. O Walmart começou a implementar soluções de proximidade de marketing em 2014, e a Target, um ano depois, em 2015. A Macy's tem soluções de proximidade em todas as suas lojas.

Tecnologias de proximidade também permitem aos varejistas e outras empresas voltadas para o consumidor que façam o que já fazem on-line – ou seja, rastrear com mais precisão o comportamento do cliente e adaptar o *layout* da loja, a fim de atender às necessidades dos clientes de forma mais eficaz.

Aqui estão alguns exemplos, gentilmente cedidos pela Proximity Directory, de iniciativas bem-sucedidas de marketing de proximidade:

1. Mondelez International (Cadbury), que fez parceria com lojas de conveniência da Mac no Canadá (de propriedade da Couche-Tard). Eles fizeram seis tipos de oferta ao longo de 30 dias para clientes conectados ao *wi-fi*: 3.244 clientes aceitaram; 14% que receberam um cupom o resgataram. Os clientes que participaram retornaram aos

seus Mac's locais com uma frequência 25% maior que anteriormente. Portanto, isso gerou um aumento na conversão e na retenção.

❷ A Proximus, varejista belga de eletrônicos, aproveitou 10 *beacons* em sua loja na Antuérpia para enviar mensagens aos clientes que instalaram o "MyProximus *App*", e chamou a atenção deles com uma promoção oferecendo diferentes *gadgets* diferentes, de bastões de *selfie* a braceletes. Isso atraiu 640.000 usuários do aplicativo.

❸ A Unilever e a Magnum fizeram uma campanha de marketing de proximidade para promover as novas lojas *pop-up* da Magnum. Essa iniciativa gerou o envio de 85.000 notificações *push*, das quais 3.279 usuários abriram as notificações e 1.785 usuários visitaram a loja. Isso representou uma taxa de conversão de 54% daqueles que abriram as notificações *push*.

(PROXIMITY DIRECTORY, 2017)

"VEJA AGORA, COMPRE AGORA" ESTIMULA A SATISFAÇÃO IMEDIATA

Embora não seja o único domínio do marketing de proximidade, a ascensão do "veja agora, compre agora" se tornou um estímulo para a satisfação imediata. Isso tem prevalecido no setor da moda, com uma proposta "compre na passarela". No passado, quando os desfiles de moda eram o cenário para os estilistas mostrarem seu talento, muitas vezes com produtos que nunca seriam produzidos em massa, hoje em dia é possível fazer as duas coisas. É possível mostrar peças únicas e exclusivas, mas também estilos mais "usáveis", que os clientes podem "comprar agora".

Experimentei isso em primeira mão quando fui convidado do Alibaba como varejista global e *influencer* em *e-commerce*, no "Festival Mundial de Compras" do Singles Day deles. Durante o evento de gala, que é a preparação na noite anterior ao início do evento, há muitos astros *pop* internacionais e locais, estrelas do esporte e outras celebridades que aparecem e se apresentam; eles promovem os produtos usados pelas celebridades ou os produtos em destaque para os consumidores em seus *apps* para celular Tmall. Isso gera um grande aumento na demanda por esses itens específicos.

◢ Onde invisto meu orçamento para buscas pagas?

Não vamos esquecer que a maioria das pesquisas de produtos agora começa na Amazon, e não no Google. Essa é uma mudança no jogo, tanto em termos de onde você maximizará seu alcance por meio de pesquisas como também onde sua marca e produtos precisam aparecer em primeiro lugar.

FIGURA 12.1 ▸ O cliente

A busca ativada por voz também terá um papel aqui, e possui muito potencial. Porém, você terá que pagar para estar no topo das listagens quando alguém perguntar ao Amazon Echo (Alexa), ao Genie da Tmall ou ao Home do Google "Que vinho devo comprar para acompanhar minha refeição hoje à noite?" ou "Onde posso comprar a melhor TV?".

Independentemente da atividade que você implementar, não deixe de enviar os clientes a páginas iniciais com conteúdos relevantes relacionados ao anúncio que levou esses clientes para lá no início.

◢ Muitas vezes, o marketing é uma função isolada

Muitas empresas operam em canais isolados. Acredito que tudo esteja conectado e, para estimular o crescimento, uma abordagem holística para planejar mídias cruzadas *e-commerce* é essencial (veja a Figura 14). Equipes de prospecção e retenção precisam trabalhar de mãos dadas com operadores de *e-commerce* para garantir que cada clique pago seja otimizado para converter e dar retorno.

A ATRIBUIÇÃO DE RESPONSABILIDADES DEVE LEVAR À INTEGRAÇÃO DOS TIMES E DAS ATIVIDADES

Departamentos de RP, outrora utilizados apenas para lidar com jornalistas e RPs, agora têm de trabalhar no universo dos *blogs* digitais. Porém, as métricas mudaram. Não se trata somente de alcance e consciência, mas o alcance do blogueiro desempenha um papel central em geração de *links* de entrada para SEO. Muitas equipes de marketing de empresas voltadas para o consumidor trabalham separadas do departamento digital de SEO, considerando o SEO corruptível – usando coisas como "preenchimento de palavras-chave" –, portanto relutam em trabalhar em conjunto (e, devido às diferenças na maneira como ambos cresceram e foram treinados, eles não sabem como trabalhar juntos nem as vantagens que há nisso).

A maioria dos líderes de marketing nível diretoria são profissionais de marketing tradicionais. Embora muitos tenham corajosamente tentado abraçar o novo mundo digital, para a maioria isso passou batido. Eles nunca implementaram o digital e, portanto, não o entendem totalmente. Creio que essa seja a maior mudança no marketing – líderes que desejem gerenciar uma organização efetiva precisam reconhecer as próprias habilidades limitadas de marketing e garantir que as equipes estejam alinhadas e trabalhando em conjunto, pensando na jornada do cliente ao planejar os gastos com marketing, não o canal. Para isso, os líderes precisam ser corajosos – obtendo treinamento analítico básico –, a fim de compreenderem os KPIs pelos quais estão mensurando suas equipes digitais e de entenderem como seus profissionais de marketing analíticos e criativos podem trabalhar melhor em conjunto. Com uma minoria de profissionais de marketing tradicionais, alguns foram longe demais no marketing digital e se esqueceram da importância da marca e da propaganda tradicionais. Claro, os clientes não se importam com nada disso. Tudo o que importa para eles é receber comunicações de marketing em que se inscreveram e que lhes agreguem valor!

Você precisa focar todos os aspectos do funil do cliente (Figura 12.2) para ser bem-sucedido on-line. Com todas as alavancas de negociação sob controle, o crescimento rápido se torna mais atingível. A experiência de marketing permite que você use os canais certos para o crescimento dos clientes, não apenas dos óbvios, e seu foco na retenção garante que esses clientes voltem. Foque dados, análise e experiência do usuário para garantir que vocês fiquem especialistas em identificar e remover obstáculos à conversão. Sempre busque maximizar a experiência do cliente para alavancar a satisfação e estimular novas compras.

Conforme discutimos acima e também no Capítulo 7, quando falamos sobre design organizacional, um dos pontos de partida para desenvolver um marketing verdadeiramente centrado no cliente é garantir que as funções de marketing digital e as mais tradicionais de sua marca estejam trabalhando lado a lado. De outra forma, o cliente não terá o benefício de receber comunicações consistentes em todos os pontos de contato de sua empresa. Contextualizando essa afirmação (veja a Figura 12.3), o caminho que os clientes percorrem não é mais linear.

FIGURA 12.2 O funil do cliente

Fonte: PRACTICOLOGY.

FIGURA 12.3 Pontos de contato digitais do cliente

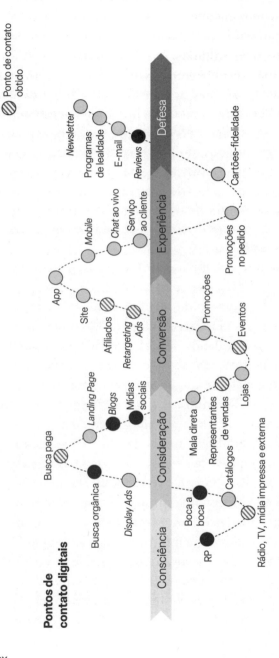

Fonte: PRACTICOLOGY.

O caminho da compra percorrido pelo cliente não é mais linear. Portanto, pensar em comunicação de marketing em termos tradicionais, como "acima da linha", "abaixo da linha" ou "através da linha", não é útil para pensar nas habilidades de que você precisa e para a atividade exigida a fim de adquirir clientes de maneira eficaz. Talvez uma nova forma de pensar nisso seja "na linha". A trajetória de compras pode não ser linear, mas a linha existe. Apenas não é mais reta! Pensar em estar "na linha" com a jornada do cliente ajuda a garantir que você vá focá-los por meio de um canal e uma metodologia apropriados, no ponto certo da jornada deles.

Você precisará alcançar segmentos diferentes de clientes por meio de seus próprios pontos de contato, incluindo seu site, lojas, *call center*; por meio de pontos de contato que comprou, como propagandas; e por meio de pontos de contato obtidos, como avaliações de usuários, RP e mídias sociais.

Como um *segway* para mídias sociais, meu barbeiro local, Ego, no Norte de Londres, que corta meu cabeço a cada poucas semanas, tem centenas de milhares de seguidores no Instagram. Eles têm apenas um salão, mas enfatizaram o fato de fazerem cortes maravilhosos e o de cortarem os cabelos de vários jogadores de futebol. Postam com regularidade fotos e vídeos dos cortes de cabelos dos clientes. É um nível fenomenal de engajamento para uma empresa com apenas cinco funcionários! No entanto, se você está pensando em ir a um lugar novo para cortar o cabelo, eles preenchem todos os requisitos em termos de serem bons no que fazem e dão conta de qualquer estilo em potencial que você possa ter em mente. A moral dessa história e de marcas como a AO.com, que vende eletrodomésticos e eletrônicos, é que você não precisa investir milhões de dólares em comunicação de marketing. Yossi Erdman, ex-presidente do setor de marcas e mídias sociais da AO.com, me informou que eles têm 40% de engajamento mensal em mídias sociais, o que equivale a centenas de milhares de clientes. Portanto, você pode incentivar muito boca a boca/*word of web* engajando clientes por meio de conteúdo relevante que os inspire, instrua e entretenha.

Não atire no mensageiro

Aplicativos de mensagens estão a todo vapor. Consumidores se engajam com eles aos bilhões. Em julho de 2016, o Messenger do Facebook atingiu 1 bilhão de usuários do aplicativo de mensagens (Facebook, 2016). O WeChat é o principal *app* de mensagens na Ásia, e está aumentando sua base de usuários no mundo todo. Eles criaram um ecossistema realmente único, no qual o WeChat age como seu sistema de mensagens do Facebook, Messenger, Tinder, Twitter e vários outros *apps* em um só. Será muito interessante ver como os gigantes atuais, inclusive o Facebook e o Google, reagem à ameaça e à oportunidade geradas por essa proposta de valor ao cliente.

Cuidado com as automações de marketing

À medida que somos cada vez mais atendidos por *chat bots* de IA, algoritmos e aprendizado de máquina, ficamos expostos aos riscos de publicidade antiética ser veiculada – ou, em outras palavras, de sua marca ser vista ao lado de conteúdos que você consideraria inapropriados. Considere o desafio que o YouTube enfrentou, em que os anúncios das marcas às vezes apareciam ao lado de conteúdos altamente inapropriados, como vídeos extremistas (Grierson, 2017). Uma intervenção manual teria ajudado a evitar isso. Se deixarmos tudo para os algoritmos e as máquinas, esse tipo de coisa vai acontecer de novo.

O que conta não é o que você conhece, mas quem você conhece

Você precisa decidir qual plataforma e quais influenciadores o ajudarão a divulgar sua mensagem de maneira mais efetiva para o público mais amplo, porém mais relevante. Blogueiros, vlogueiros e formadores de opinião (KOLs, na sigla em inglês) detêm uma imensa influência. Eles possuem um exército de seguidores que se atêm a cada palavra ou recomendação que fazem. Portanto, não é de surpreender que as marcas estejam tropeçando em si mesmas para promover seus produtos ou serviços.

◢ Ferramentas de marketing tradicional podem ter um papel importante

Mencionei anteriormente o Metro Bank do Reino Unido, de quem sou grande fã. É interessante como os bancos e muitas outras organizações amarram as canetas no balcão para que os clientes não as levem. As canetas do Metro Bank têm marca, e eles distribuem mais de um milhão por ano. Nada ruim essa consciência de marca, não acha?

◢ Converse com o meu bot

Discutirei *chat bots* com mais detalhes no Capítulo 15 sobre IA. Por ora, basta dizer que a automação será mais usada, e os profissionais do marketing deveriam estar pensando em como mirar clientes nesses ambientes. Mais varejistas estão usando *chat bots* automatizados para antecipar perguntas de clientes. O que profissionais do marketing devem fazer para fazer *chat bots* aprenderem mais sobre os clientes e seu comportamento e para garantir mensagens e conversões mais eficazes?

💡 DICAS PRÁTICAS DE EXPERIÊNCIA DO CLIENTE

1. Certifique-se de ter a mistura certa de atividades digitais, construção de marca e consciência.

2. Conduza a atribuição de todas as atividades de marketing: certifique-se de ter a mistura certa de habilidades e, idealmente, uma estrutura mais integrada e menos departamentalizada

3. Certifique-se de focar a retenção de clientes tanto quanto a prospecção.

4. Seja claro sobre a jornada do cliente, onde os pontos de contato com ele entram em jogo e qual será a sua abordagem para cada um deles

5. Reflita sobre *growth hacking* e como você pode potencializar o marketing viral para otimizar os custos com publicidade.

6. Busque alavancar o marketing de proximidade para proporcionar uma melhor experiência dentro das lojas para os clientes.

7 Foque o marketing de experiência, pois isso impulsionará o engajamento e o envolvimento com a sua marca, produtos e serviços.

❶ CERTIFIQUE-SE DE TER A MISTURA CERTA DE ATIVIDADES DE MARKETING DIGITAL, CONSTRUÇÃO E CONSCIÊNCIA DE MARCA

Os dois andam de mãos dadas. Na maioria dos casos, creio eu, as empresas ainda estão investindo pouco em marketing digital.

Em um *post* de *blog*, VanBoskirk, da Forrester, disse que investimentos em pesquisa paga, exibição de anúncios, publicidade em mídias sociais, propaganda de vídeo on-line e marketing por e-mail chegarão a 46% de toda a publicidade (VANBOSKIRK *et al.*, 2017). Levando em conta que a maioria das visitas às lojas começam no site da própria empresa, um ambiente digital e o marketing digital não somente podem ser usados para estimular tráfego em seu site, mas também atrair pessoas a suas lojas. Dito isto, a publicidade de primeira linha ainda tem um papel a cumprir. Ela constrói e mantém a consciência de marca, e, com a oportunidade de fazer adequações regionais e, às vezes, até mais locais do que isso, agora pode ser muito mais eficaz como impulsionadora de vendas e desempenho.

De acordo com a mais recente previsão de marketing digital da Forrester nos Estados Unidos, nos próximos cinco anos, os orçamentos de marketing passarão da quantidade para a qualidade com foco na marca, no cliente e na experiência na loja (VANBOSKIRK *et al.*, 2017).

❷ CONDUZA A ATRIBUIÇÃO DE RESPONSABILIDADES DE TODAS AS ATIVIDADES DE MARKETING: CERTIFIQUE-SE DE TER A MISTURA CERTA DE HABILIDADES E, IDEALMENTE, UMA ESTRUTURA MAIS INTEGRADA E MENOS DEPARTAMENTALIZADA

A maioria das empresas têm equipes separadas de marketing de marca e marketing digital. Isso não é capaz de ajudar a garantir que o cliente receba comunicações de marketing integradas e unidas, pois ambas as equipes terão invariavelmente objetivos e KPIs diferentes.

❸ CERTIFIQUE-SE DE FOCAR A RETENÇÃO DE CLIENTES TANTO QUANTO A PROSPECÇÃO

Quantas empresas voltadas para o consumidor têm o cargo de Presidente de Retenção de Clientes, até onde você sabe? Em minha experiência, pouquíssimas. Por que focaríamos todo o nosso tempo, atenção e a maior parte do orçamento na prospecção de clientes e tão pouco em mantê-los? Em construir um relacionamento com eles? Ou, no mínimo dos mínimos, tentar fazer o melhor para ficar um pouco mais próximos deles? Sempre será mais econômico manter um cliente do que adquirir um novo, muitos dos quais desaparecem rapidamente. Veja no Capítulo 17 os principais impulsionadores do CRM.

❹ SEJA CLARO SOBRE A JORNADA DO CLIENTE, ONDE OS PONTOS DE CONTATO COM ELE ENTRAM EM JOGO E QUAL SERÁ A SUA ABORDAGEM PARA CADA UM DELES

Prospecção e retenção eficazes de clientes exigem compreender que, conforme anteriormente destacado neste capítulo, o caminho e a jornada do cliente não é mais linear. Ele entrará em contato com sua empresa de diferentes maneiras e em momentos diferentes.

Alguns desses pontos de contato serão seus, como suas lojas, sites, *call center*; alguns serão comprados, como TV ou propaganda de rádio; outros, ainda, serão obtidos – entre eles, avaliações de usuários, boca a boca etc.

❺ REFLITA SOBRE *GROWTH HACKING* E COMO VOCÊ PODE POTENCIALIZAR O MARKETING VIRAL PARA OTIMIZAR OS CUSTOS COM PUBLICIDADE

Quem não gostaria de ter um monte de clientes compartilhando comunicações de marketing e falando sobre seus produtos ou serviços? Há muitas oportunidades para incentivar o marketing viral e o boca a boca – entre eles, o medo de perder, programas de referência e se beneficiar de muitas coisas.

⑥ BUSQUE ALAVANCAR O MARKETING DE PROXIMIDADE PARA PROPORCIONAR UMA MELHOR EXPERIÊNCIA DENTRO DA LOJA PARA OS CLIENTES

Hoje em dia todos estamos em movimento e usamos nosso celular enquanto nos mexemos. Portanto, o marketing de proximidade proporciona a melhor oportunidade para incentivar a compra espontânea ou a conversão quando os clientes estão em sua loja, *showroom* ou escritório ou estão passando perto desses locais.

⑦ FOQUE O MARKETING DE EXPERIÊNCIA, POIS ISSO IMPULSIONARÁ O ENGAJAMENTO E O ENVOLVIMENTO COM A SUA MARCA, PRODUTOS E SERVIÇOS

O marketing de experiência basicamente se resume a fazer os clientes interagirem com sua marca, produto ou comunicações de marketing, e em proporcionar uma experiência envolvente no processo, da qual seja improvável se esquecer rapidamente.

Um exemplo extremo disso foi quando o paraquedista Felix Baumgartner deu o salto mais alto do mundo. Patrocinado pela Red Bull, ele saltou de 38 quilômetros acima da terra. O evento foi promovido com mais de um ano de antecedência e, sem dúvida, foi um dos mais comentados durante 2012. Também gerou enorme cobertura midiática.

Experiências de valor agregado estimulam a participação, e a participação estimula o engajamento, e esse, por sua vez, proporciona retorno sobre o engajamento.

COM A PALAVRA, O PROFESSOR MALCOLM McDONALD

Conforme apontado neste capítulo, temos novas ferramentas fabulosas para ajudar a informar nossas equipes comerciais, mas, no nível estratégico, os mesmos velhos desafios permanecem – compreensão de mercado, segmentação, *branding*, *insight*, posicionamento, envolvimento do cliente e, é claro, compreender quem são os 20% dos clientes que respondem por 80% dos nossos negócios, e como podemos antecipar e satisfazer suas necessidades melhor que a concorrência.

Dito isto, porém, essas novas ferramentas, se compreendidas e integradas, podem levar a segmentação a níveis diferentes de sofisticação, a fim de fortalecer tudo o que uma organização faz, desde P&D até serviços pós-venda. A incorporação de uso, atitudes e necessidades específicas de produtos e marcas pode possibilitar o desenvolvimento de uma segmentação muito mais sutil, complementada pela nova era do marketing de IA e análise preditiva sobre a escolha do consumidor. Essa abordagem altamente segmentada será necessária para conquistar e manter relacionamentos com os clientes.

Resumindo, quaisquer que sejam as mudanças tecnológicas disponíveis agora e a evolução inevitável e contínua delas nos próximos anos, sempre será uma questão de entender seus clientes e suas motivações. O cliente do futuro vai esperar que você interaja com ele de maneira mais inteligente. Certamente, não se trata mais de lembrar o aniversário dele e pronto!

Eles esperam que você conheça todos os pontos de contato que tiveram com vendas, marketing e experiência do cliente – e use esses dados para otimizar as mensagens pelos vários canais e para construir uma imagem deles como um prelúdio para o oferecimento de um serviço melhor. Eles vão desconsiderar marcas que não lhes dispensem essa cortesia fundamental.

Neste capítulo, Martin disponibilizou uma das melhores figuras que já vi em muito tempo. Para fechá-lo, volte a observar a Figura 17 sobre pontos de contato digitais do cliente, um passo inestimável para a integrar a centralidade no cliente. ■

REFERÊNCIAS

CARD, J. What is Growth Hacking and How Can It Help Your SME?. On-line, 2017. Disponível em: <http://www.telegraph.co.uk/connect/small-business/innovation/what-is-growth-hacking-and-how-can-it-help-your-sme/>. Acesso em: 15 dez. 2017.

CISCO. Cisco Visual Networking Index: Forecast and Methodology, 2016-2021. On-line, 2017. Disponível em: <https://www.cisco.com/c/en/us/solutions/collateral/service-provider/visual-networking-index-vni/complete-white-paper-c11-481360.pdf>. Acesso em: 1 dez. 2017.

FACEBOOK. Thank You! ♥ Messenger. On-line, 2016. Disponível em: <https://newsroom.fb.com/news/2016/07/thank-you-messenger/>. Acesso em: 1 dez. 2017.

GRIERSON, J. Google Summoned By Ministers as Government Pulls Ads Over Extremist Content. On-line, 2017. Disponível em: <https://www.theguardian.com/technology/2017/mar/17/google-ministers-quiz-placement- ads-extremist-content--youtube>. Acesso em: 1 dez. 2017.

GROWTH HACKERS. 33 Growth Hacking Examples to Get Inspiration Grom. On-line, [s.d.]. Disponível em: <https://www.growth-hackers.net/growth-hacking--examples-inspiration/>. Acesso em: 1 dez. 2017.

KENTICO.COM. Growth Hacking: Not Just for *Startups*. On-line, 2017. Disponível em: <https://www.kentico.com/en/product/resources/whitepapers/growth-hacking/growthhacking.pdf>. Acesso em: 15 dez. 2017.

PROXIMITY DIRECTORY. Proximity Marketing in Retail. On-line, 2017. Disponível em: <https://unacast.s3.amazonaws.com/Proximity.Directory_Q117_Report.pdf>. Acesso em: 1 dez. 2017.

SUMO GROUP, I. 2017 Email Signup Benchmarks: Here's How Many Visitors Should Be Subscribing. *Sumo*, On-line, 2017. Disponível em: <https://sumo.com/stories/email-signup-benchmarks>. Acesso em: 13 dez. 2017.

VANBOSKIRK, S. *et al* US Digital Marketing Forecast: 2016 to 2021. On-line, 2017. Disponível em: <https://www.forrester.com/report/US+Digital+Marketing+Forecast+2016+To+2021/-/E-RES137095?utm_source=blog&utm_campaign=US_Digital_Marketing_Forecast&utm_medium=social>. Acesso em: 18 dez. 2017.

VEERASAMY, V. Dropbox's Referral Program – How They Got 4 Million Users In 15 Months. On-line, 2014. Disponível em: <https://www.referralcandy.com/blog/dropbox-referral-program/>. Acesso em: 15 dez. 2017.

WALSH, P. It's Time Your Business Hired a Growth Hacker – Here's Why. On-line, 2015. Disponível em: <https://www.theguardian.com/small-business-network/2015/may/29/hire-growth-hacker-silicon-valley>. Acesso em: 15 dez. 2017.

ZUCKERBERG, M. Facebook Reports Second Quarter 2016 Results. On-line, 2016. Disponível em: <https://investor.fb.com/investor-news/press-release-details/2016/Facebook-Reports-Second-Quarter-2016-Results/default.aspx>. Acesso em: 1 dez. 2017.

13

Uma **nova estrutura** para o marketing mix: o *customer mix* ou **6Ws**

O QUE VOCÊ APRENDERÁ NESTE CAPÍTULO?

▶ Você aprenderá por que os 4Ps, o modelo tradicional de marketing mix, não são mais relevantes para abordar as necessidades do cliente moderno multicanal.

▶ Fornecerei a você uma nova estrutura que o capacitará a pensar de forma ainda mais eficaz sobre o que é preciso para colocar o cliente em primeiro lugar.

▶ Destacarei a importância de proceder assim e quais os principais estímulos para proporcionar uma estratégia que coloque o cliente em primeiro lugar.

O MODELO DOS 6WS

▶ **Quem** (*Who*) ou a quem você está mirando?

▶ **Por que** (*Why*) eles querem comprar de você?

▶ **O que** (*What*) eles querem comprar?

▶ **Quando** (*When*) eles querem comprar?

▶ **Onde** (*Where*) eles querem que o pedido seja finalizado?

▶ **O que** (*What's*) vem a seguir? (O que eles ganham se comprarem de você?)

O MARKETING MIX AINDA FAZ SENTIDO?

Desenvolvido em 1960, o modelo original de marketing mix para criar estratégias de marketing – concebido pelo acadêmico estadunidense E. Jerome McCarthy – incluía quatro aspectos (os 4Ps):

- produto;
- preço;
- praça (*place*);
- promoção.

Os quatro aspectos acima foram posteriormente complementados por mais três aspectos, constituindo os 7Ps (MCCARTHY, 1960):

- pessoas;
- processos;
- evidência física (*physical evidence*).

A estrutura continua sendo adotada e utilizada até hoje. Mas será que ela se encaixa em tempos de internet, em que o equilíbrio de poder basicamente passou dos fornecedores (varejistas e fábricas) para os consumidores? Em particular, ela se encaixa no propósito de um varejista multicanal ou qualquer outra marca voltada para o consumidor? Acredito que não, e o motivo principal é que ela não é focada no cliente. O aspecto "pessoas" dos 7Ps se refere à equipe, não aos clientes. Mesmo que tenha sido uma estrutura útil na época, o marketing mix nunca mencionou que é o cliente quem manda.

 VISÃO DE *EXPERT*

Nadine Neatrour, diretora de *e-commerce* da Revolution Beauty, me disse que, em sua opinião, os varejistas precisam deixar de ser orientados a produtos e passar a ser voltados para o cliente. Um bom exemplo que ela

> cita remonta à sua época de gestora de *e-commerce* na Thomas Pink, o varejista *premium* de camisas. Eles ainda estavam comprando e alinhando camisas com abotoaduras, sendo que dados e o comportamento dos clientes sugeriam que, na verdade, as pessoas queriam punhos com botões. Consequentemente, a empresa não conseguiu cumprir a demanda, já que estava focada em camisas com abotoaduras. Este foi um subproduto do planejamento de alcance com base no que a empresa achava que eram os produtos certos, em vez de um planejamento de alcance com base nos dados de clientes, necessidades do cliente e segmentação de clientes.

SEJA A VÍTIMA OU O VITORIOSO - VOCÊ DECIDE

Obter e manter clientes deveria ser como ir à guerra. Há um campo de batalha lá fora, que exige estratégia e entrega cuidadosas, com muita coisa em jogo. Muitas outras empresas adorariam roubar seus clientes para si. Clientes devem consumir todos os seus momentos de vigília, ao menos quando você estiver trabalhando. Se não o fazem, então você não está trabalhando duro o bastante por eles, simples assim.

A Amazon tem uma atribuição em sua equipe conhecida como "o *bar raiser* da experiência do cliente". Em cada projeto há um *bar raiser*, e sua função é incitar a equipe e a abordagem a considerar se o projeto em que eles estão trabalhando entregará tudo o que pode aos clientes ou se "a barra pode subir" ainda mais.

O modelo de marketing mix foi originalmente criada em uma época muito anterior ao acesso à internet. Concessionárias de veículos, agências de viagens, restaurantes e varejistas não estavam atendendo clientes que têm opções extremas, preços extremos e transparência de recursos do produto, além de uma quantidade quase ilimitada de diferentes jornadas do cliente que eles podem seguir. Hoje, todos esses setores de consumo têm muito mais dificuldade para conquistar clientes, e mais dificuldade ainda para mantê-los. Como muitas empresas se declaram focadas no cliente, certamente deve haver uma estrutura que de fato coloque esse cliente no centro do que está sendo entregue e lhe dê a chance de vencer a batalha para ele?

INTRODUZINDO O *CUSTOMER MIX*

Até que ponto a estrutura seria diferente se realmente nos colocássemos na pele do cliente em vez de, simplesmente, pensar no que queremos proporcionar a clientes em potencial e em como proporcionar? Portanto, em vez dos 7Ps, criei um modelo de *customer mix* com 6Ws, cujo objetivo é fazer exatamente isso. Segue a explicação sobre por que essa é a estrutura certa para marcas consumidoras de hoje (veja a Figura 18).

O modelo do marketing mix não considera adequadamente as motivações, preferências e lealdades do cliente (ou a falta delas). Ela não considera que grupos e segmentos diferentes de clientes podem querer coisas bem distintas da mesma empresa. O modelo de *customer mix* aborda isso.

O marketing mix considera cada compra uma transação autônoma, e não um potencial grupo de transações ao longo do tempo. Por exemplo, o elemento "processo" do marketing mix se refere à experiência do cliente proporcionada primariamente antes e durante uma única transação. Devido aos custos existentes na prospecção e no atendimento aos clientes, bem como aos níveis crescentes de competição dos disruptores, empresas modernas multicanal precisam de clientes com quem possam construir relacionamentos, e, portanto, deve-se concentrar no valor vitalício do cliente.

Se você não foca o valor do cliente em todo seu ciclo de vida, como pode saber quanto deve investir na aquisição dele se não tem a menor ideia do potencial valor que ele tem para você? Mais uma vez, a segmentação dos clientes lhe permitirá conquistar clientes mais lucrativos, com melhor valor vitalício em potencial. Falo mais sobre isso, CRM e *insight* do cliente no Capítulo 17. O mix de clientes olha além da próxima transação e pensa no que é necessário não apenas para vender um item, mas para manter a lealdade do cliente para futuras compras.

> Então, o que cada um dos Ws no *customer mix* realmente representa e, o mais importante, qual seu significado para uma empresa multicanal que mira o consumidor?

FIGURA 13.1 O *customer mix*

Fonte: NEWMAN (2016).

Uma nova estrutura para o marketing mix: o *customer mix* ou 6Ws

◢ Quem

Não há "P" no modelo de marketing mix que tenha como foco os clientes. No *customer mix*, consideramos diretamente **quem** são os diferentes clientes-alvo. Poucas varejistas são suficientemente segmentadas a ponto de ter um só tipo de cliente com um único grupo de necessidades e desejos. A maioria das empresas multicanais criou várias maneiras de comprar, sobretudo porque elas não servem a uma base homogênea de clientes. Você precisa analisar os dados de seus clientes para entender quem são seus melhores clientes e criar segmentos para clientes-chave. Em organizações centradas no cliente, esses segmentos são desenvolvidos em *personas* de clientes. Equipes em toda a empresa podem considerar como suas decisões em geral, de produtos a preços e serviços, provavelmente impactarão esses grupos-alvo. Como apontou anteriormente o professor McDonald, não existe esse negócio de "o cliente". Há vários segmentos de clientes. Sem tentar ser tudo para todo mundo, a chave é compreender como atender melhor seus principais segmentos de clientes.

◢ Por que

Juntamente com o **quem**, **por que** nos dá informações sobre os segmentos de nossos clientes-alvo e suas motivações. Ele incita varejistas, bancos, concessionárias, restaurantes e todas as empresas voltadas para o consumidor a considerar não apenas por que um cliente deseja um produto ou um serviço específico, mas também por que os canais usados durante a jornada do cliente podem ser importantes para a decisão de compra, bem como o prazo da execução. Compreender o ***por que*** ajuda as empresas a se tornarem mais relevantes para seus clientes. Isso pode subsidiar as decisões de marketing, *merchandising* e design do produto ou do serviço. Por exemplo, se um segmento de clientes tem pouco tempo e muito dinheiro, pensar na motivação pode levar à criação de serviços *premium* para melhor engajá-los, em vez de mudar a gama de produtos disponível.

Forneci um exemplo disso no Capítulo 1, com o "Você experimenta, nós esperamos". Assistentes pessoais de compra do Net-a-Porter entregarão pedidos a seus clientes extremamente importantes (PEI – pessoas extremamente importantes) na casa deles, no mesmo dia em que fizerem o pedido. Em seguida, eles vão esperar até o cliente experimentar os itens que pediu e receber de volta o que ele não escolher.

◢ O que

Substitui o "produto" no modelo de marketing mix e foca os segmentos de clientes-alvo que, em nossa opinião, estarão mais interessados pela compra. Mas também vai além do produto, já que *o que* os clientes querem pode incluir valor, conveniência ou personalização da oferta. Também pode incluir serviços, e no marketing mix o "produto" não se presta de fato a essas exigências adicionais. Às vezes, não se pode separar produtos e serviços. Um exemplo são os vários sites *e-commerce* on-line com base em inscrições que vêm pipocando. O consumidor não está comprando apenas os produtos disponibilizados, mas o conceito de que recebe algo regularmente pelo correio. Como mencionei anteriormente, varejistas e outras verticais voltadas para o consumidor precisam pensar como provedoras de serviços e no que podem fazer para se tornar mais úteis aos próprios clientes.

◢ Onde

Substituindo "praça" no modelo de marketing mix, ***onde*** considera locais para atendimento e também para qualquer outro aspecto da jornada do cliente, incluindo pesquisa e compras. Em uma jornada do cliente multicanal complexa, não podemos mais presumir que um produto é comprado em uma loja ou pelo computador e atendido por entrega domiciliar ou que é retirado da loja no momento da compra.

O que se oferece em uma variedade de locais pode ser importante para uma decisão geral do cliente de fazer a compra, e também a decisão de continuar cliente. Um bom exemplo nesse sentido é a China. Livre de tecnologia herdada, processos e *layout* de loja, a Alibaba abriu supermercados sob a marca Hema. Eles criaram uma proposta de "envie da loja" com um sistema totalmente automatizado, que leva o pedido do cliente da gôndola até os fundos da loja, onde será embalado e despachado direto para a casa dele, no horário em que ele escolher.

Outro exemplo é quando um comprador pode adquirir as mesmas marcas por um preço similar de supermercados variados. Nesse caso, ter um *app* que permita ao cliente adicionar coisas à sua lista de compras enquanto vai trabalhar pode ser importante, assim como o recurso do supermercado em oferecer a opção de clicar e retirar na loja.

Considerar o **onde** leva as empresas voltadas para o consumidor a questionar cada aspecto de sua estratégia multicanal. Por exemplo, os *apps*, site móvel e quaisquer outras estruturas dessas empresas oferecem suporte aos clientes para comprar em movimento ou finalizar transações dentro da loja/restaurante/banco no próprio dispositivo? Para empresas somente on-line, sem ambiente físico, será que elas devem considerar pontos de coleta físicos para clientes que não encontram opções convenientes de entrega?

De acordo com a Salesforce, as lojas continuam sendo o canal favorito no mundo todo. Mesmo entre compradores da geração Z, que entendem de tecnologia, 58% preferem a experiência de comprar em lojas físicas. Mas o meio digital é onde a maioria acaba iniciando a busca, por uma margem de quase 2 para 1: 60% dos entrevistados provavelmente começarão a busca no digital, contra 37% em lojas físicas. Varejistas estão tendo sucesso ao combinar digital e lojas físicas para trabalharem juntos de forma integrada. A pesquisa descobriu que a atividade na loja gera quase metade de toda a atividade on-line. Entrevistaram pessoas para saber como os eventos e o engajamento da loja são importantes, e descobriram que 26% visitaram eventos na loja e 58% eram mais propensos a comprar desse varejista no futuro (SALESFORCE, 2017).

Também há uma quantidade crescente de bons exemplos de marcas que começaram como empresas on-line de *e-commerce* e que abriram lojas físicas. Um exemplo é a loja de roupas de marca Missguided. Empresa altamente bem-sucedida na internet, eles abriram lojas em dois shoppings principais Wesfield, em Londres. Isso lhes possibilitou dar vida à marca em um ambiente físico, mas também proporcionar a experiência multicanal que muitos clientes mais jovens exigem. Desde então, eles entraram no canal de atacado e vendem sua marca por meio da Nordstrom, nos Estados Unidos.

◢ Quando

Junto com **onde**, **quando** nos fornece uma noção real de como a conveniência é importante para a experiência do cliente. Mas o *quando* também é importante por si só. A pontualidade pode ser a chave para a necessidade do cliente – produtos específicos como flores, alimentos ou presentes podem ser necessários somente se entregues numa faixa de tempo muito particular. À medida que clientes de economias desenvolvidas vão ficando sem tempo, a pontualidade se tornará um aspecto mais importante do *customer mix*. Mais uma vez, questões sobre *quando* podem considerar múltiplos pontos na jornada do cliente. Vários clientes meus permitem que seus titulares de cartões-fidelidade tenham acesso desde o início a eventos de vendas, on-line e nas lojas. Muitas varejistas relatam êxitos distintos com seus e-mails de marketing, dependendo da hora do dia em que eles são enviados. Ofertas relâmpago e alterações de preços podem ser ativadas em momentos da *web*, o que confere ao tempo um aspecto muito mais poderoso da tática de uma empresa voltada para o consumidor. Otimizar sua agenda de marketing e comércio para maximizar oportunidades de vendas é crucial.

◢ O que vem a seguir

Não existe P para valor vitalício ou relacionamentos contínuos com o cliente no modelo de marketing mix. No *customer mix*, isso é crucial. Como mencionei no Capítulo 7, muito poucas empresas se dedicam à função de retenção de clientes. Isso está correlacionado à ausência de qualquer elemento de retenção de clientes no marketing mix. Da mesma forma, implícita no elemento ***O que vem a seguir*** do *customer mix* está a ideia de que, no varejo moderno, a lealdade do cliente raramente pode ser obtida com uma única transação. Quando convertem um cliente pela primeira vez, os melhores varejistas já têm uma estratégia em ação para a maneira como vão continuar se engajando com esse cliente, a fim de fazê-lo voltar. Para isso é necessário um CRM ativo, e não os programas de CRM reativos e movidos por transações ainda muito difundidos no setor.

O valor vitalício do cliente é uma medida crucial para uma varejista fazer sucesso com seus clientes, e deveria ser um indicativo de futuras vendas e lucratividade. Melhorar o valor e a longevidade do relacionamento com o cliente envolve considerar alguns ou todos os cinco Ws, a fim de permitir que todas as empresas voltadas para o consumidor que se engajem de maneira significativa com seus clientes. A estrutura na Figura 13.2 é um bom exemplo prático de como você pode pensar em adotar um método centrado no cliente.

◢ Insights, não relatórios

Há um excesso de dados pairando na maioria das organizações voltadas para clientes. Sem *insights*, eles não passam de números. Em si, números não significam nada. Um KPI não significa nada, a menos que você possa explicar por que ele tende a descer ou subir. Quais foram os fatores que o impactaram de uma semana para outra?

Para colocar o cliente em primeiro lugar, é preciso ter *insights* sobre ele. No Capítulo 17, abordo como gerar *insights* e como construir relacionamento com o cliente com base no que você sabe sobre ele.

FIGURA 13.2 A abordagem centrada no cliente

◢ Marketing

Conforme discutido no Capítulo 7 sobre design organizacional e no Capítulo 12 sobre comunicações de marketing centradas no cliente, um número grande de empresas dividiram equipes de marketing em áreas. O marketing de marca, que muitas vezes considera os "canais tradicionais da empresa", e o marketing digital, que trabalha por todos os canais, muitas vezes trabalham separadamente. Quem sai perdendo é o cliente. Comunicações de marketing devem ser integradas.

Já recebi comunicações de varejistas que me incentivavam a comprar on-line "pela primeira vez", sendo que eu já era um cliente virtual há muitos anos. Vi a mesma coisa acontecendo quando fui incentivado a comprar na loja.

◢ Uma cultura que coloque os clientes em primeiro lugar

Como abordei em vários trechos deste livro, se você quer mudar a cultura da empresa e seu foco nos clientes, precisa adotar KPIs e medidas que lhe deem uma ideia real do que os clientes acham de sua empresa. Ao comprar um carro novo, você, assim como eu, fica com medo de que, no instante em que sai com o veículo, se algo der errado isso lhe custe dinheiro? Isso é resultado do foco nas vendas, e não no serviço, que você recebe na maioria das concessionárias. E pode ser facilmente remediado. Mas é um desafio cultural, e exige uma redefinição de raízes e filiais de uma cultura de vendas para uma cultura de atendimento ao cliente. Se seu atendimento ao cliente é bom, ele compra várias vezes.

◢ Excelência no *mobile*

Nem seria preciso mencionar. No entanto, realmente precisamos pensar primeiro no *mobile*. Precisamos pensar na jornada do cliente em vários canais e em todos os pontos de contato pelo caminho, bem como em de que modo o *mobile* pode ser aprimorado para apoiar e melhorar sua jornada. Não somente isso, mas temos de começar a planejar do comando por voz dos aparelhos. Dentro de muito pouco tempo, não estaremos mais teclando e rolando na tela de um dispositivo móvel.

Vamos interagir apenas por voz. Se você já quis fazer negócios na Ásia, é bom estar ciente de que os consumidores fazem tudo pelo celular. Na China, sobretudo nas grandes cidades de nível 1 e 2, raramente se vê pessoas pagando com dinheiro. Elas usam o WeChat, o Alipay e outros serviços de pagamento por celular, frequentemente ativados por um *QR Code*.

◢ Tecnologia e inovação

Esse item se relaciona a tecnologia e inovação, e não ao desenvolvimento de tecnologias por si só. Como apontei anteriormente, você não precisa ter que provar um estudo de caso para tudo o que faz, ou nunca será ágil o bastante para inovar de verdade. Porém, o oposto é que você desenvolve tecnologia onde simplesmente não há nenhum motivo para isso. Ela tem que estar relacionada ao aprimoramento da experiência do cliente, com potencial benefício comercial para a empresa.

◢ Atendimento e entrega

Aqui, o assunto é ter entregas e procedimentos de devolução flexíveis. Hoje em dia ainda há varejistas que cobram os clientes pela entrega virtual e por devoluções. Isso cria uma barreira logo de cara.

◢ Produtos e serviços

Decisões relacionadas a produtos e serviços devem ser tomadas com base no cliente, e não no canal. Alguns varejistas de grande porte ainda relutam em colocar no site as marcas e produtos disponíveis nas lojas. Aí, adivinhe? Não apenas perdem a potencial demanda adicional que poderiam gerar como também inibem as vendas nas lojas. Hoje em dia, muitos clientes usam a internet como primeiro ponto de descoberta antes de decidir se vão ou não visitar a loja. Se ele não vê no site da loja as marcas virtuais que deseja adquirir, talvez também não a visite. Uma exceção é a China, onde a maioria dos clientes começa a jornada em plataformas de compras como a Tmall ou a JD.com, em vez de no site da marca.

DICAS PRÁTICAS PARA MELHORAR A EXPERIÊNCIA DO CLIENTE

1. Adote o *customer mix* – viva-o, respire-o e integre essa abordagem em tudo o que você fizer.
2. Jogue fora o marketing mix, sua data de validade já expirou há mais de vinte anos.
3. Foque "o que vem a seguir" para o cliente.
4. Entenda uma coisa: se você não cuidar de seus clientes, alguém vai cuidar – há um campo de batalha lá fora. Você tem um plano para vencer essa guerra?

1 ADOTE O *CUSTOMER MIX* – VIVA-O, RESPIRE-O E INTEGRE ESSA ABORDAGEM EM TUDO O QUE VOCÊ FIZER

Independentemente do setor voltado para o consumidor em que você opere – automotivo, serviços financeiros, viagens, bens de consumo, varejo, alimentação etc. –, é um modelo altamente eficaz para pensar em como você pode atender melhor às necessidades de diferentes segmentos de clientes.

2 JOGUE FORA O MARKETING MIX, SUA DATA DE VALIDADE JÁ EXPIROU HÁ MAIS DE VINTE ANOS

O marketing mix está ultrapassado e é irrelevante em ambientes voltados para o cliente. Reflita a respeito. Mesmo que você venda produtos ("produto"), hoje em dia é preciso pensar em sua empresa como uma prestadora de serviços. Não é possível pensar em precificação como se pensava há sessenta anos, quando o marketing mix foi criado. Os preços têm de ser dinâmicos. Também precisam ser flexíveis, a fim de atender diferentes segmentos de clientes. A praça também está ultrapassada. Temos muitas "praças" diferentes, ou canais, como chamamos hoje em dia, e canais tendem a promover uma abordagem por área. Há sessenta anos, a promoção estava relacionada sobretudo a propagandas tradicionais, promoções nas embalagens e malas diretas. Hoje em dia, precisamos nos engajar com os clientes. Isso envolve a criação de um marketing mais experiencial.

❸ FOQUE "O QUE VEM A SEGUIR" PARA O CLIENTE

Pouquíssimas empresas voltadas para o consumidor prestam atenção ao "que vem a seguir" para esse cliente. Quando foi a última vez que uma companhia aérea, uma agência de viagens, um restaurante ou uma concessionária lhe enviou alguma mensagem depois que você se engajou com eles? Se eles fizeram isso, a mensagem teve alguma correlação com o que você comprou ou experienciou com eles? Tenho 99% de certeza de que sua resposta será um sonoro "não".

Nos últimos 25 anos, comprei carros novos a cada três ou quatro anos, sempre sob contrato de que, após esse período, eu devolveria o veículo e começaria de novo. Apenas uma concessionária ou marca de veículo (Lookers, Jaguar) se preocupou em se comunicar comigo nas semanas e meses após a compra para saber o que eu estava achando do carro novo e como foi a experiência de comprá-lo. Quantos clientes teriam comprado outro carro novo da mesma concessionária se a equipe tivesse mantido contato com eles durante todo o ciclo de vida do veículo adquirido?

Você precisa focar o valor vitalício do cliente. E "pra ontem". Como saber quanto deve investir na aquisição de um cliente se você não tem a menor ideia do valor potencial dele? Mais uma vez, a segmentação de clientes vai lhe permitir conquistar clientes mais valiosos, com melhor valor vitalício em potencial.

❹ ENTENDA UMA COISA: SE VOCÊ NÃO CUIDAR DOS SEUS CLIENTES, ALGUÉM VAI CUIDAR – HÁ UM CAMPO DE BATALHA LÁ FORA. VOCÊ TEM UM PLANO PARA VENCER ESSA GUERRA?

Você precisa viver e respirar o "cliente em primeiro lugar". Esse deve ser o cerne de sua empresa, de onde tudo mais, repito, *tudo mais* provém. Clientes devem ser a primeira coisa em que você pensa ao acordar de manhã, e a última antes de dormir.

COM A PALAVRA, O PROFESSOR MALCOLM McDONALD

Há inúmeros modelos de marketing, e, conforme os tempos e as práticas vão mudando, cada geração aparece com o seu.

Recentemente um editor me pediu para avaliar um manuscrito intitulado *The 100 Ps of Marketing* ("Os 100 Ps do Marketing", em tradução livre), embora eu tivesse conseguido reduzir para *The 20 Ps of Marketing*! Escrito pelo diretor da Procter & Gamble, o livro transmite uma mensagem interessante, e tais modelos são veículos úteis para explicar conceitos complicados. Não vamos nos esquecer de que o mundo das finanças, após todos esses anos, ainda não consegue entrar num acordo sobre a definição de lucro, com todos aqueles ROS, ROI, ROIC, EPS, EBIT, EBITDA, EVA, SVA e um sem-número de outros, cada um com seu próprio defensor. Então o marketing não está sozinho neste universo!

O modelo dos 4Ps nos serviu bem ao longo dos anos e, em certo nível, continua servindo. No entanto, com o advento da tecnologia e de novas plataformas, talvez agora seja hora de pensar no *customer mix* como um modelo mais relevante e alternativo, não apenas para ter êxito no marketing como, também, para colocar sua empresa acima da média.

Durante anos, profissionais de marketing atualizados e inteligentes (entre os quais humildemente me incluo!) usaram com habilidade o modelo dos 4Ps, respondendo a variadas mudanças e inserindo subtextos quando apropriado. Por exemplo, avaliando que "produto" contempla benefícios para o cliente, segmentação, *branding*, posicionamento etc., enquanto "praça" compreende atendimento ao cliente e gestão de canais. "Preço" envolve valor em uso e também "promoção", é claro, e embora isso tenha mudado com base em todo o reconhecimento hoje, ainda é uma forma útil para compreender essas mudanças. Ao longo dos anos, esses submodelos avançaram por meio de fases diferentes, inclusive meu modelo testado e aprovado de 6Is, mostrado na Figura 20.

Hoje, o foco no cliente prevalece, e nós, como profissionais do marketing, temos o dever de responder de acordo com a crescente complexidade das comunicações, abraçando novas maneiras de melhorar a comunicação e a produtividade com nossas equipes e clientes.

A nova visão de Martin sobre um *customer mix* de 6Ws atende brilhantemente a esse propósito, desviando nossa atenção do vendedor e trazendo-a de volta para o cliente. Esses são precisamente os títulos que venho usando há mais de vinte anos em meus livros e artigos sobre segmentação de mercado – um processo quantitativo para descobrir segmentos de mercado com base em necessidades. Como profissionais do marketing, devemos estar 100% de acordo que, sem eles, a maioria do marketing ficará mal ajustada. O resultado é que, qualquer modelo que esteja sendo usado, ou mesmo nas estruturas inevitáveis que surgirão no futuro, eles sempre devem ter como centro o cliente, e não o vendedor. ■

FIGURA 13.3 Os 6Is do e-marketing

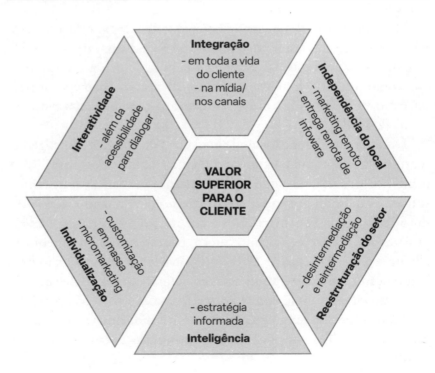

REFERÊNCIAS

MCCARTHY, E. J. *Basic Marketing: a Managerial Approach*. Homewood: Richard D. Irwin, 1960.

NEWMAN, M. Introducing the Customer mix. On-line, 2016. Disponível em: <https://www.practicology.com/files/4314/5043/1186/Practicology_Customer_Mix_White_Paper_2016.pdf>. Acesso em: 1 dez. 2017.

SALESFORCE. Shopper-First Retailing: What Consumers are Telling Us About the Future of Shopping. On-line, 2017. Disponível em: <https://www.demandware.com/uploads/resources/REP_Sapient_Report_ EN_27JUNE2017_FINAL_.pdf>. Acesso em: 1 dez. 2017.

14

Mídia social estratégica
e sua **importância** para a
empresa como um todo

O QUE VOCÊ APRENDERÁ NESTE CAPÍTULO?

▶ Mídias sociais não devem ser gerenciadas pelas pessoas mais jovens do ramo só porque elas estão no Instagram e no Pinterest todos os dias!

▶ Compreender como oportunidades estratégicas e os imperativos das redes sociais.

▶ As diferentes partes do negócio e áreas que as mídias sociais impactam, por exemplo, serviços, desenvolvimento de produtos, sentimento do cliente etc.

Com muita frequência, a responsabilidade sobre mídias sociais é transferida para os "jovens" da equipe, porque eles estão no Instagram, no Pinterest e no Snapchat. Isso deixa patente o fato de que as mídias sociais ainda são tratadas como canais de tática promocional, e não como um estímulo estratégico para aspectos múltiplos das empresas. Conforme sugere o modelo de mídia social na Figura 14.1, há vários pilares significativos para as mídias sociais. Cada um desses pilares é abordado a seguir.

SERVIÇO AO CLIENTE

Cada vez mais clientes esperam por feedback instantâneo de canais de mídias sociais. A expectativa aumenta se eles fizerem suas compras pela internet. Mas mesmo que eles tenham comprado itens de você por intermédio de suas lojas ou comido em seu restaurante, eles esperam conseguir lhe enviar mensagens no Facebook ou no Twitter e obter uma resposta imediata.

FIGURA 14.1 O ecossistema das mídias sociais

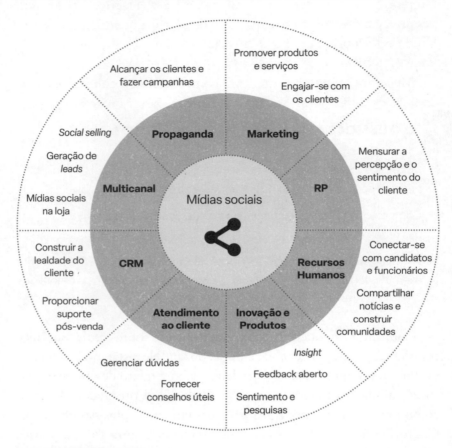

Fonte: PRACTICOLOGY (2017).

Muitas vezes, esse não é o caso, com muitas marcas ainda operando com taxas de serviço de resposta em 24 horas. Isso não é o suficiente, simples assim. Deixa o proprietário da marca exposto, e os clientes vão ficando mais nervosos a cada minuto, sendo que um problema poderia ser resolvido em questão de minutos. Isso, por sua vez, gera comentários virtuais negativos, o que é significativamente pior que o boca a boca – em que este último é uma forma tradicional de contar a amigos e familiares sobre uma experiência ruim do cliente, alcançando potencialmente dezenas de pessoas. Compare isso com um desabafo on-line de um cliente, o qual, dependendo do contexto, poderia, no mínimo dos mínimos, ser exposto a milhares de pessoas no Facebook. No pior cenário, poderia arruinar sua marca. A Practicology fez uma pesquisa com os trinta principais varejistas não alimentícios do Reino Unido e descobriu que apenas 50% respondiam aos clientes em até 24 horas (Practicology, 2017).

Mencionei anteriormente a AO.com, ao abordar cultura. Seu fundador e ex-CEO, John Roberts, costumava passar quarenta minutos por dia respondendo a clientes que haviam escrito cartas, enviado e-mails ou postado no Facebook. Ele respondia a sentimentos negativos e positivos dos clientes. Esse ciclo fechado de feedback ajudou a gerar uma reputação muito boa para a marca e um nível de confiança que muitas organizações não possuem.

A linha aérea holandesa KLM tem níveis de serviço extremamente bons em mídias sociais. Você pode contatar a KLM 24 horas por dia, 7 dias por semana, e esperar resposta dentro de uma hora na maioria dos canais sociais. Você pode fazer perguntas no Facebook, no Messenger, no Twitter e no LinkedIn ou obter suporte específico para estas dúvidas:

- Agendamento ou mudança do voo.
- *Check-in* para um voo.
- Escolha de seu assento favorito no avião.
- Pedidos de refeições à *la carte*.
- Contratação de bagagem extra.

A KLM disponibiliza suporte ao cliente em nove idiomas diferentes, e agora oferece um serviço "Meet and Seat" em que você pode descobrir quem estará no seu voo por meio de perfis do Facebook ou do LinkedIn (Fritsch, 2017).

CRM (CUSTOMER RELATIONSHIP MANAGEMENT OU GESTÃO DE RELACIONAMENTO COM O CLIENTE)

Mídias sociais são uma ótima oportunidade para construir relacionamento com os clientes. A AO.com possui o nível de engajamento mencionado anteriormente porque construiu um relacionamento com seus clientes. Clientes têm forte afinidade com a marca. Eles confiam na AO.com. Isso é catapultado por vários fatores, incluindo o nível de seus serviços e o ciclo fechado de feedback em mídias sociais, ambos os quais geram confiança entre os clientes, isso sem falar do aspecto divertido da marca. A sensação dos clientes é que a AO é uma amiga, e uma amiga que os entende. Esse nível de afinidade é mútuo, e está no cerne do DNA da marca. A Doubletree, do Hilton, é outra marca com foco sólido no cliente. Vocês que já se hospedaram lá saberão que a primeira coisa que os recebe quando entram na recepção é um *cookie* de chocolate delicioso e quentinho! Admitindo que você pode chegar cansado e um tanto esgotado de uma viagem, com esse gesto bem pensado a Doubletree o faz se sentir em casa logo de cara. Isso também representa a dedicação da equipe aos hóspedes, o que garante que eles se sintam especiais e cuidados durante a estadia. Experimentei o fato em primeira mão quando fiquei em seu hotel em Dublin. Acordei às 4 da manhã (como frequentemente acordo) e quis usar a academia. Liguei para a recepção esperando a resposta habitual de que "a academia só abre às 6 horas", que era o horário da propaganda. Para minha alegria, a recepcionista disse: "Senhor Newman, geralmente a academia só abre às 6, mas, se quiser, posso ir abrir agora". Também levaram a proposta do biscoito às redes sociais, divulgando o #sweetwelcome em vários canais de mídias sociais, entre eles Facebook, Instagram e Twitter. É uma boa ideia lembrar os clientes de como eles se sentiram quando fizeram o *check-in* e de como a equipe se esforçou para que você se sentisse bem-vindo. Isso faz você se lembrar deles na próxima vez em que precisar reservar um hotel e demonstra um foco marcante na retenção de clientes.

MULTICANAL

Social selling: mídias sociais também impulsionam vendas. Essas vendas podem ser um verdadeiro "comércio social" on-line no canal de mídia social ou gerado por meio de outros canais. Também é uma oportunidade para gerar *leads* e demanda elevada. O Pinterest também entrou em ação quando lançou o "Shop the Look". Aproveitando o aprendizado de máquina, isso identifica itens fixos que o cliente pode comprar. Isso inclui estilos de grandes varejistas multicanais. A análise de dados do "Shop the Look" pode ser aproveitada para informar os varejistas quando uma postagem patrocinada no Pinterest gerou venda. Esse é um excelente exemplo do verdadeiro comércio social.

PROPAGANDA

Há um cruzamento entre publicidade e marketing, sendo o primeiro mais relacionado a campanhas específicas e atividades direcionadas com uma clara intenção de alavancar vendas. É claro que canais de mídias sociais apresentam uma grande oportunidade para influenciar os clientes. Não vamos nos esquecer de que as mídias sociais também são ferramentas que impulsionam o "boca a boca". Como tal, podem ter um impacto viral muito forte, com muitos clientes aumentando o alcance de sua mensagem ao compartilhá-la com amigos, familiares e colegas com os quais estão conectados nos canais de mídias sociais. Todos os segmentos de clientes são fortemente influenciados por seus pares, e, portanto, as taxas de resposta a produtos e serviços que estão sendo promovidos e compartilhados com eles vão converter muito mais que a maioria das outras comunicações de marketing.

MARKETING

O marketing nas mídias sociais dá a chance de conversar com *millennials* e outros segmentos de clientes sobre as causas que sua organização apoia ou sua abordagem em relação à responsabilidade social corporativa.

As mídias sociais também proporcionam a oportunidade para analisar sentimentos ou minerar opiniões (como se diz), a fim de se descobrir o que os clientes realmente acham de sua marca. Isso, por sua vez, pode ser aproveitado para obter uma boa compreensão da saúde de sua marca.

RELAÇÕES PÚBLICAS E MARKETING DE INFLUÊNCIA

A RP nas mídias sociais é onde você encontra e alavanca influenciadores. No ocidente, costumamos nos referir a eles como blogueiros ou vlogueiros. Na China e na Ásia, eles são chamados de líderes de opinião (KOLs). Essas pessoas têm um grande número de seguidores nas mídias sociais. Alguns KOLs têm entre dez e vinte milhões de seguidores! O endosso que eles fazem de seus produtos ou serviços pode fazer com que você influencie os consumidores de uma forma que nunca conseguiria fazer diretamente, por conta própria.

Como as Kardashians, os KOLs chineses possuem um grau de influência tão grande quanto outras celebridades ocidentais. Um bom exemplo é a superestrela chinesa BingBing, que gerou US$74 milhões em lucros de *e-commerce*. Ou Zoella, uma vlogueira do Reino Unido cujo *blog* conta com mais de 12 milhões de assinantes. Blogueiros, vlogueiros e KOLs possuem uma influência colossal.

Há também uma infinidade de blogueiras de categorias específicas, como Heather Armstrong, nos Estados Unidos, uma blogueira profissional que fica em casa. Ela lançou o Dooce.com para escrever sobre cultura popular, música e sua vida de solteira – e ganha US$40.000 por mês fazendo isso (SMALLSTARTER, 2017).

Algumas empresas possuem programas de embaixadores de marca. Os embaixadores podem ser clientes ou celebridades. Eles são recompensados com pagamentos, produtos ou outros benefícios, e são solicitados a falar bem dos produtos ou serviços da empresa. Um exemplo disso é o programa de embaixadores da marca Spotify, que aproveita alunos de faculdades e universidades que organizam festas com *playlists* selecionadas pela plataforma. É uma função divertida e ajuda a manter a empresa em contato com seu público prioritário.

A Hunkemöller, uma das principais varejistas de *lingerie* da Europa, me contou que sua equipe promove o engajamento social com consumidores mais jovens. Eles têm oitenta embaixadores externos e quarenta internos – todos usam os produtos e se comunicam pelas redes sociais, e isso é otimizado por meio da plataforma de gestão de conteúdo Olapic. Eles têm uma das maiores equipes de mídia social que já encontrei em uma organização de varejo, com doze funções em tempo integral nas mídias sociais, o que gera engajamento em todos os canais.

A escuta social, o chamado *social listening*, é a oportunidade para uma marca identificar sentimentos e opiniões, abordar proativamente quaisquer preocupações que os clientes tenham e evitar o potencial de um problema com a reputação antes que ele se transforme em crise. Existem muitas ferramentas que você pode usar para escuta social que lhe permitirão entender o que os clientes pensam de sua empresa e marca. Canais de mídias sociais também são seu primeiro ponto de defesa quando se trata de reagir a qualquer negatividade midiática que você possa estar enfrentando. Entretanto, você precisa de um plano de gerenciamento de crises para lidar com esses acontecimentos.

Pense na situação da United Airlines em 2017, quando se contou que um homem que se recusou a sair de seu assento em um voo com *overbooking* foi "arrancado do lugar, jogado no chão e arrastado, com sangue visível no rosto" (Gunter, 2017). Isso gerou um imenso impacto viral nos canais de mídias sociais e *mainstream* em todo o mundo, causando sérios danos à marca e a sua reputação. Um dia depois, o CEO da United, Oscar Munoz, pediu desculpas no Twitter: "Este é um acontecimento perturbador para todos nós da United. Peço desculpas por ter que reacomodar esses clientes. Nossa equipe está tomando providências urgentes para agir com as autoridades e conduzir nossa própria visão detalhada sobre o que ocorreu. Também estamos entrando em contato com esse passageiro para falar diretamente com ele, a fim de abordar e resolver essa situação" https://twitter.com/united/status/851471781827420160.

Em contraste com o texto acima, mídias sociais criam confiança com uma marca. Por exemplo, comensais eventuais pesquisados nos Estados Unidos são 1,79 vezes mais propensos a serem incentivados a comer num restaurante se outras pessoas da idade deles também o frequentam. Faz sentido, portanto, falar sobre "clientes como eles" nos canais de mídia social (Facebook Insights, 2017).

RECURSOS HUMANOS

Em canais de mídias sociais, você pode se conectar com candidatos e funcionários, compartilhar novidades da empresa e construir sua comunidade interna. Essa também é a oportunidade ideal para construir a marca do empregador. Canais de mídias sociais são um excelente veículo para fazer divulgação de sua empresa, de sua cultura e de por que seu ambiente de trabalho é um ótimo local.

INOVAÇÃO E DESENVOLVIMENTO DE PRODUTO

Mídias sociais apresentam a oportunidade para solicitar feedback aberto dos clientes e o que eles acham dos novos produtos e serviços que você está planejando.

CONHEÇA OS CANAIS DE VENDAS QUE TE SERVEM MELHOR

Aumente sua credibilidade em um "instante" – 46% dos compradores de produtos de beleza no Reino Unido concordam que confiam mais em marcas que veem no Instagram (SPREDFAST, 2017). Você precisa entender qual é a função dos diferentes canais de mídias sociais.

Há muita coisa interessante no Pinterest

Seria possível argumentar que o Pinterest amadureceu. O Pinterest estimula um engajamento significativo, e também está abrindo caminho como impulsionador de vendas. Por exemplo, quando a KPCB perguntou às pessoas qual serviço de mídia social é um ótimo lugar para ficar fuçando coisas que se quer comprar, em 2017 44% disseram que era o Pinterest, comparado com 33% em 2015; e, para comprar coisas, 24% afirmaram que era o Pinterest, em relação a 12% em 2015 (MEEKER, 2017). Isso teve como base uma pesquisa com 12.000 usuários no mundo todo.

Pinterest Lens

A possibilidade de descobrir e fazer potenciais compras de itens foi extremamente facilitada com a introdução do Pinterest Lens. Usar a câmera no aplicativo permite aos usuários descobrirem ideias inspiradas por objetos que eles veem no mundo real. Com artigos de moda, podem ser encontrados estilos e ideias relacionados sobre o que usar com o item. Com móveis, designs semelhantes podem ser encontrados, bem como outros itens da mesma época. O Lens também pode ser usado com alimentos: apontar a câmera para um ingrediente fará aparecer várias receitas. Com o "Shop the Look" (atualmente disponível nos Estados Unidos), o próximo passo para os usuários do Pinterest será comprar os itens que eles descobrem diretamente com os varejistas (RETAIL INSIDER, 2017).

Instore

A Nordstrom aproveita o Pinterest com ótimo efeito. Sua equipe de marketing rastreia os produtos mais populares, observando os Pinterest Pins e os que estão em alta. Esses dados são aproveitados para garantir que os produtos mais apropriados sejam promovidos em suas lojas físicas (Lutz, 2017).

Férias no Pinterest

Hoje em dia, o Pinterest é um dos primeiros lugares aonde as pessoas vão para pesquisar e planejar as próximas férias; 62% dos clientes usam o Pinterest para planejar futuras férias. Viajar está entre os 10 principais motivos por que as pessoas acessam o Pinterest. Em 2017, mais de 16 milhões de pessoas salvaram 780 milhões de ideias de viagem diferentes. Viagens em família foram especialmente populares, com 2,7 milhões de pessoas salvando mais de 36 milhões de Pins (e também orçamento para viagens, em que 1,2 milhões de pessoas salvaram mais de 12.7 milhões de Pins) (Lux, 2017).

ESTUDO DE CASO
PETS DO (P)INTEREST

Ao contrário de muitas companhias de seguro, a Petplan, nos Estados Unidos, desenvolveu uma proposta de valor genuinamente centrada no cliente, extraída de seu foco em saúde animal, proporcionada por conteúdos de alta qualidade e relevantes, além de um excepcional atendimento ao cliente. Seu objetivo principal é capacitar comunidades que desejam prover o melhor plano de saúde e proteção a seus membros familiares de quatro patas!

A Petplan quis mostrar sua *expertise* e, ao mesmo tempo, transmitir sua personalidade de marca. Eles pesquisaram temas relacionados a pets que estavam bombando no Pinterest e começaram a criar quadros nessa rede social mostrando imagens relevantes e atraentes de pets, com a revista de saúde animal *Fetch!*. Posteriormente, eles desenvolveram e compartilharam mais conteúdo educacional, incluindo dicas de saúde para pets e seus quadros "Breed all about it" ("Cães de raça", em tradução livre).

Em apenas alguns meses, o Pinterest gerou uma grande quantidade de tráfego de referência para a Petplan, resultando em 69% mais visualizações de página e 97% mais tempo no site, rivalizando o desempenho do Twitter e do Facebook. A Petplan claramente encontrou uma lacuna no mercado, e está fazendo um ótimo trabalho ao alavancar as mídias sociais para impulsionar a demanda por seus produtos de seguros para animais de estimação. Ao contrário do Reino Unido, que tem aproximadamente 30% dos pets segurados, e da Suécia, com quase 50%, os Estados Unidos têm cerca de 1% dos pets segurados. Ao aproveitar táticas como adicionar o botão "salvar" ao site, incluir o botão "seguir" o Pinterest nos rodapés de seus e-mails e campanhas sociais, bem como otimizar o conteúdo do site para o Pinterest, a Petplan conseguiu gerar um interesse significativo tanto na importância do seguro quanto em seus planos específicos para segurados.

Como consequência desse foco, no trimestre seguinte a Petplan desfrutou de um aumento de 87% em novos visitantes em seu site, um aumento de 35% na quantidade de visualizações da página e um crescimento de 12,5% nas cotações de seguro.

Fonte: PINTEREST [s.d.].

DICAS PRÁTICAS PARA MELHORAR A EXPERIÊNCIA DO CLIENTE

1. Trate as mídias sociais como um estímulo estratégico de oportunidade para o seu negócio – elas não são apenas um canal promocional.
2. Coloque as pessoas certas para trabalhar suas mídias sociais – não se limite a colocar a pessoa mais jovem para fazer isso.
3. Assegure-se de que os níveis de serviço e o tempo de resposta sejam apropriados.

> ④ Não seja antissocial – o comércio por meio das redes sociais é uma oportunidade palpável.
>
> ⑤ Pense nas oportunidades e nas ameaças potenciais com as quais você não está lidando atualmente por ainda tratar as mídias sociais como uma ferramenta meramente promocional

① TRATE AS MÍDIAS SOCIAIS COMO UM VEÍCULO ESTRATÉGICO DE OPORTUNIDADES PARA O SEU NEGÓCIO – ELAS NÃO SÃO APENAS UM CANAL PROMOCIONAL

Conforme destacado acima, mídias sociais podem fazer tudo, desde promover seus produtos e serviços até envolver seus clientes no processo de desenvolvimento desses produtos. Elas podem capacitá-lo a prever e lidar com uma possível crise; usando ferramentas de escuta social, também podem capacitá-lo a reagir com bastante antecedência a potenciais ameaças ou oportunidades relacionadas ao sentimento do consumidor em relação à sua marca. Você pode incentivar clientes engajados e já existentes, e também os defensores de marca e influenciadores-chave a divulgarem a mensagem sobre sua empresa. Você pode promover a cultura e os valores de sua empresa e, fazendo isso, usar mídias sociais para fins de RP. Use a estrutura acima; ela lhe possibilitará alavancar as mídias sociais para o desenvolvimento de uma estratégia empresarial.

② COLOQUE AS PESSOAS CERTAS PARA TRABALHAR SUAS MÍDIAS SOCIAIS – NÃO SE LIMITE A COLOCAR A PESSOA MAIS JOVEM PARA FAZER ISSO

Se vai levar isso realmente a sério e compreender sua importância estratégica para a empresa, você precisa das pessoas certas para gerenciar as mídias sociais. Porém, considerando que elas alimentam tantas áreas diferentes de sua empresa, é improvável que você terá uma única pessoa para supervisionar todas as mídias. Além disso, diferentes departamentos terão equipes responsáveis pelo próprio *input* em mídias sociais:

- atendimento ao cliente;

- marketing (marca, prospecção e retenção de clientes);

- relações públicas;

- desenvolvimento de produtos;

- RH;

- *e-commerce*.

❸ ASSEGURE-SE DE QUE OS NÍVEIS DE SERVIÇO E O TEMPO DE RESPOSTA SEJAM APROPRIADOS

Você não pode deixar os clientes esperando 24 horas por uma resposta a uma pergunta em mídias sociais! Os clientes esperam respostas instantâneas, motivo pelo qual aplicativos de mensagem estão se tornando um dos canais principais que os clientes usam para se comunicarem on-line com uma marca. Atendimentos fracos ao cliente são um dos principais gatilhos para sensações negativas e para os clientes usarem o "boca a boca/*word of web*" para contar a outras pessoas a experiência ruim que tiveram com você. Veja a Figura 14.2.

❹ NÃO SEJA ANTISSOCIAL – O COMÉRCIO POR MEIO DAS REDES SOCIAIS É UMA OPORTUNIDADE PALPÁVEL

Um dos melhores exemplos de comércio social que já vi é o da GlassesUSA.com. Trata-se de um *e-tailer* on-line que vende óculos e lentes. Eles têm uma loja social onde exibem fotos de clientes felizes usando seus produtos. Todas as imagens são marcadas, e os usuários podem clicar em cada uma delas e comprar a armação e as lentes aqui e ali. Esse é um ótimo exemplo da importância do conteúdo gerado por usuários e da importância de alavancá-lo tornando-o consumível. Sabe-se muito bem que a conversão de clientes é muito mais alta quando eles leem avaliações e comentários de usuários ou conteúdo de outros clientes. Conteúdos gerados por usuários também engendram confiança e, de acordo com pesquisa da Nielsen, 92% dos consumidores confiam mais em um conteúdo gerado por usuários do que em propagandas tradicionais.

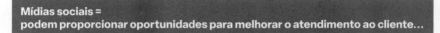

FIGURA 14.2 A Ovum faz o certo: proporciona o suporte *omnichannel* que os clientes desejam (pesquisa feita com consumidores de 18 a 80 anos na Austrália, Europa, Nova Zelância e Estados Unidos, n = 400)

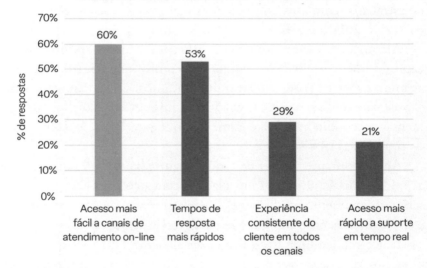

Fonte: OVUM (2016).

5 PENSE NAS OPORTUNIDADES E NAS AMEAÇAS POTENCIAIS COM AS QUAIS VOCÊ NÃO ESTÁ LIDANDO ATUALMENTE POR AINDA TRATAR AS MÍDIAS SOCIAIS COMO UMA FERRAMENTA MERAMENTE PROMOCIONAL

Acredite em mim, em algum momento alguma coisa de sua empresa vai aparecer nas mídias sociais. Você precisa ter um plano para lidar com isso de maneira eficaz.

COM A PALAVRA, O PROFESSOR MALCOLM McDONALD

O modelo no início deste capítulo é um dos melhores e mais claros que já vi sobre o tema mídias sociais, e eleva a um nível estratégico o que na maioria das vezes é considerado um tópico tático.

Embora eu tenha dito anteriormente que é impossível ter uma estratégia de mídias sociais sem uma estratégia robusta de marketing (lembre-se, uma estratégia para o que é vendido, para quem e por que os clientes devem comprar de você e não da concorrência), mídias sociais também necessitam de estratégias próprias para causar um impacto significativo na organização. Assim como o marketing precisa de estratégia, com seus componentes complexos – sejam eles os 4Ps, os 7Ps, os 20Ps ou os 6Ws –, mídias sociais também.

Além disso, assim como no marketing, Martin apontou neste capítulo que existem várias equipes diferentes que contribuem para as mídias sociais. Portanto, em minha opinião, um documento mais formal para mídias sociais é necessário se quisermos evitar abordagens e mensagens conflitantes de atendimento ao cliente, RP, desenvolvimento de produtos, HR e *e-commerce*.

Até o momento, apesar de todo o fuzuê e habilidades que cercam as mídias sociais, nunca vi um plano estratégico para elas, portanto, seria extremamente produtivo elaborar um processo para elaborar um e entrar num acordo sobre o que ele deveria incluir.

Deixe-me lembrar a todos que ser eficiente (tática) é o pior que podemos fazer se estivermos fazendo a coisa errada (estratégia). Fazer muito bem a coisa errada deve ser o auge da estupidez gerencial!

Portanto, Martin, obrigado por esse modelo, que em minha opinião define os componentes potenciais de uma estratégia para mídias sociais. ∎

REFERÊNCIAS

FACEBOOK INSIGHTS.Cooking Up a Crave: The Role of Mobile in Fast Food Dining. On-line, 2017. Disponível em: <https://www.facebook.com/iq/ artigos/cooking-up-a-crave-the-rove-of-mobile-in-fast-food-dining>. Acesso em: 1 dez. 2017.

FRITSCH, E. The Changing Retail Landscape. On-line, 2017. Disponível em: <https://www.sgia.org/journal/2017/sgia-journal-graphic-edition-septemberoctober-2017/changing-retail-landscape>. Acesso em: 19 dez. 2017.

GUNTER, J. United Airlines Incident: What Went

Wrong?. On-line, 2017. Disponível em: <http://www.bbc.co.uk/news/world-us-canada-39556910>. Acesso em: 1 dez. 2017.

LUTZ, A. Nordstrom Will Use Pinterest To Decide What Merchandise To Display In Stores. *Business Insider*, On-line, 2017. Disponível em: <http://www.businessinsider.com/nordstroms-pinterest-in-stores-plan-2013-11?IR=T>. Acesso em: 14 dez. 2017.

LUX, C. Using Pinterest and Promoted Pins for Travel Brands. On-line, 2017. Disponível em: <http://reprisemedia.com.au/blog/using-pinterest-and- promoted--pins-for-travel-brands/>. Acesso em: 1 dez. 2017.

MEEKER, M. Internet Trends 2017 – Code Conference. On-line, 2017. Disponível em: <http://www.kpcb.com/file/2017-internet-trends-report>. Acesso em: 1 dez. 2017.

OVUM. Get It Right: Deliver the Omni-Channel Support Customers Want. On-line, 2016. Disponível em: <https://az766929.vo.msecnd.net/document- library/boldchat/pdf/en/boldchat-whitepaper-ovum-logmein.pdfPinterest>. Acesso em: 1 dez. 2017.

OVUM. Success Stories: Petplan Insurance. On-line, [s.d.]. Disponível em: <https://business.pinterest.com/en-gb/success-stories/petplan-insurance>. Acesso em: 1 dez. 2017.

PRACTICOLOGY. Omnichannel Customer Experience Report 2017. On-line, 2017. Disponível em: <https://www.practicology.com/files/9414/ 8776/1948/Practicology_Omnichannel_CX_report_2017_DOWNLOAD.pdf>. Acesso em: 1 dez. 2017.

RETAIL INSIDER. Digital Retail Innovations Report. On-line, 2017. Disponível em: <http://*web*loyalty.co.uk/Images/UK/Digital_Retail_Innovations_ Report_2017.pdf>. Acesso em: 29 nov. 2017.

SMALLSTARTER. 7 Successful Bloggers Africans Should Learn from… and Become Like!. On-line, 2017. Disponível em: <http://www.smallstarter.com/get-inspired/7-successful-bloggers-tolearn-from/>. Acesso em: 14 dez. 2017.

SPREDFAST. 8 Social Statistics on Beauty Buyers to Shape Your Strategy Now. On-line, 2017. Dsiponível em: <https://www.spredfast.com/social-marketing-blog/8-social-statistics-beauty-buyers-shape-your-strategy-now>. Acesso em: 14 dez. 2017.

15

O impacto da inteligência artificial **(IA), realidade virtual aumentada, *machine learning* e voz** na experiência do cliente

O QUE VOCÊ APRENDERÁ NESTE CAPÍTULO?

▶ *Chat bots* estão a todo vapor.

▶ Quem os está usando e será que eles oferecem um serviço melhor?

▶ Quais outras áreas do engajamento de clientes tendem a ser impactadas pelo aprendizado de máquina e inteligência artificial (IA)?

▶ Quais partes da cadeia de valor de sua empresa você pode aprimorar com o incentivo da IA?

A INTELIGÊNCIA ARTIFICIAL É A 4ª REVOLUÇÃO INDUSTRIAL

Primeiro, tivemos o vapor e as máquinas, de 1760 a 1840. Depois, a eletricidade e a produção em massa, de 1875 a 1925. Em 1960, vimos o advento da internet, embora a rede mundial de computadores não tenha sido inventada até 1989. Hoje, o novo milênio tem IA e a fusão do digital com o físico (veja o Quadro 15.1).

QUADRO 15.1 Robôs trazem vantagens: algumas vantagens-chave da IA em uma empresa voltada para o consumidor

Aspecto impactado pela IA	Vantagens para a empresa	Vantagens para os clientes
Clientes são mais bem-atendidos por *chat bots*	• Proporcionar um atendimento melhor e vender com mais eficácia • Aumentar a conversão e calcular a média dos valores dos pedidos	• Eles recebem um atendimento melhor • Ficam mais felizes com os produtos que compram

299

Aspecto impactado pela IA	Vantagens para a empresa	Vantagens para os clientes
Centros de distribuição são automatizados	• Eficiência e produtividade aprimoradas • Menos escolhas equivocadas • Menos rupturas • Redução na porcentagem de devoluções • Cadeia de suprimentos aprimorada • Menor retração	• Envio dos itens corretos • Os clientes recebem mais rápido os pedidos • Os itens dos clientes chegam intactos na entrega
Arquitetura de intervalo, motores de recomendação de produtos e pesquisas *on-site*	• Aumento de conversão e vendas • Arquitetura de intervalo sempre aprimorada, impulsionada por dados e aprendizado de máquina	• Clientes são presenteados com mais opções relevantes de produtos • Melhores opções de vendas cruzadas para os clientes
Pagamentos e prevenção a fraudes: aplicar aprendizado de máquina para detectar usuários e fraude de pagamentos	• Reduz fraudes • Reduz a rejeição de transações e clientes não fraudulentos	• Mais confiança na segurança da organização • Clientes genuínos e não fraudulentos conseguem fazer pedidos
Comunicações de marketing impulsionadas por aprendizado de máquina	• Melhor retorno sobre o investimento	• Incentivos e comunicação mais relevantes

Fonte: Martin Newman.

◢ Os robôs estão assumindo – e não estamos reclamando

Um relatório da Gartner que li afirmava que mais de 60% dos *millennials* no Reino Unido gostavam de varejistas que usam IA para lhes oferecer produtos mais interessantes ou mais relevantes. Subsequentemente, a Gartner avalia que, em 2020, mais de três quartos das interações das varejistas com clientes serão feitas por *bots* de IA e agentes (GARTNER, 2017).

UM MUNDO BASEADO NA VOZ

Mergulhamos de cabeça na era do comércio conversacional. Antes que você se dê conta, tocar e rolar a tela do celular ou do *tablet* serão coisas do passado. Estamos e estaremos usando a voz para pesquisar produtos on-line, por meio de dispositivos interativos caseiros como a Alexa, da Amazon, o Google Home ou o Genie do Tmall. Vamos entrar no carro e dizer ao veículo qual música queremos que toque, em que temperatura deixar o ar-condicionado e aonde queremos ir. O comércio conversacional é uma ótima oportunidade para marcas de todos os setores voltados para o consumidor promoverem aos clientes em suas casas, carros e outras partes mais pessoas de suas vidas aquilo a que historicamente eles não conseguiram ter acesso.

Porém, para alguns proprietários de marcas, esse procedimento vem com alguns desafios:

- Dispositivos acionados por IA podem reconhecer a maneira como o nome de suas marcas é pronunciado?

- E se eles buscarem pela marca por meio da cor ou da rotulagem?

- E se os consumidores não se sentirem à vontade com marcas cuja pronúncia de nomes seja difícil?

- Os proprietários da marca precisam registrar as prováveis pronúncias equivocadas da marca e dos produtos?

A IA IMPULSIONA O ENGAJAMENTO MULTICANAL E A EFICIÊNCIA NA CADEIA DE SUPRIMENTOS

A Farfetch, a plataforma de compras on-line, criou um modelo exclusivo onde permitem que marcas pequenas, *premium* e de luxo alcancem uma base maior de consumidores. A IA capacita parceiros da Farfetch a conectarem seu inventário on-line com os inventários de suas lojas físicas. Isso, por sua vez, lhes permite proporcionar serviços e proposta de valor ao cliente que, devido ao custo da implementação, normalmente só seria acessível a grandes varejistas multicanal. Esses serviços incluem clicar e comprar e devoluções na loja. A Farfetch também utiliza IA para aprimorar a cadeia de suprimentos e a visibilidade dos produtos.

A Burberry lançou um *bot* do Facebook Messenger durante a London Fashion Week de 2016. O *bot* permitiu à Burberry oferecer aos clientes um vislumbre de sua nova coleção antes de sua estreia nas passarelas. Os clientes podiam, inclusive, comprar imediatamente em uma das primeiras criações "veja agora, compre agora" (Facebook, 2016).

◢ IA pode causar dor no curto prazo

Uma coisa que ainda acredito que devemos resolver é o que acontece quando milhões de trabalhadores não qualificados perdem seus empregos ao serem substituídos por IA e robôs. Ao perderem o emprego, muitos e muitos milhões de dólares estadunidenses de renda disponível também desaparecem. Quando os níveis de desemprego são baixos, como tem sido nos Estados Unidos nos últimos anos, atingindo 4,1% em 2017, varejistas em busca de expandir suas lojas podem enfrentar escassez de mão de obra (Us Department of Labour, 2017). É aí que entram a IA e tecnologias mais básicas. A Uniqlo, apesar de anteriormente ter assumido o aluguel mais caro da história varejista nos Estados Unidos por uma propriedade na 5th Avenue, em Nova York, inaugurou máquinas de venda automáticas de suas roupas em vários lugares nos Estados Unidos, o que lhe permitiu aumentar as vendas e levar a marca a novos clientes, sem o custo de abrir lojas novas. Isso é uma sequência do modelo Best Buy, já que eles também inauguraram máquinas de venda automática em aeroportos nos Estados Unidos. Hoje, a Best Buy possui mais de duzentos desses pontos de vendas em todo o país (Chapman, 2017). Essas máquinas também oferecem a oportunidade de vender 24 horas, 7 dias por semana. Tony Berthelot, cultivador de ostras na França, permite que clientes adquiram ostras em uma máquina de vendas automática!

Portanto, não há necessidade de pagar equipes no esquema 24/7.

Pesquisas em sites (busca de tráfego no site da empresa) – o que pode ser uma prévia da adoção do *chat bot* com base em IA – estão observando uma utilidade significativa. Compradores que usam pesquisas em site correspondem a 9% de todas as visitas, e o impressionante é que isso impulsiona 23% de todas as vendas digitais, com cada número aumentando discretamente nos últimos anos (Salesforce, 2017).

> Seguem trechos de uma entrevista que publiquei na *Retail Week* em 2008 sobre a "geração de um clique só". Eu a incluo neste livro, já que é ainda hoje relevante e acabamos de nos mudar para um mundo de comércio integrado, mídia e interação com o cliente. Um mundo de "veja agora, compre agora". Publicado sob permissão da *Retail Week*.
>
> A distinção entre a experiência de fazer compras em lojas e na internet também será tênue. O gerente de *e-commerce* da Ted Baker, Martin Newman, usa a expressão "comércio total" ou "*t-commerce*" para descrever como será o varejo daqui a vinte anos, a partir de agora. Ele prevê que os consumidores vão transitar facilmente entre o mundo real e o virtual.
>
> "Tudo no *e-commerce* será tridimensional. Não consigo imaginar como não avançar a esse nível até lá", afirma ele. "Os consumidores também conseguirão usar qualquer canal para comprar e qualquer canal pelo qual queiram receber produtos."
>
> A disponibilidade de produtos em tempo real e informações sobre a descrição de produtos serão levadas a outros patamares. Newman prevê um cenário em que os consumidores poderão clicar num personagem de novela de TV e imediatamente ser levados para uma página onde conseguirão comprar a roupa que esse personagem está usando.

A INTELIGÊNCIA ARTIFICIAL ENTREGA RECOMENDAÇÕES DE PRODUTOS ALTAMENTE PERSONALIZADOS

Thread é um serviço de estilização que fornece sugestões altamente personalizadas de estilo. Ele combina o toque humano pessoal com IA para obter *insights* sobre os clientes. O Thread distribui questionários para os clientes, com o objetivo de descobrir mais sobre as preferências de cada um deles. Eles também pedem aos clientes que enviem imagens de si mesmos, pois isso permitirá fornecerem uma correspondência mais precisa de produtos. Os estilistas revisam as informações dos clientes para entender a necessidade de cada um deles. Então, o algoritmo da IA ajuda a percorrer milhares de produtos para fornecer recomendações mais relevantes desses itens (veja a Figura 23).

Em visita ao NRF, a "grande mostra" anual do National Retail Federation em Nova York, em 2017, conheci o encantador Pepper Robot.

Pepper Robot tem recebido clientes nas filiais de telecomunicações do SoftBank no Japão nos últimos anos, concebido em 2010 em uma colaboração entre o SoftBank e a fabricante robótica francesa Aldebaran. Com o objetivo de criar um robô humanoide que pudesse interagir com os clientes do SoftBank, além de conseguir ler as emoções humanas, Pepper já criou uma base de fãs no Japão, onde recebe clientes do SoftBank. Definitivamente, ainda é cedo para falar em evolução de robôs voltados para o varejo; entretanto, mesmo nesse estágio inicial, parece que eles têm um impacto positivo no boca a boca, no tráfego e no engajamento do cliente. Se isso ocorre apenas nesse meio-tempo ou não, ainda veremos (SOFTBANK ROBOTICS, [s.d.]).

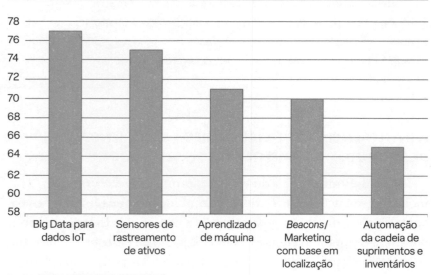

FIGURA 15.2 Porcentagem de varejistas que planejam investir em IA nos próximos anos

Fonte: ZEBRA TECHNOLOGIES (2017).

A computação cognitiva do Watson da IBM está desempenhando um papel marcante na IA, sobretudo com recomendação de produtos.

Nos Estados Unidos, a 1-800-Flowers.com lançou uma nova proposta chamada "Gifts When You Need", ou GWYN – a 1-800-Flowers.com posicionou-a como um *concièrge* de presentes orientado por IA. Consumidores são incentivados a fornecer informações sobre um destinatário do presente, e o Watson da IBM determina recomendações de presentes personalizados comparando as informações fornecidas com as de destinatários de presentes semelhantes. Em dois meses, 70% dos pedidos on-line foram concluídos pelo GWYN (Caffyn, 2016).

LOGÍSTICA E ENTREGA

A entrega robotizada da Domino's

Embora provavelmente esteja muito distante em termos de uso diário na entrega de pizzas para sua base de clientes, a Domino's vem desenvolvendo um robô para entrega. A empresa afirma que o robô pode conservar as pizzas quentes e as bebidas geladas, enquanto seus sensores determinam o melhor trajeto para entrega e ajudam a manter o robô na rota certa.

◢ Todos nós temos falado sobre a Amazon e seus drones

Todos já vimos os vídeos. Há um disse me disse constante sobre a Amazon logo, logo usar drones para entregas. Eles estão trabalhando com agências governamentais e de aviação em todo o mundo para descobrir como implementar os drones de forma segura e gerenciável. Eles não são os únicos. A UPS e outros *players* de logística estão desenvolvendo depressa capacidades nessa área. É muito provável que os drones se tornem parte integrante das capacidades de logística e entrega dos correios, pois vão aprimorar a eficiência das empresas de logística por serem capazes de fazer entregas aos clientes de um jeito mais rápido e econômico – gerando mais margem para o correio ao mesmo tempo que proporciona um serviço melhor e mais eficiente para o cliente.

◢ A IA alavanca o atendimento ao cliente e a eficiência

VISÃO DE *EXPERT*

Conversei com Sean McKee, diretor de *e-commerce* e experiência do cliente da Schuh, principal varejista de calçados. Perguntei a ele como a Schuh está refletindo sobre ou de fato aproveitando a IA em seus negócios, tanto para a experiência do cliente quanto para perspectivas de eficiência. Sean me disse que eles começaram considerando quais problemas de negócios a IA poderia resolver se houvesse um sistema de autoaprendizagem que pudesse resolver problemas de empresas e de clientes, por exemplo verificando fraudes – mais rápido para o cliente e com menos recursos humanos necessários para proporcionar esse serviço.

Outras oportunidades para alavancar a IA incluem cenários mais rotineiros. Por exemplo, a Schuh é uma empresa sazonal. Em setembro/outubro, os alunos voltam para as faculdades e universidades. A Schuh tem uma base significativa de clientes estudantes, que recebem desconto para alunos. Portanto, um grande número de alunos precisa provar que possui carteira de estudante. Atualmente, esse é um processo semimanual pelo qual sua equipe de atendimento ao cliente analisa os cartões para o *messenger* do Facebook verificar. No futuro, o papel desempenhado pela IA pode ser o de reduzir a necessidade de intervenção humana. Isso só precisa ser eficiente e seguro.

O pessoal da Schuh é seu ponto de venda exclusivo (USP), e o recurso é limitado. Portanto, é preciso garantir usar seu pessoal adequadamente, para oferecer a melhor experiência aos clientes e também proporcionar mais valor para a empresa.

◢ A IA também impulsiona a otimização de preços e margens

Julian Burnett, ex-CIO, diretor executivo de cadeia de suprimentos da House of Fraser me disse que a otimização de preços e remarcações está sendo impulsionada por uma abordagem de aprendizado de máquina – eliminando o instinto na tomada de decisões.

ESTUDO DE CASO
SERVIÇOS DE PAGAMENTO

Abaixo, seguem alguns exemplos de serviços de pagamento que usam IA.

Amazon Go

Em Seattle, a Amazon vem testando uma proposta de loja física da Amazon Go. Sua meta é criar um ambiente em que os clientes conseguirão usar o *app* da Amazon Go para comprar ou escolher e levar embora, criando uma experiência de compras automatizada exclusiva, em que o *app* rastreia os objetos que os clientes escolhem e com que saem da loja, usando sistemas de IA. As contas dos clientes são automaticamente cobradas quando eles saem da loja (FORTUNE, 2017).

O Net-a-Porter mistura IA e intervenção humana

Um dos USPs da Net-a-Porter é que eles têm uma quantidade imensa de compradores pessoais. Eles se preocupam com as necessidades de sua quantia de clientes nada insignificantes e de alto valor, a quem se referem como pessoas extremamente importantes, ou PEI, para encurtar. Eles usam IA para criar um estilista pessoal virtual que, por meio do aprendizado de máquina, consegue determinar quais produtos combinar para criar roupas mais adequadas a certos tipos de clientes e necessidades. Também analisam dados externos, como o clima e a agenda do cliente. Normalmente, o foco desse serviço ativado por IA seria aproveitar o histórico de compras para sugerir o que o cliente gostaria de comprar em seguida. Porém, o Net-a-Porter consegue proporcionar níveis mais relevantes e granulares de personalização acrescentando, também, uma camada de recomendações para o comprador pessoal, com base em dados de compra anteriores. Por exemplo, se um cliente pede ao estilista virtual pessoal (VPS) que procure uma roupa para uma festa em Cannes no dia 4 de abril, o VPS analisará o clima do local para recomendar produtos adequados (ARTHUR, 2017).

Otto/Blue Yonder

Em grande parte, a previsão de vendas tem sido uma arte, mas com IA e aprendizado de máquina existe a capacidade de usar a ciência. A varejista on-line Otto está usando tecnologia da Blue Yonder (que se baseia em pesquisas realizadas no laboratório do CERN em Genebra) para processar bilhões de transações e duzentas variáveis, incluindo vendas passadas, buscas na *web* e coisas como informações meteorológicas para prever o que os clientes comprarão no futuro próximo. Ele provou ser 90% preciso na previsão do que será vendido em trinta dias, o que o levou a comprar automaticamente duzentos mil itens por mês. O estoque excedente da Otto foi reduzido a 20%.

(RETAIL INSIDER, 2017)

◢ Dirigindo como uma galinha sem cabeça... ou um ser humano

Não bastassem os carros sem motorista, muitas organizações estão desenvolvendo vans de entrega sem motorista. Quanto tempo levará até que as estradas perto de você estejam cheias de vans e caminhões ativados por robôs? Carros sem motorista já estão dobrando a esquina. O impacto disso vai além da compreensão. O que acontecerá com o grande número de caminhoneiros? Eles perderão seus empregos? Haverá muito menos acidentes e mortes na estrada? Em relação ao último, sem dúvida espero que sim. Como isso impactará o ramo de seguros e nossos prêmios de seguro? Eles deveriam vir, não deveriam? Ou isso não passa de ilusão?

VISÃO DE *EXPERT*

A IA terá um grande impacto nas soluções de pagamento

Tive a sorte de entrevistas a Dra. Leila Fourie, líder mundial de pensamento na área de soluções de pagamento. Perguntei a ela como, em sua opinião, a IA mudaria o cenário dos pagamentos. Ela respondeu: "A IA terá consequências profundas. No entanto, como disse o grande Roy Amara, as pessoas superestimam a tecnologia no curto prazo e a subestimam no longo". Entendi que pode demorar um pouco para atingir a penetrabilidade, mas ela está chegando.

A Dra. Fourie me disse que os próximos dez anos verão mudanças profundas em todos os aspectos da economia, à medida que três tendências interdependentes amadurecem – a extensão em que todos estão conectados, a abertura de redes e a sobreposição de serviços abundantes nessas áreas abertas e redes conectadas.

Ela me disse que, juntamente com esse desenvolvimento, os pagamentos se tornarão cada vez mais digitais, integrados e contínuos à medida que várias organizações, tanto em termos globais como nacionais, se esforçam para oferecer uma experiência de pagamento segura e exclusiva.

O on-line e o presencial se fundirão, e os pagamentos serão invisíveis, por exemplo os *apps* chineses Tenpay e Alipay, que pagam exclusivamente por mercadorias em segundo plano e tornam a compra do produto mais uma questão de seleção do que de pagamento.

A biometria e os métodos de pagamento não tradicionais ultrapassarão rapidamente os canais tradicionais de pagamento POS com cartão.

Um dos desenvolvimentos mais interessantes em IA é que a tecnologia permitirá aos clientes que iniciem pagamentos por meio de processamento de linguagem natural, em que um consumidor pode enviar uma mensagem ou usar linguagem normal, como dizer ao *app* da Starbucks, "O de sempre, por favor, estarei lá em cinco minutos". Hoje, os computadores estão aprendendo a se adaptar a comunicações menos estruturadas, o que reflete melhor a maneira informal como falamos. Isso significa que os computadores não se limitam a instruções formais gramaticalmente precisas, mas podem interpretar melhor nossos pedidos. Como bom nativo de Glasgow, não consigo deixar de pensar que isso será uma coisa boa!

Perguntei a ela onde mais a IA está sendo usada. Ela me disse que já estamos vendo a IA utilizada em gerenciamento de riscos, e isso está afetando a experiência do cliente, por exemplo, nem todo mundo será solicitado e inserir uma senha devido a instantes reduzidos da inteligência impulsionando a interpretação do risco. Computadores terão a capacidade de validar um usuário com base em como ele usa o celular, por exemplo, se estiver usando um aparelho que não lhe pertence, o computador acrescentará mais camadas de segurança para esse cliente.

Perguntei à Dra. Fourie sobre outras mudanças no cenário dos pagamentos e quais outras soluções inovadoras de pagamento virão e mudarão a forma como pagamos por produtos ou serviços. Ela destacou o novo produto da Google, o TEZ. Ele contém *QR Codes* em áudio, em que um celular conversa com outro sem exigir nenhuma interação da parte do cliente.

DICAS PRÁTICAS PARA MELHORAR A EXPERIÊNCIA DO CLIENTE

1. Pense em onde a IA pode aprimorar sua cadeia de valor.
2. Potencialize o uso da IA para melhorar o serviço ao cliente.
3. Use a IA para proporcionar experiências mais personalizadas.
4. Nunca se esqueça de que você precisa recuperar quando a IA não puder responder à pergunta do cliente!

❶ PENSE EM ONDE A IA PODE APRIMORAR SUA CADEIA DE VALOR

Faça com a IA o que sugeri anteriormente neste livro e que você faz com o atendimento ao cliente, percorrendo todos os elementos de sua empresa e pensando no que você faria de diferente se fosse uma empresa de serviço ao cliente que apenas vende os produtos e serviços que você vende.

Desta vez, percorra sua cadeia de valor desde o desenvolvimento de produtos até o marketing, do *merchandising* à cadeia de valor, do atendimento ao cliente às operações de armazenamento, e determine onde poderia automatizar processos ou aproveitar o aprendizado de máquina para melhorar a eficiência daquilo que você faz.

❷ POTENCIALIZE O USO DA IA PARA MELHORAR O SERVIÇO AO CLIENTE

Definitivamente, *chat bots* podem ter um papel em ajudar a acelerar os níveis de atendimento aos clientes, mas também melhorar a qualidade e a relevância das informações transmitidas a eles. Por exemplo, 90% das perguntas do serviço ao cliente do Alibaba são assumidas por *chat bots* (ERIKSON; WANG, 2017).

Entre os canadenses que compram carros, 63% afirmam que prefeririam dar uma olhada nos veículos por conta própria na concessionária. Talvez seja uma boa oportunidade para as concessionárias aproveitarem *bots* em suas lojas físicas, a fim de aprimorar o atendimento ao cliente e as vendas. Isso eliminaria a pressão e a sensação do cliente de que "eles terão que comprar" (FACEBOOK IQ, 2017a). Da mesma forma, 30% das pessoas que viajam afirmaram que poderiam tomar todas as decisões sobre viagens com aplicativos de mensagens. Essa é outra área em que *chat bots* podem realmente gerar valor em termos de vendas e conversões, ajudando esse segmento de clientes a tomar decisões durante o *chat* com você (FACEBOOK IQ, 2017b).

Não obstante, eu sugeriria uma boa mistura de interação humana e de IA com o cliente. Mas não há dúvida de que a IA no atendimento ao cliente lhe permitirá melhorar a qualidade de seus serviços, o que, por sua vez, estimulará uma redução na rotatividade de clientes e aumentará o boca a boca e a defesa. Se seu *call center* também é um canal de vendas, isso também aumentará as vendas.

③ USE A IA PARA PROPORCIONAR EXPERIÊNCIAS MAIS PERSONALIZADAS

Como mencionei acima, a IA pode ser aproveitada para proporcionar produtos cada vez mais granulares e relevantes e recomendações de serviços para seus clientes, seja uma viagem de férias ou um carro, uma casa ou um vestido novos. A IA vai garantir que recomendações sejam feitas conforme as exigências de clientes individuais.

VISÃO DE *EXPERT*

Robin Phillips, ex-diretor de *omnichannel* da Boots, uma vez me disse que eles executaram algoritmos na linha Boots para determinar recomendações relevantes de produtos com base no tipo de pele do cliente, que já havia sido identificado. Esse é um ótimo exemplo de aproveitamento da IA para impulsionar vantagens palpáveis para o cliente.

❹ NUNCA SE ESQUEÇA DE QUE VOCÊ PRECISA RECUPERAR QUANDO A IA NÃO PUDER RESPONDER À PERGUNTA DO CLIENTE!

Daí vem minha opinião acima – não se livre de toda interação humana em seu *call center*. É uma receita para o desastre!

A Zalando, a plataforma de compras líder de moda, tem um serviço de estilista pessoal chamado Zalon. Eles o lançaram na Alemanha em 2015, e desde então o passaram para outros mercados europeus. O atendimento exclusivo aproveita dados já existentes de clientes, bem como informações obtidas por meio de consultas telefônicas feitas com compradores por um dos 150 estilistas. Após a ligação, clientes recebem itens que foram selecionados pelo estilista. A seleção de produtos é feita por meio de uma combinação do perfil do cliente, os dados existentes, um questionário on-line e uma consulta personalizada. A entrega das roupas é gratuita, e o cliente pode devolver quaisquer itens que não quiser ficar (Ecommerce News, 2017).

COM A PALAVRA, O PROFESSOR MALCOLM McDONALD

Acredito que a maioria de nós poderia ficar horas escrevendo sobre IA, mas não se preocupe, não farei isso! Mas espero que você não se importe por eu dar uma última palavra a respeito.

Em primeiro lugar, hoje em dia a IA é mais conhecida como "IA estreita ou fraca", no sentido de ser projetada para uma tarefa estreita, como reconhecimento facial, buscas na internet, xadrez (o Watson, da IBM), dirigir um carro etc. Muitos pesquisadores têm como objetivo de longo prazo criar a "IA geral ou forte". Enquanto a IA estreita poderia superar seres humanos em qualquer tarefa específica, a IA forte os superaria em praticamente qualquer tarefa, exceto em demonstrar emoções humanas como amor ou ódio, embora possa ser programada para ter intenções benévolas ou malévolas.

Porém, a verdade é que, enquanto pesquisadores em uma conferência em Porto Rico em 2015 não acreditavam que a superinteligência aconteceria em nossa era, muitos acreditavam que uma IA de nível humano estaria conosco antes de 2060. A questão é que há muita pesquisa de segurança ocorrendo na comunidade científica para se proteger contra o possível uso malévolo da IA forte.

Mais relacionado a este capítulo, sabemos que a IA estreita já está começando a revolucionar domínios até agora profissionais, como direito e contabilidade. Por exemplo, muito do trabalho básico do direito é previsível e repetitivo, como escrever testamentos ou transferências, enquanto empresas de contabilidade como a Accenture e a PwC já estão usando robôs para muitas tarefas rotineiras, porque podem ser feitas de maneira mais barata e mais rápida. No setor médico, robôs analisam raios X, exames de ressonância magnética, artigos de pesquisas médicas e outros dados, e percebem sinais de doenças que os médicos às vezes deixam passar. Lord Darzi, cirurgião pioneiro na cirurgia laparoscópica, afirma que "Robôs são mais precisos, têm maior alcance de movimento em cirurgias laparoscópicas e suas mãos não tremem, o que facilita costuras delicadas" (Pearson, 2017).

Retomando a pergunta anterior de Martin, e o impacto dos robôs na sociedade? A análise da PwC sugere que até 30% dos empregos no Reino Unido podem correr o risco de automatização no início de 2030, particularmente no setor de transporte e armazenamento (56%), manufatura (46%) e vendas por atacado e varejo (44%) (PwC Computational General Equilibrium Model for AI, 2017).

Ninguém sabe, ainda, a resposta para a pergunta sobre o que acontece com a estrutura socioeconômica quando as pessoas têm pouco ou nenhum valor como mão de obra, com uma população exponencialmente crescente e cada vez menos empregos. Que conselhos de carreira daríamos a nossos filhos? Pessoalmente, jogo no time dos otimistas que sabem que a sociedade sempre se adaptou a mudanças, como fizemos durante as revoluções do aço, do petróleo, da eletricidade e dos computadores. Na verdade, já entramos na quarta revolução industrial, e a maioria das previsões são de que a IA aumentará os lucros nos serviços de educação, construção, hospedagem e alimentação, atacado e varejo etc.

No entanto, existe uma ressalva importante. Durante as três primeiras revoluções industriais, as empresas que não se adaptaram desapareceram muito depressa, e o mesmo acontecerá com essa quarta revolução industrial. É claro que sempre haverá ludistas, portanto, evite se tornar um prestando muita atenção aos conselhos importantes deste capítulo. ∎

REFERÊNCIAS

ARTHUR, R. Yoox Net-a-Porter Looks to the Future of AI and Mobile Commerce with New Tech Hub in London. On-line, 2017. Disponível em: <https://www.forbes.com/sites/rachelarthur/2017/06/27/yoox-net-a-porter- tech/#10f082e81564>. Acesso em: 1 dez. 2017.

CAFFYN, J. Two months In: How the 1-800 Flowers Facebook Bot is Working Out. On-line, 2016. Disponível em: <https://digiday.com/marketing/two-months-
-1-800-flowers-facebook-bot-working/>. Acesso em: 1 dez. 2017.

CHAPMAN, M. From Cars to Oysters: Could You Sell Your Products Through a Vending Machine?. On-line, 2017. Disponível em: <https://www.retail-week.com/topics/technology/could-you-sell-your-products-through-a-vending-machine/7025156.article>. Acesso em: 1 dez. 2017.

ECOMMERCE NEWS. Zalando Introduces Personal Shopping Service Zalon In Belgium. On-line, 2017. Disponível em: <https://ecommercenews. eu/zalando-
-introduces-personal-shopping-service-zalon-belgium/>. Acesso em: 14 dez. 2017.

ERIKSON, J.; WANG, S. At Alibaba, Artificial Intelligence Is Changing How People Shop Online. On-line, 2017. Disponível em: <http://www.alizila.com/at-alibaba-artificial-intelligence-is-changing-how-people-shop-online/>. Acesso em: 1 dez. 2017.

FACEBOOK. Acesso em: 1 dez. 2017. Burberry Facebook Post. On-line, 2016. Disponível em: <https://www.facebook.com/Burberry/photos/a.498187831424.298428.1227920 26424/10154547898026425/?type=3&theater>. Acesso em: 1 dez. 2017.

FACEBOOK IQ. 63% of Canadian Auto Shoppers Say They'd Prefer to Check Out Cars On Their Own at the Dealership. On-line, 2017a. Disponível em: <https://www.facebook.com/iq/*insights*-to-go/63-63-of-canadian-auto- shopperspeople-ages-
-1864-who-reported-that-they-planned-to-purchase-or- lease-a-vehicle-in-the-nex-

t-12-months-say-theyd-prefer-to-check-out-cars-on-their-own-at-the-dealership/>. Acesso em: 1 dez. 2017.

FACEBOOK IQ. 30% of Travellers Said That They Could Make Their Travel Decisions Entirely With Messaging Apps. On-line, 2017b. Disponível em: <https://www.facebook.com/iq/*insights*-to-go/30-30-of-travelers-said-that-they-could-make-their-travel-decisions-entirely-with-messaging-apps/>. Acesso em: 1 dez. 2017.

FORTUNE. Acesso em: 14 dez. 2017. 5 Reasons Why Amazon Is Experimenting With Physical Stores. On-line, 2017. Disponível em: <http://fortune.com/2017/04/28/5-reasons-amazon-physical-stores/>. Acesso em: 14 dez. 2017.

GARTNER. *Gartner Predicts*, On-line, 2017. Disponível em: <https://www.gartner.com/binaries/content/assets/events/keywords/digital- marketing/ml3/gartner-2017-marketing-predicts.pdf>. Acesso em: 14 dez. 2017.

PEARSON, D. Artificial Intelligence. On-line, 2017. Disponível em: <http://www.davidcpearson.co.uk/blog.cfm?blogID=543>. Acesso em: 2 maio 2018.

PWC COMPUTATIONAL GENERAL Equilibrium Model for AI. The Macroeconomic Impact of Artificial Intelligence. On-line, 2017. Disponível em: <https://www.pwc.co.uk/economic-services/assets/macroeconomic-impact-of-ai-technical-report-feb-18.pdf>. Acesso em: 2 maio 2018.

RETAIL INSIDER. Digital Retail Innovations Report. On-line, 2017. Disponível em: <http://webloyalty.co.uk/Images/UK/Digital_Retail_Innovations_Report_2017.pdf>. Acesso em: 29 nov. 2017.

SALESFORCE. Shopper-First Retailing: What Consumers are Telling Us About the Future of Shoppin. On-line, 2017. Disponível em: <https://www.demandware.com/uploads/resources/REP_Sapient_Report_EN_27JUNE2017_FINAL_.pdf>. Acesso em: 1 dez. 2017.

SOFTBANK ROBOTICS. Pepper, the Humanoid Robot. On-line, [s.d.]. Disponível em: <https://www.ald.softbankrobotics.com/en/robots/pepper>. Acesso em: 1 dez. 2017.

US DEPARTMENT OF LABOUR. Acesso em: 1 dez. 2017. The Employment Situation. On-line, 2017. Disponível em: <https://www.bls.gov/news.release/pdf/empsit.pdf>. Acesso em: 1 dez. 2017.

ZEBRA TECHNOLOGIES. Reinventing Retail: 2017 Retail Vision Study. On-line, 2017. Disponível em: <https://www.zebra.com/content/dam/zebra_new_ia/en-us/solutions-verticals/vertical-solutions/retail/white-paper/2017retailvisionstudy-whitepaper-en-global.pdf>. Acesso em: 1 dez. 2017.

16

A emergência das **"izações"** para **se diferenciar**

⚡ O QUE VOCÊ APRENDERÁ NESTE CAPÍTULO?

O surgimento do que chamo de "izações":

▶ Premiumização.

▶ Customização.

▶ Personalização.

Além do fato de todas as três palavras terminarem com "ização", creio que existe uma correlação direta entre premiumização, customização e personalização e sua importância em oferecer a proposta certa para os clientes, mas também em permitir que você diferencie suas ofertas.

PREMIUMIZAÇÃO

A premiumização tem presenciado o movimento cada vez maior da criação de produtos e serviços que possuem um perceptível valor mais elevado por meio de seu *branding*, suas embalagens e da proposta de valor do serviço ou produto. Se nós os compramos, consumimos e experienciamos compensar mais do que fazer o mesmo com marcas menos *premium*.

De acordo com o Dicionário de Oxford, premiumização é o ato ou processo de tentar tornar uma marca ou um produto atraente para os consumidores, enfatizando sua qualidade superior e exclusividade (OXFORD DICTIONARIES, 2017); um exemplo é a "premiumização" da água engarrafada.

Nos últimos anos, houve o lançamento de muitas novas marcas de água engarrafada. Entre elas, estão:

- Voss Artesian Water;
- Hildon Natural Mineral Water;
- Evian Natural Spring Water;
- Fiji Natural Artesian Water.

O lançamento da Fever Tree como uma mistura *premium* agitou (com perdão pelo trocadilho) essa categoria específica de produtos. Também vimos isso no setor de bebidas alcoólicas. Alguns exemplos de marcas *premium* lançadas em categorias principais já existentes incluem:

- Uísque:
  - Haig Club;
  - Barrelhound;
  - Prometheus.
- Gin:
  - Hendricks;
  - Monkey 47;
  - Martin Miller's;
  - Tanqueray No Ten.
- Vodca:
  - Grey Goose;
  - Absolut;
  - Belvedere;
  - Stolichnaya.

A premiumização se provou a oportunidade para que quaisquer novos participantes entrando em categorias de produtos estabelecidas, com produtos novos, embalados e de marca inovadora, cobrassem uma taxa *premium* e, em alguns casos, substituíssem líderes de mercado bem estabelecidos. No entanto, à medida que cada vez mais novas marcas entram em diferentes categorias, com o tempo ficará mais difícil para os consumidores diferenciarem na própria mente a infinidade de opções disponíveis. É quase como a criação da cauda longa das marcas *premium*.

Se uma empresa tem um preço percebido elevado e benefícios percebidos baixos, ela ficará do lado esquerdo da linha de equivalência de valor (VEL) (Figura 16.1) e estará em desvantagem competitiva, perdendo *market share*. Empresas do lado direito da VEL terão maior participação de mercado e poderão estar em posição de aumentar os preços e captar mais valor (Netvaluescore.com, 2015).

FIGURA 16.1 A linha de equivalência de valor

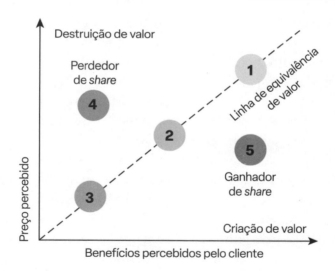

Fonte: McKINSEY (1997).

◢ Um movimento do cliente para negociar para cima e não para baixo

Embora eu acredite que sempre haverá um segmento de clientes que procura o produto ou o serviço de melhor valor, que na opinião deles provavelmente será o mais barato, cada vez mais clientes procurarão negociar, com seu conceito de valor não derivado de um preço mais barato. Ao contrário, eles perceberão que vão desfrutar de mais valor ao pagar por um produto ou serviço que ofereça benefícios mais duradouros. Isso, por sua vez, se presta à premiumização.

CUSTOMIZAÇÃO

Com tanta homogeneidade por aí, acredito que os consumidores buscarão cada vez mais produtos ou serviços que possam ser customizados para suas próprias necessidades específicas, ou simplesmente para conferir um diferencial a seu produto. Podemos encomendar modelos específicos de carros, mas, à medida que avançamos para uma era de veículos sem motorista, não consigo deixar de pensar que os consumidores que ainda querem dirigir sozinhos – e estou certo de que serão a maioria na próxima década – vão procurar diferenciar mais os carros: "embrulhando-os", encomendando-os em cores exclusivas, mudando as rodas. Arrume minha caranga, se quiser!

Equipamentos esportivos: tenho certeza de que poderemos personalizar nossos equipamentos muito mais do que hoje em dia. Seja mudando a cor do *driver* de golfe, adicionando sua própria marca à bolsa do golfe, raquete de tênis ou esquis, não posso evitar pensar que nos esforçaremos para personalizar cada vez mais nossos produtos e serviços, a fim de manter um certo nível em nossas necessidades pessoais, conforme as coisas ao redor se tornam cada vez mais homogêneas.

As marcas esportivas Nike e Adidas há vários anos oferecem aos clientes a possibilidade de personalizar seus tênis. Isso pode ser feito on-line e na loja, permitindo ao cliente que customize e personalize totalmente seu novo calçado. Muitas outras marcas oferecem essa opção, inclusive a Levi's e a Converse. Isso não se aplica somente a produtos. Cada vez mais buscamos viagens de férias e pequenas pausas que possamos criar por conta própria. Mesmo quando ficamos no mesmo lugar por duas semanas, na maioria das vezes reservamos os voos e os hotéis separadamente. Pacotes de férias funcionam quando se está em um determinado período da vida ou localização geográfica.

Que tal entrar num restaurante e pedir à equipe que faça algo que você quer comer e não está no cardápio? Obviamente, eles precisariam dos ingredientes e da receita! Mas essa última não seria muito difícil de encontrar on-line. E se você pudesse entrar em seu banco ou falar com sua companhia de seguros e lhes pedir que criassem um pacote de cobertura para sua família que cobrisse seguro residencial, seguro de carro, seguro de animal de estimação e assim por diante? Por que você não pode fazer isso?

A customização também está causando um impacto muito positivo na vida de pessoas com deficiência. A Remap é uma organização que personaliza equipamentos para clientes PCDs, permitindo que levem uma vida mais independente. Isso pode abranger qualquer coisa, de chuveiros a tacos de golfe, de computadores operados pela mente e dispositivos de alimentação a *fireguards* sob medida (REMAP.COM, [s.d.]).

PERSONALIZAÇÃO

De acordo com a Salesforce (2017), 58% dos fregueses que frequentam eventos na loja tendem a fazer compras, e 70% dos clientes que recebem promoções ou ofertas personalizadas são mais propensos a voltar a visitar a loja. Consumidores têm um sem-número de opções, tanto em relação com o canal como com a marca de quem compram. O que quer que você venda – carros, viagens de férias, comida para entrega ou para consumir no restaurante, roupas, eletrônicos, itens para casa, seguros –, o mínimo dos mínimos é oferecer aos clientes a opção de uma proposta mais personalizada e customizada.

◢ O casamento entre a localização e a personalização

A Amazon inaugurou um serviço de compras personalizado que oferece produtos com base nas condições climáticas locais do comprador. Isso torna a personalização muito mais relevante, já que as ofertas de produtos são contextualizadas e atuais. Por exemplo, em um dia ensolarado de verão, você vai encontrar promoção de filtro solar, óculos escuros e roupas de banho, e num dia úmido e chuvoso, guarda-chuvas, parcas e galochas. A Amazon desenvolveu um algoritmo que estuda dados climáticos para recomendar itens relevantes a clima, que também são baseados na localização do consumidor. Portanto, esta é uma proposta que leva muito em conta o clima da localização (JAHSHAN, 2017).

OS VAREJISTAS ESTÃO COMEÇANDO, LENTAMENTE, A SE TORNAR PESSOAIS

Alguns varejistas estão começando sua jornada em proporcionar experiências personalizadas para os clientes. A emblemática marca Very.co.uk, do Shop Direct Group, oferece *homepages* personalizadas para os clientes. Essa é uma maneira altamente eficaz para segmentar sua base de clientes e proporcionar conteúdo mais relevante e envolvente, com base nas preferências específicas de um cliente. Por exemplo, consumidores mais jovens que compram roupas serão prontamente atendidos com os estilos que a Very sabe que vão lhes interessar; os que procuram artigos baratos para casa vão procurar itens com desconto ou que se encaixem no orçamento. O Shop Direct Group foi um dos primeiros inovadores dentro do *e-commerce*. Ao longo de vários anos, eles desenvolveram recursos de ciência de dados e criaram seus próprios algoritmos internos, que utilizam para prever o comportamento do cliente. Eles possuem uma quantidade imensa de dados de clientes que, quando alimentados por meio de seu algoritmo, conseguem classificar a relevância de ofertas para clientes específicos.

E não acaba por aí. De acordo com a *Retail Week*, a Very.co.uk é capaz de criar 1,2 milhões de versões da própria *homepage*, com elementos flexíveis, entre eles o tipo de mensagens promocionais e sua posição na página. Eles também utilizam IA para oferecer recomendações de produtos personalizados aos clientes (*Retail Week*, 2016). Quando se trata de roupas, o desafio é como equilibrar recomendações altamente personalizadas e o "elemento surpresa" que sobretudo os consumidores jovens gostam de vivenciar quando o assunto é moda.

Cadeias de supermercado como a Coles, na Austrália, e o mercado on-line Ocado, no Reino Unido, utilizam personalização para proporcionar conveniência aos clientes por meio de sacolas de compras pré-cheias e listas com base em compras anteriores.

A personalização não começa e termina on-line.

Conforme destacado no Capítulo 15, com o exemplo do serviço de estilista pessoal Zalon, da Zalando, e com o serviço da Net-a-Porter "você experimenta, nós esperamos", as varejistas estão tentando aplicar seu toque pessoal à sua proposta. Varejistas multicanal também estão procurando aproveitar a fartura de dados de clientes que obtêm de transações on-line para oferecer experiências off-line mais relevantes e eficazes e oferecer personalização por meio de todos os canais e pontos de contato.

De acordo com a *Retail Week*, a Monsoon Accessorize conseguiu isso munindo os funcionários da loja com iPads para transformá-los em assistentes pessoais. Os iPads dão aos funcionários acesso a informações sobre estoque e páginas de produtos, apresentando recomendações para que possam promover itens alternativos ou complementares (*Retail Week*, 2016).

Conforme descrito anteriormente, varejistas nos Estados Unidos estão sob forte pressão, em parte devido à tomada de *market share* pela Amazon, mas também pela migração cada vez maior de clientes para compras on-line. Trocando em miúdos, varejistas têm lojas em excesso. Algumas têm procurado reaproveitá-las, com formatos menores e mais experimentais de lojas. Uma delas é a Kohl's, uma loja de departamentos estadunidense que também tem foco constante em personalizar a experiência para clientes. Eles criaram uma experiência personalizada em todos os pontos de contato, tanto físicos como virtuais – desde as ofertas e produtos que o cliente vê ao acessar uma página de destino no site até as ofertas personalizadas, destinadas a impedir que o cliente abandone o carrinho de compras. A Kohl's também oferece aos clientes campanhas de marketing personalizadas e, agora, aproveita a ciência de dados para auxiliar na alocação de mercadorias.

Na Austrália, a David Jones, uma das principais redes de lojas de departamentos, terá um bar da Johnny Walker. Prove, compre a garrafa e a receba com uma gravura e personalizada.

Essa experiência de personalização de produtos definitivamente aumentará, conforme as varejistas procurem diferenciar e proporcionar experiências mais envolventes.

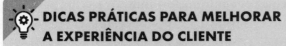

> **DICAS PRÁTICAS PARA MELHORAR A EXPERIÊNCIA DO CLIENTE**
>
> ① Proporcione experiências personalizadas aos principais segmentos de clientes.
>
> ② Proporcione aos clientes a capacidade de personalizarem seus produtos.
>
> ③ Considere a oportunidade de criar produtos ou serviços mais premiumizados.

① PROPORCIONE EXPERIÊNCIAS PERSONALIZADAS AOS PRINCIPAIS SEGMENTOS DE CLIENTES

Quanto mais você personalizar a experiência do cliente, mais vendas fará. Sim, é simples assim. Uma experiência personalizada significa mais produtos, serviços, conteúdo e experiência geral relevantes. Consequentemente, haverá mais conversão de clientes, eles vão gastar mais, voltarão com mais frequência e contarão a outras pessoas sobre você.

Um grande fator que contribuiu para o aumento de 61% nas vendas da Alibaba ano após ano no terceiro trimestre de 2017 foi sua capacidade de oferecer conteúdo extremamente personalizado e ofertas de produtos para os clientes (Michael Evans, presidente).

② PROPORCIONE AOS CLIENTES A POSSIBILIDADE DE PERSONALIZAR SEUS PRODUTOS

Ainda que não amplamente disponível hoje em dia, acredito que isso se tornará determinante, e qualquer empresa voltada para o consumidor que não permita aos clientes customizarem sua apólice de seguros, carro, terno, mesa de jantar e assim por diante simplesmente sairá perdendo.

③ CONSIDERE A OPORTUNIDADE DE CRIAR PRODUTOS OU SERVIÇOS MAIS PREMIUMIZADOS

A maioria de nós não se importa em pagar mais por maior qualidade. É por isso que marcas *premium* e de luxo existem. Portanto, reflita se você tem oportunidade para premiumizar alguns de seus produtos ou serviços.

COM A PALAVRA, O PROFESSOR MALCOLM McDONALD

Este capítulo identifica um fenômeno comercial que muitas pessoas do ramo empresarial não apreciam ou entendem, sobretudo economistas. Isto é, economistas do século XX popularizaram a ideia sem sentido de que os consumidores são racionais. Em outras palavras, eles maximizam a utilidade na margem usando informações completas. Para dar apenas um exemplo, considere o jargão científico que atrai tanta gente nos anúncios, dos de iogurte até os de tratamento para queda de cabelo e cuidados com a pele! Isso é elaborado para soar superinteligente e incentivar consumidores a tomar uma decisão aparentemente racional, independentemente de o iogurte ser comum ou de qualidade *premium*.

O único problema da visão dos economistas é que isso não é verdade, ou então nem teríamos marcas, por exemplo.

Nesse contexto, vamos abordar a premiumização e a opinião de Martin sobre usar a estratégia de preços como um diferencial para a escolha do cliente. Em particular, marcas *premium* desafiam a lógica dos economistas. Na maioria dos setores, como educação, o preço é visto como um indicativo de valor. Apesar das previsões dos economistas, quase sempre que o preço de itens de luxo sobe, as vendas também sobem.

Também é interessante notar que, em épocas de recessão, a maioria dos setores é afetada, mas marcas *premium* dificilmente o são. A maioria delas continua vigorando e prosperando. A Figura 16.2 ilustra esse fenômeno.

Na Figura 16.2 pode-se observar que, durante uma recessão, a maioria das empresas dos mercados de médio porte são obrigadas a reduzir os preços (sobretudo porque não entendem a importância crucial da segmentação de mercado), enquanto as marcas *premium* continuam crescendo, com raras exceções. Logo, sem dúvida vale considerar a premiumização, desde que o consumidor perceba o valor real de uma marca.

Customização e personalização também são tendências crescentes, como afirmado por Martin neste capítulo. Felizmente, agora temos a tecnologia para permitir que as marcas interajam com os consumidores de forma mais inteligente e certamente muito além de apenas saber o nome e a data de aniversário deles. Pode-se esperar que as marcas tenham registro de todos os pontos de contato e que usem esses dados para obter, onde for apropriado, a customização e a personalização, contanto que não cometa o erro de invadir nossa privacidade. A nova Regulamentação Geral sobre a Proteção de Dados (GDPR) de maio de 2018 é um atestado para o uso de ética desses dados crescentes e da ciência, da parte do consumidor, de como sua identidade está sendo usada e circulada além de seu controle. Garantir que o cliente se sinta seguro e confiável em relação a onde você está usando seus dados construirá um diferencial exclusivo e autêntico para sua organização. ■

FIGURA 16.2 ▶ O que acontece durante uma recessão

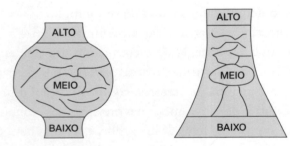

Fonte: © Professor Malcolm McDonald, Cranfield School of Management (MCDONALD, 1996).

REFERÊNCIAS

JAHSHAN, E. Amazon Launches Weather-Based Shopping Service. On-line, 2017. Disponível em: <https://www.retailgazette.co.uk/blog/2017/04/ amazon-launches-weather-based-shopping-service/>. Acesso em: 1 dez. 2017.

MCDONALD, M. *Strategic Marketing Planning*. Londres: Kogan Page, London, 1996.

MCKINSEY. Setting Value, Not Price. *McKinsey Quarterly*, On-line, [s.d.]. Disponível em: <https://www.mckinsey.com/business-functions/marketing-and-sales/our-*insights*/setting-value-not-price>. Acesso em: 29 dez. 2017.

NETVALUESCORE.COM. Price Against Benefits – Value Equivalence Line. On-line, 2015. Disponível em: <http://netvaluescore.com/price-benefits/>. Acesso em: 14 dez. 2017.

OXFORD DICTIONARIES | ENGLISH. Premiumization | Definition of Premiumization in English by Oxford Dictionaries. On-line, 2017. Disponível em: <https://en.oxforddictionaries.com/definition/premiumization>. Acesso em: 14 dez. 2017.

REMAP.COM. On-line, [s.d.]. Disponível em: <http://www.remap.org.uk>. Acesso em: 19 dez. 2017.

RETAIL WEEK. Personalisation: Retail Technology That Enhances the Customising Shopper Experience. On-line, 2016. Disponível em: <https://www.retail-week.com/topics/technology/innovation/personalisation-retailers-blazing-a-trail-on-the-customer-journey/5079455.article>. Acesso em: 1 dez. 2017.

SALESFORCE. Shopper-First Retailing: What Consumers are Telling Us About the Future of Shopping. On-line, 2017. Disponível em: <https://www.demandware.com/uploads/resources/REP_Sapient_Report_ EN_27JUNE2017_FINAL_.pdf>. Acesso em: 1 dez. 2017.

17

Entendendo o **comportamento do cliente:** transformando dados em *insights* **práticos** e os fatores críticos para a **gestão do relacionamento** com o cliente

⚡ O QUE VOCÊ APRENDERÁ NESTE CAPÍTULO?

▶ Quais as barreiras atuais para obter uma visão única do cliente?

▶ O que pode ser obtido com uma visão única do cliente?

▶ A importância de comunicações personalizadas.

▶ Eu mostro que existe uma hierarquia de gestão do relacionamento com o cliente (CRM), desde enviar e-mails relevantes conforme o gênero até a personalização completa.

▶ Forneço estudos de caso de marcas que se comunicam de maneira altamente eficaz com os clientes.

▶ Como descobrir uma compreensão mais profunda do comportamento do cliente?

▶ O que você deveria considerar em primeiro lugar?

Quero que o penúltimo capítulo do livro aborde a oportunidade que, no meu entender, é a mais desmerecida e potencialmente subvalorizada em organizações voltadas para o consumidor: a gestão de relacionamento com o cliente (CRM).

Se você não tem uma visão única dos clientes, não consegue saber quem eles são de verdade, do que gostam, do que não gostam, de quais canais gostam de comprar e quando, a qual atividade de marketing eles reagem melhor e se eles se envolvem ou não com sua central de contato.

Vivemos em um mundo multicanal. Para tanto, minha esperança é que a maioria das empresas reconheça que o valor de um cliente que se engaja por meio de mais de um canal é exponencialmente maior que o de um cliente de canal único. Não somente seu valor é mais alto, mas eles também são mais leais. Daí a obrigatoriedade de se ter uma visão única do cliente. Sei que muitas vezes sistemas e tecnologia antigos são os culpados pela incapacidade de proporcionar isso, mas também sei que muito poucas empresas estão priorizando isso.

MUDE OU, PELO MENOS, MUDE SEUS DADOS

Ao fazer compras em numerosas varejistas, quando me perguntam maiores detalhes, com bastante frequência a equipe não consegue me encontrar no sistema. Isso sugere vários problemas em potencial. Alguns se relacionam à necessidade de limpeza dos dados, outros podem ter a ver com o sistema. De qualquer maneira, as marcas precisam garantir que, se vão oferecer e promover qualquer formato de programa de fidelização, todas as transações do cliente sejam reconhecidas e apropriadamente recompensadas pelo nível dos gastos, independentemente do canal em que o pedido foi feito.

LGPD: LEI GERAL DE PROTEÇÃO DE DADOS

Implementada no dia 25 de maio de 2018, a Lei Geral de Proteção de Dados é a maior reestruturação de regras de proteção de dados desde a introdução da Lei de Proteção de Dados em 1998. Introduzida pela União Europeia (UE), ela é diretamente aplicável em todos os estados-membros sem necessidade de legislação nacional de implementação.

A LGPD se aplica a qualquer organização que oferece itens ou serviços a pessoas na UE, independentemente de sua localização geográfica. Portanto, não está relacionada apenas a varejo, abarcando todas as lojas verticais voltadas para o consumidor e ainda mais. A LGPD também se aplica a controladores e processadores de dados. Isso é particularmente importante para empresas que usam agências de dados externos, e, como controlador, você precisa garantir que seus contratos estejam atualizados e suas agências estejam cumprindo os padrões corretos. A LGPD é muito similar à Lei de Proteção de Dados de 1998, a qual está substituindo, e todas as obrigações legais abarcadas pela Lei de Proteção de Dados ainda se aplicam. Há algumas obrigações e segurança adicionais. Por exemplo, a Lei de Proteção de Dados se aplica a todos os dados pessoais, mas os dados pessoais ficaram maiores. A definição da LGPD de dados pessoais é mais detalhada, e fica claro que ela inclui identificadores on-line, como MAC e endereço IP. A definição é ampla demais para dar conta de mudanças tecnológicas. Se você consegue identificar uma individual com base nela, está incluída.

Ao contrário da Lei de Proteção de Dados, a LGPD também se aplica a indivíduos em uma empresa. Anteriormente, você podia enviar e-mails não solicitados a pessoas por um endereço de e-mail da empresa, mas isso não se aplica mais. Você deve garantir que seu status *opt-in* em suas listas de marketing esteja impecável. A melhor aposta é obter aconselhamento, para garantir que você esteja em conformidade.

RETORNO SOBRE O ENVOLVIMENTO

Será que existem marcas que realmente constroem um "relacionamento" com o cliente? Eu diria que não, e, se existem, pode-se contá-las nos dedos de uma só mão. Mais para o fim deste capítulo, demonstro que existe uma hierarquia de CRM, desde enviar e-mails relevantes para o gênero da pessoa até personalização completa. Se você consegue "envolver" os clientes na sua marca, há uma tendência muito maior de que eles comprem mais do produto ou serviço que você tem para vender.

Se você fosse uma varejista de roupas, talvez quisesse convidar seus clientes mais importantes para o lançamento de sua nova coleção na loja principal ou em outro ambiente salubre. Também ia querer que esses clientes o considerassem a primeira opção de compras quando você oferecesse um incentivo. Se você fosse uma operadora de turismo oferecendo pacotes de férias, talvez quisesse pedir a seus clientes, de maneira proativa, que contassem a outras pessoas sobre a própria experiência. Se você vendesse pacotes turísticos e de férias, não gostaria de convidar os clientes que já tivessem viajado com sua empresa para a noite de lançamento de um novo destino que você acrescentou à sua proposta?

Se você fosse uma concessionária, em vez de enviar vendedores a novos clientes, poderia dar a clientes já existentes a oportunidade de dizer por que eles adoram tanto assim seu novo carro. Garanto que você conseguiria encontrar uma maneira de recompensá-los por isso.

Clientes engajados falam sobre você. Eles são defensores. Atraem outros clientes e compram com mais frequência. Como destaca a Figura 26, seu tempo de vida útil é significativamente maior.

Mencionei anteriormente neste capítulo que a AO.com tem 40% do engajamento mensal de clientes com base em canais de mídias sociais. Isso dá aproximadamente 720.000 seguidores no Facebook! Um lembrete: eles vendem *freezers*, máquinas de lavar, secadoras. Sim, agora também vendem TVs, mas, para onde quer que você olhe, é uma quantidade fenomenal de engajamento de clientes. Ainda mais se você considerar o que eles vendem. Consigo pensar em dezenas de marcas mais famosas, no que você pensaria serem categorias de produtos que se prestam a um maior engajamento do cliente, mas têm números gerais muito mais baixos associados a si nas mídias sociais e muito mais baixos quando se trata de engajamento constante. Esses clientes também se tornaram um exército imenso de defensores da marca.

FIGURA 17.1 Valor vitalício do cliente

Fonte: Martin Newman.

A Wiggle e a Rapha, protagonistas no setor de ciclismo, entendem o que significa engajar e envolver clientes em sua marca. A primeira, mesmo sendo uma empresa sobretudo on-line, conduz inúmeros eventos off-line. Esportes e envolvimento com outros eventos de ciclismo permitiram à Wiggle que reforçasse sua credibilidade com sua base de clientes central e fiel, ampliando, ao mesmo tempo, o alcance da marca. A Rapha criou polos comunitários em sua loja, transformando um ambiente varejista em um local onde ciclistas querem ficar, encontrar amigos e se envolver com todas as coisas referentes a ciclismo. Ambas as marcas geram muito boca a boca por meio de defensores de marca, e essa boa disposição é, ao menos em parte, estimulada pela maneira como elas envolvem os clientes na marca.

◢ Preço x envolvimento incentiva o valor vitalício + defesa = vendas de valor agregado

A Alibaba cunhou o termo *"retailment"*[3] para descrever como eles acreditam que ambientes varejistas precisam se tornar mais divertidos e dar vida à experiência do cliente. Concordo em gênero, número e grau. Porém, o termo de minha preferência seria *"retainment"* ("retenção", em tradução livre). Desculpe, mas acho que ele descreve claramente a mesma coisa: a combinação entre conseguir comprar coisas em um ambiente que nos divirta, que é a parte do "ção", mas também de uma marca que deseja nos "reter". O termo descreve uma empresa focada em garantir que vamos voltar. A diversão, em si, nem sempre vai garantir isso. Mas sem dúvida ajudará. Precisamos ampliar o relacionamento com o cliente além da loja e de nossos sites. Temos que encontrar novas maneiras de mantê-los "envolvidos" com nossa marca. Em seguida, juntamente com uma experiência envolvente e divertida, temos uma chance real de vencer a guerra pelo cliente.

◢ CRM estimula o envolvimento e o engajamento, e sem dúvida impulsiona as vendas

Perguntei a Philip Mountford, CEO da Hunkemöller, uma importante marca europeia de *lingeries*, como ele utilizou o CRM para impulsionar as vendas e o engajamento. Esta foi a resposta dele: "Ele ajudou a reduzir a idade média do cliente em onze anos, tornando a marca mais acessível a um público mais amplo e também mais jovem".

---

[3] Mistura das palavras retail (varejo) e *entertainment* (diversão, lazer), em inglês. (N. T.)

A marca faz mineração de dados, segmentação e personalização para estimular o engajamento do cliente e as vendas. Sem dúvida os KPIs respaldam seu sucesso até o momento: 1) eles têm dez milhões de clientes que são membros de seu programa de CRM; 2) entre esses, cinco milhões são ativados em um ano.

Eles criaram um programa chamado Sexy Comes in All Shapes ("O sexy possui várias formas", em tradução livre), que por sua vez proporcionou um nível de detalhe e compreensão sobre seus clientes que lhes permitiu reduzir radicalmente as taxas de devolução e proporcionar uma compreensão profunda do formato de corpo do cliente.

Isso, por sua vez, levou à criação dos seguintes segmentos orientados conforme o formato do corpo da cliente:

- *Perfect plunge* ("Mergulho perfeito").

- *Delicious demi* ("Metade deliciosa").

- *Fabulous full cup* ("Fabulosa taça cheia").

- *Beautiful balcony* ("Bela varanda").

Isso permite que a Hunkemöller envie às clientes apenas os sutiãs que sirvam para seu tamanho e formato. Elas recebem somente comunicações personalizadas e promoções relevantes que combinem com seu perfil.

A empresa também possui um programa de fidelidade muito inovador, onde os clientes não apenas são recompensados pelas compras que fazem (eles ganham £5 a cada £50 em compras). Clientes ganham pontos por tuitarem, recomendarem produtos e são recompensados por outras interações sociais; de 5% a 7% dos prêmios aos clientes relacionados a CRM são concedidos por pontos de contato não transacionais. Acima de tudo, eles têm uma visão única do cliente e, portanto, conseguem oferecer um serviço mais eficaz e incentivos para os clientes como resultado de se compreender seu comportamento. Eles também estão usando *geofencing* e *iBeacons* para impulsionar promoções relevantes aos clientes quando estão na loja.

MUDE DA GESTÃO DA TRANSAÇÃO PARA A GESTÃO DA RELAÇÃO COM O CLIENTE

Infelizmente, a prática acima demonstrada pela Hunkemöller é exceção, e não regra.

CRM é outro desses termos que vêm circulando desde 2002. Ele implica que vamos construir um relacionamento com os clientes quando, na realidade, o CRM normalmente não passa de um mero programa de pontos baseados em lealdade ou um incentivo para gastar mais e poupar. No caso das varejistas, minha opinião é que, com muita frequência, elas revelam margem sem saber de fato qual é o impacto sobre o valor de vida útil do cliente e sobre o comportamento.

O Tesco Clubcard, o Boots Advantage e programas similares, como o CVS Pharmacy's ExtraCare, têm lá seus pontos fortes em incentivar compras, mas, no cerne, eles são esquemas "gaste e poupe". Eles não estão construindo um relacionamento duradouro e de longo prazo relacionado à etapa de vida do cliente. Acredito que o acrônimo que melhor descreve o que isso representa atualmente é gestão de transações de clientes (CTM). Como empresas voltadas para o consumidor, gerenciamos os pedidos dos clientes, não construímos relacionamentos.

De todas as varejistas de quem compro, não consigo pensar em nenhuma que me envie e-mails realmente segmentados, baseados em estímulos e comportamento relacionados a quem sou eu e ao que compro, bem como, consequentemente, a coisas de que posso gostar.

◢ Então, como os varejistas podem ter um verdadeiro CRM?

Acesse os dados de seus clientes em todos os canais, incluindo o *call center*, para ter uma visão exclusiva dos clientes e de seu comportamento por meio de todos os pontos de contato. Suas comunicações de marketing também devem ser acessadas para que enviem mensagens relevantes por e-mail e outros canais, cuja meta é acrescentar valor a mim com base no meu comportamento. Uma visão única do cliente (SCV) não beneficia apenas o cliente, no contexto em que você pode lhe enviar mensagens consistentes e relevantes. Ela também pode ser usada para informar suas decisões empresariais. Por exemplo, Nadine Neatrour, diretora de *e-commerce* da Revolution Beauty, me contou que, quando ela era gerente de *e-commerce* da Thomas Pink, eles foram um dos primeiras varejistas a ter uma SCV. Um dos principais benefícios foi que ela conseguiu provar por meio de dados empíricos que o marketing por e-mail estava gerando 30% das vendas em todos os canais, e não apenas on-line. Essa compreensão de atribuição é extremamente importante.

As soluções para os clientes na loja e o uso de *iBeacons* para proporcionar uma experiência mais personalizada na loja serão muito importantes. Seja qual for o termo correto, não acredito que CRM, em si, seja o suficiente, mesmo quando a verdadeira definição tem como rumo a gestão de relacionamentos. Talvez devesse ser gestão do ciclo de vida do cliente (CLM), pois somente quando uma empresa voltada para o consumidor constrói relacionamentos que fornecem produtos, promoções, conteúdo, serviços e valor agregado – reconhecendo onde está o cliente em seu ciclo de vida – ela realmente pode esperar construir um relacionamento de longo prazo com os clientes.

Marcas e concessionárias de carros têm uma ótima oportunidade de impulsionar aumento no valor do ciclo de vida útil do cliente comunicando-se com ele com mais regularidade em etapas diferentes do ciclo de vida útil do proprietário do carro.

Tenho vários amigos que sempre compram da mesma marca: Porsche, Audi, BMW, Mercedes, Ford etc. Ainda assim, as mensagens que eles recebem, tanto diretamente das marcas dos carros como das concessionárias, são esporádicas. A compra de carros tem um ciclo de vida, muitas vezes ditado nos dias de hoje por vários contratos, seja o contratado para negócios ou o contrato de compra pessoal (PCP) para uso individual. Existem janelas claras de oportunidade para engajar com um novo comprador de veículos: dentro de algumas semanas, somente para garantir que tudo esteja bem; dentro de algumas semanas da sua primeira manutenção, para lembrá-los de fazer a reserva do carro; em vários outros momentos, em que o carro precisa de manutenção. Um revendedor de automóveis tem a oportunidade de enviar um e-mail sobre o fato de você precisar de pneus novos ou oferecer a opção de recapear suas rodas de liga leve. Além disso, é óbvio, quando estiverem faltando seis meses para o fim do seu contrato, eles devem lhe direcionar a última oferta ou opção de troca por um novo modelo. Se você é tão leal a essas marcas quanto alguns de meus amigos, pode facilmente estar em algum tipo de programa de fidelidade:

- obtenha um modelo mais novo rapidamente – sem precisar estar no fim da lista de espera;

- um *upgrade* gratuito para o modelo mencionado acima;

- manutenção gratuita;

- seguro gratuito;

- um segundo carro com desconto para seu(sua) parceiro(a) etc.

Com várias fabricantes de automóveis criando hoje em dia um modelo direto para o consumidor, desintermediando o setor automobilístico ao não passar pelas concessionárias, isso pode mudar.

UMA HIERARQUIA DO CRM

1. Não fazer nada, por exemplo, os clientes até recebem e-mails não relevantes para seu gênero.

2. Franco-atirador: todo mundo recebe a mesma mensagem.

3. Personalização mínima: sou reconhecido pelo nome, embora nada mais seja personalizado no e-mail.

4. Programa de boas-vindas: recebo alguns incentivos bastante genéricos ou comunicações baseadas na minha primeira compra.

5. Surpresa e agrados: recebo as mesmas mensagens gerais que todas as outras pessoas, mas a marca me dá um presente-surpresa na minha primeira compra ou, potencialmente, em outro ponto do meu ciclo de vida. Por exemplo, quando comprei pela primeira vez o creme facial Lab Series diretamente da marca, eles me enviaram uma camisola bem luxuosa. Isso fez com que eu me sentisse especial e apreciada como cliente.

⑥ Programas de lealdade básicos incentivados por pontos, e comunicações.

⑦ Recência, frequência e valor: é aqui que uma marca segmenta você com base em suas compras recentes, a frequência com que compra e quanto gasta. É uma forma boa e rápida de mirar seus melhores clientes. Porém, certifique-se de recompensar esse segmento de clientes também, e não tente, simplesmente, vender mais coisas a eles.

⑧ Comportamento orientado: as comunicações que recebo se relacionam de alguma forma com o que comprei anteriormente, e o programa de fidelização me proporciona flexibilidade para escolher os descontos que recebo. Tanto a Waitrose quanto a Boots oferecem isso para titulares de cartões-fidelidade.

⑨ Personalização completa: todas as comunicações que recebo são relevantes, usam meu nome, meu histórico e frequência de compras, reconhecem meu comportamento multicanal etc. Todos os incentivos, fidelizações e promoções são feitos sob medida para mim.

VISÃO DE *EXPERT*

Robin Phillips, ex-diretor de *omnichannel* da Boots, me contou que busca criar uma visão acionável do comportamento mais recente do cliente para que possam se basear em ofertas e conteúdos relevantes para diferentes segmentos de clientes.

Não há dúvida de que muitos clientes querem que uma marca saiba quem eles são e reconheça todo o seu comportamento. Assim, eles receberão comunicações e conteúdos mais relevantes da marca.

VISÃO DE *EXPERT*

Perguntei a Morgan Tan, presidente da Shiseido em Hong Kong, com base em sua própria experiência como consumidora, o que ela acredita que

> constitui uma ótima experiência – seja on-line ou off-line. Ela me disse que, quando eles sabem que é VOCÊ que está on-line, quando as companhias conseguem conectar todas as suas interações e sabem que se trata de VOCÊ, essa é a melhor experiência que se pode obter.

◢ Quero meus dados de volta, e quero agora

Outra coisa importante a ter em mente é que, no futuro, é altamente provável que os consumidores possam exigir seus dados de volta de uma marca com que optaram por não se envolver mais. Não quero dizer somente que você não poderá se comunicar com eles, como acontece hoje, e sim que você terá de lhes fornecer todos os dados e *insights* que construiu sobre eles. Esse risco significa que ser centrado no cliente nunca foi tão importante, pois a falha em fazê-lo significa que os clientes andarão com os próprios dados.

◢ Tenho dados saindo pelas orelhas... e o *insight*?

Muitas vezes as marcas se queixam de não ter dados suficientes quando, na verdade, elas têm bastante, mas o que falta é um *insight* acionável. Tenho a experiência pessoal de frequentar literalmente centenas de reuniões de negócios em uma segunda-feira. Eu tinha mais KPIs do que dava conta de lidar:

- Vendas.
- Margem.
- *Ticket* médio dos pedidos.
- Taxas de conversão (para a *web* e lojas).
- Tráfego para *web* (únicos e repetidos).
- Taxas de abandono.
- Taxas de rejeição.

- Tráfego para lojas.

- Taxas de devolução.

- Tempo de espera.

- Melhores vendedores.

- Piores vendedores.

A lista continua. Porém, quando questionado pelo meu gerente, na época, sobre porque os KPIs estavam agindo como agiam, por que estavam para cima e para baixo, não tive respostas palpáveis.

Dados e, ainda mais importante, *insights* são extremamente importantes. Eles permitem que você tome decisões objetivas e baseadas em fatos, e elimine as desculpas para o mau desempenho da conversa. Eles também eliminam o "efeito hipopótamo", a "opinião da pessoa mais bem paga", assim como fornecem informações sobre o que está funcionando bem e, portanto, por que você deve investir mais na atividade que está lhe proporcionando bons resultados.

Se você fosse um restaurante, não gostaria de saber se há opções do cardápio que os clientes não querem comer e ponto final? Ou se o mix de sobremesas não combina com as entradas e os pratos principais que as precedem? Você conseguiria verificar isso por meio dos dados.

Você pode seguir o exemplo das marcas de FMCG que fazem com regularidade painéis de degustação com seus fornecedores. Faça seus clientes da vida real provarem novos pratos ou, até mesmo, darem ideias sobre como melhorar o cardápio. Ora, entendo perfeitamente que haja chefes de cozinha torcendo o nariz de horror a essa sugestão! Mas trata-se de colocar o cliente em primeiro lugar, simples assim. Deixe-os contribuir para ajudá-lo a moldar seu cardápio.

A Xiaomi, uma das maiores marcas de acessórios e roupas do mundo e que tem cinquenta milhões de fãs, aproveita os clientes no processo de desenvolvimento de produtos. Clientes podem votar nos estilos que a marca está pensando em produzir, dando-lhes também a oportunidade de recomendar alterações nos produtos que os tornariam mais atraentes.

O *slogan* da Volvo e a mensagem principal da campanha nos últimos dois anos tem sido "primeiro ouvimos, depois fazemos", em sua inimitável abordagem sueca de "questão de fatos". Basicamente, a marca diz, "ouvimos os nossos clientes", depois decidimos o que desenvolver.

Com que frequência uma empresa de serviços financeiros fala com seus clientes para obter feedback sobre os produtos e serviços que fariam a diferença para eles? Em um capítulo anterior, mencionei que, se provedoras de serviços financeiros envolvessem sua base de clientes na determinação da relevância de seus produtos, provavelmente elas fariam uma proposta bem diferente, como um pacote de produtos e serviços diversos para toda a família. Elas encontrariam maneiras de criar um ecossistema de valor agregado. Sim, a arquitetura de preços é um fator importante; entretanto, em geral os clientes estão dispostos a pagar por algo com o nível apropriado de valor percebido.

USE AS IMPRESSÕES DOS CLIENTES PARA APRIMORAR PRODUTOS E SERVIÇOS

Todos os dias, clientes devolvem produtos para as varejistas. Independentemente de terem sido comprados na loja ou on-line, clientes fazem devoluções. Em geral, isso acontece porque elas não serviram ou, simplesmente, eles mudaram de ideia quando os itens foram entregues. Pode haver muitas outras razões para a devolução de produtos. Esse *insight* não tem preço, e pode ser aproveitado de várias formas. Em termos genéricos, você pode descobrir padrões. Eles podem destacar problemas com certas categorias de produtos. Esses dados permitem que as varejistas desenvolvam leques de produtos mais eficazes. Em um nível personalizado, você passa a saber do que os clientes não gostam. Isso deve ajudar a informar o que você está tentando vender a eles, o conteúdo que produz, a atividade de marketing e outras formas de atendimento a clientes particulares.

Quantas empresas de viagens têm uma visão realmente precisa de quais aspectos das férias os clientes gostaram ou não? Quantas operadoras de viagem dos Estados Unidos sabem que, conforme estatísticas do Facebook, hispânicos nos Estados Unidos são 1,34 vezes mais propensos do que não hispânicos a reservar sua viagem mais recente como um pacote de férias? (FACEBOOK IQ, 2016). Você pode revisar sua oferta e a maneira como comercializa para cada um desses segmentos.

Se você fosse uma seguradora que vende seguros de automóveis, o que aprenderia com os clientes que não renovaram as apólices de seguro com sua empresa? Não me lembro de ter sido questionado por alguma seguradora sobre os motivos pelos quais não renovei com ela. Acho que, muitas vezes, elas presumem se tratar de uma mera questão de preços. Esse pode ser um dos principais critérios para a contratação do seguro; porém, os clientes também se preocupam com o que aconteceria caso sofram um acidente. Se eu tiver que ligar para você, como é a experiência? Uma seguradora que pode se concentrar em como vai além para ajudá-lo com um carro de cortesia, pegar um táxi para casa e assim por diante, tem uma boa chance de reduzir a rotatividade de clientes e, possivelmente, até cobrar mais, como resultado de seus melhores níveis de serviço.

MODELAGEM DA PROPENSÃO

Este é um nível acima da forma mais básica de segmentação de clientes. Ou seja, enviar a eles comunicações, conteúdo e ofertas que tenham alguma relevância para o que o cliente comprou antes ou para seu comportamento de compras em torno da recência e da frequência com que compram e quanto gastam. Apesar disso, a grande maioria das empresas voltadas para o consumidor nem saiu do ponto de partida nesse quesito.

O bom do mundo digital é que você pode testar e aprender. Você pode falhar depressa. Nunca se deve presumir que, por uma empresa ter alcançado um certo resultado de seu marketing por e-mail, você deve esperar o mesmo resultado. Tudo tem que ser contextualizado para seus clientes, seus produtos, sua empresa. Teste e aprenda, teste e aprenda, teste e aprenda. Rápido. Aprenda e siga em frente – e nunca pare de aprender.

DICAS PRÁTICAS PARA MELHORAR A EXPERIÊNCIA DO CLIENTE

1. Construa uma relação com os clientes, mas não apenas da boca pra fora.
2. Entenda a hierarquia do CRM e como ela ajuda os clientes.
3. Segmente a sua base de clientes – não existe "o cliente".

4 Mensure e trabalhe em prol do valor vitalício ou *lifetime value* (LTV) dos seus clientes.

5 Construa uma lista do que é importante para o seu negócio, como *insights* práticos para melhorar a performance.

6 Teste e aprenda: falhe rápido, aprenda o que funciona melhor e continue se aprimorando. Aprenda o que não funciona e não faça mais isso!

7 A lealdade não é algo dado, ela precisa ser conquistada.

1 CONSTRUA UMA RELAÇÃO COM OS CLIENTES, MAS NÃO APENAS DA BOCA PARA FORA

O CRM é um dos grandes equívocos da retórica empresarial. Ele nos sugere a construção de relacionamentos com os clientes. Mas raramente é esse o caso.

Após comprar um carro novo, a única vez que você tem notícias do revendedor de quem o adquiriu é quando ele quer ganhar mais dinheiro com você, não é? Está na hora de fazer a manutenção do seu carro, senhor Newman. E até pode estar. Claro, é vital que você possa demonstrar que seu carro tem um histórico de serviço completo. Mas isso ainda tem prazo muito curto e se concentra nas vendas, e não na construção do relacionamento com foco no meu ciclo de vida útil para o revendedor ou a marca. Uma marca que abordou esse aspecto é a Hyundai. Ela oferece cinco anos de garantia.

Recentemente, após comprar um carro, recebi vários e-mails e solicitações de pesquisa, pedindo que eu avaliasse o serviço deles e como estava me saindo com meu veículo novo. Modelos tradicionais de marketing direto lhe diriam que não é lucrativo continuar a se comunicar comigo até a hora de trocar meu carro por outro novo. Entretanto, acredito que hoje em dia esse modelo é falho. Afinal, se você soubesse que eu compraria um carro novo, não consideraria um investimento valioso manter contato comigo – se não por outro motivo, para garantir que você fosse minha primeira opção quando eu quisesse trocar de veículo, em vez de me deixar lidar com um revendedor diferente?

E se você pudesse saber mais sobre mim, por exemplo, quem mais faz parte da minha vida? Afinal, as referências devem ser foco para todas as empresas. Uma marca automotiva que enxerga a longo prazo a oportunidade de valor ao longo da vida útil do cliente é a Nissan. Quando você compra um dos carros elétricos dessa marca, eles lhe emprestam um carro movido a gasolina para dirigir nas férias, quando carros elétricos não são práticos.

Ser sociável compensa. A Waitrose oferece um chá ou café grátis para qualquer pessoa de seu programa de fidelidade. Esse é um incentivo para a retenção de clientes.

❷ ENTENDA A HIERARQUIA DO CRM E COMO ELA AJUDA OS CLIENTES

Você precisa se perguntar se está ou não simplesmente desperdiçando horas e dinheiro enviando os mesmos e-mails genéricos a todos os seus clientes. Isso limitará o nível de respostas e, em alguns casos, fará esses clientes se afastarem para sempre de sua marca, já que você não se esforçou para se comunicar com eles de maneira personalizada, ou enviar algo que tenha a ver com o que eles são, do que gostam e o que compraram anteriormente com você.

Sua tecnologia talvez não lhe permita ir direto para uma comunicação totalmente personalizada, mas, no mínimo, você precisa ter um roteiro que defina com clareza as etapas e os prazos necessários para chegar lá.

Isso pode ter a abordagem do seguinte modelo:

- revisar a qualidade dos dados de clientes já existentes;
- definir segmentação de clientes;
- definir o plano de engajamento e CRM para cada um;
- revisar sistemas e recursos internos para adquirir e gerenciar dados e obter *insights* de todos os pontos de contato com o cliente;
- juntar dados e criar uma visão única do cliente;

- definir estratégia e plano de contato e comunicação para todos os segmentos de clientes principais;

- mensurar, refinar e comunicar.

③ SEGMENTE A SUA BASE DE CLIENTES – NÃO EXISTE "O CLIENTE"

Como Malcolm mencionou nos primeiros capítulos, não existe esse negócio de "cliente". Existem vários tipos de segmentos de clientes. Se você não sabe quem são seus principais segmentos de clientes, como pode elaborar suas viagens de férias, carros, casas, utensílios domésticos, serviços financeiros, vestuário, acessórios e assim por diante? Como pode saber quanto investir na segmentação e prospecção desses diferentes tipos de clientes?

④ MENSURE E TRABALHE EM DIREÇÃO AO VALOR VITALÍCIO OU *LIFETIME VALUE* (LTV) DOS SEUS CLIENTES

Nadine Neatrour, diretora de *e-commerce* da Revolution Beauty, é muito clara em relação ao valor vitalício do cliente ser determinado em termos de margem/lucratividade, e não de vendas brutas, isto é, quando o custo das mercadorias e entrega foram removidos. Concordo. Caso contrário, como você pode saber quanto investir em aquisição e retenção de clientes?

⑤ CONSTRUA UMA LISTA DO QUE É IMPORTANTE PARA O SEU NEGÓCIO, COMO *INSIGHTS* PRÁTICOS PARA MELHORAR A PERFORMANCE

Quais são as coisas que você realmente precisa entender para saber o que fazer a fim de melhorar continuamente o desempenho? Conforme destacado anteriormente neste capítulo, ao contrário dos KPIs típicos que todos mensuramos, isso incluiria coisas como:

- Níveis de satisfação do cliente para diferentes elementos da experiência deles com sua marca. Quantos clientes receberam seu pedido pela primeira vez?

- Quantos clientes classificaram as viagens de férias que você vende com apenas três estrelas de cinco?

- Por quê? Do que eles não gostaram?

- Por que os clientes estão devolvendo produtos comprados on-line?

- Por que os clientes estão contatando seu *call center*?

- Quais perguntas os clientes estão fazendo pelo *chat* ao vivo?

- Por que os clientes não compraram em seu site? Foram os produtos ou a experiência que eles não apreciaram?

❻ TESTE E APRENDA: FALHE RÁPIDO, APRENDA O QUE FUNCIONA MELHOR E CONTINUE SE APRIMORANDO. APRENDA O QUE NÃO FUNCIONA E NÃO FAÇA MAIS ISSO!

Mencionei que nem sempre você pode provar o *business case* para tudo o que deseja fazer. Logo, você deve testar e aprender. De qualquer modo, testar e aprender devem se tornar uma parte essencial da cultura de sua empresa. Bom nunca é bom o bastante. Sempre se pode melhorar o que faz e oferecer uma experiência melhor aos clientes, além de proporcionar um melhor desempenho comercial para sua empresa.

Você deve testar continuamente produtos, serviços, a jornada do cliente, promoções e níveis de serviço. Os clientes sempre dirão o que você faz bem e o que precisa melhorar.

❼ A LEALDADE NÃO É ALGO DADO, ELA PRECISA SER CONQUISTADA

A maneira de ganhá-la não é somente dando pontos ou descontos. É agregando valor e prestando um ótimo serviço. Sim, em geral os clientes gostam de reclamar, alguns mais que outros. Mas também há muitos clientes que terão o prazer de promover sua empresa para amigos ou colegas se você os atender bem.

De acordo com a Nielsen, 67% dos consumidores concordam que compram com mais frequência e gastam mais com varejistas que possuem programas de fidelidade (NIELSEN, 2016).

COM A PALAVRA, O PROFESSOR MALCOLM McDONALD

Já que este é o último capítulo em que vou comentar, quero encerrar com uma observação positiva e otimista, contextualizando em primeiro lugar, entretanto, toda essa questão sobre produtos e *branding*.

Hoje em dia, todos nós sofremos de escassez de tempo, no entanto, somos bombardeados por comunicações de milhares de direções diferentes, a maioria delas irrelevantes para nós. O fato é que as pessoas dispõem de menos tempo e atenção. Como consequência, consumidores fazem tudo o que está ao alcance para passar menos tempo com as comunicações que são empurradas para eles. A resposta dos profissionais do marketing foi empurrar ainda mais, especialmente com tecnologias digitais que usam algoritmos para processar fluxos de dados (automáticos) em tempo real. Como resultado, muitos consumidores estão bloqueando, pulando, evitando, ignorando e clicando fora, logo é fundamental diferenciar seus esforços.

Não nos importamos com categorias de produtos irrelevantes para nós, simples assim. Em geral, a escolha da marca não é mais que uma mera questão de preferência, sendo o nome da marca uma forma de eliminar muitos problemas relacionados à tomada de decisão de compra. Depois de comprarmos, simplesmente não queremos (ou não temos tempo de) ter um relacionamento abstrato com ela, muito obrigado! O que Martin diz neste capítulo está correto, pois muitas empresas confundem o hábito do cliente com a lealdade do cliente. Em relação às categorias em que realmente temos interesse, se um fornecedor puder demonstrar que nos entende e mostrar como se importa, ficaremos mais dispostos a mudar e ficar com ele.

Como afirmou Mark Ritson (*Marketing Magazine*, 3 de dezembro de 2008, p. 20) "Grandes marcas brilham mais quando o céu está escuro. Em tempos de austeridade, grandes marcas proporcionam prazer, mantêm sua característica *premium* e têm visão de longo prazo". Para concluir essa questão das marcas, uma grande marca não é somente um logotipo, é um modo de vida, uma forma de fazer negócios.

Sobre a questão do CRM, concordo em gênero, número e grau com o que Martin disse. A cada ano, bilhões de dólares são desperdiçados nos chamados sistemas de CRM. Um dos motivos principais por que eles não funcionam é, naturalmente, o fracasso das empresas em dividir seu mercado em segmentos de clientes que possuem as mesmas necessidades, ou similares. Assim, clientes esperam que esse sistema de CRM lhes proporcione uma visão única do cliente e, portanto, elimine a necessidade de pensar!

Relatórios de pesquisas recentes no setor estão se aproximando cada vez mais da ideia, apoiando fortemente nossa visão. Por exemplo:

> A maioria dos profissionais de marketing transmite mensagens idênticas em todos os canais.
> (SALESFORCE, 2017)

> Consumidores acreditam que profissionais de marketing B2C não conseguem alinhar suas comunicações com a forma como preferem se engajar. Conteúdo irrelevante é a razão número um pela qual eles não se envolvem com mais frequência (MARKETO, [s.d.]).

Por fim, compartilho o apoio total de Martin em relação a cardápios supercomplexos de comida – usar cem palavras para um conceito simples pode, com frases tão complexas, muitas vezes parecer mais pretensioso do que convidativo! Pense num simples bife com fritas em uma lanchonete nova à beira da estrada, ou em comidas gerais na Itália. A alta qualidade e a autenticidade falam muito, oferecem uma porção substancial e muitas vezes têm um gosto um milhão de vezes melhor!

Gostei muito de trabalhar neste excelente livro com Martin. Tenho 48 livros de negócios publicados, mas é seguro dizer que este é diferente. É atual, desesperadamente necessário e baseado na longa e aprofundada experiência de Martin em trabalhar com empresas de categoria mundial.

Para encerrar minha contribuição com este livro fantástico, tenho um último pedido à comunidade da experiência do cliente.

Por tantas vezes ter perdido meu rumo em meio a uma infinidade de botões de *call center* e mensagens gravadas, podemos, por favor, colocar uma opção para "se você já perdeu a vontade de viver, favor apertar o 7"? ■

REFERÊNCIAS

FACEBOOK IQ. A Field Guide to the US Digital Travel Booking Journey. On-line, 2016. Disponível em: <https://fbinsights.files.wordpress.com/2016/09/facebookiq_mobilecompassfieldguide.pdf>. Acesso em: 1 dez. 2017.

MARKETO. The State of Engagement. On-line, [s.d.]. Disponível em: <https://uk.marketo.com/analyst-and-other-reports/the-state-of-engagement/>. Acesso em: 14 dez. 2017.

NIELSEN. Get With the Programme. On-line, 2017. Disponível em: <http://www.nielsen.com/content/dam/nielsenglobal/de/docs/Nielsen%20Global%20Retail%20Loyalty-entiment%20Report%20FINAL.pdf>. Acesso em: 22 dez. 2017.

SALESFORCE. Salesforce Research Fourth Annual State of Marketing. On-line, 2017. Disponível em: <http://www.salesforce.com/assets/pdf/datasheets/salesforce-research-fourth-annual-state-of-marketing.pdf>. Acesso em: 14 dez. 2017.

18

E então, por onde você começa a **transformar o seu negócio?**

ESTRUTURA DA JORNADA DE TRANSFORMAÇÃO RUMO À CENTRALIDADE NO CLIENTE

Se chegou até aqui, você precisa saber **por que** precisa colocar o cliente em primeiro lugar.

Espero, com sinceridade, ter feito meu trabalho bem o bastante e que agora você tenha uma ideia muito boa sobre **o que** precisa fazer e **como** proceder. Mas reconheço que é muita coisa para assimilar. Como adepto da prática, detestaria que você lesse este livro e não soubesse as etapas práticas relacionadas a como e onde iniciar sua jornada de transformação. Portanto, achei que poderia ser útil finalizar com um capítulo curto que fornecesse as principais etapas recomendadas sobre como transformar sua empresa para proporcionar uma abordagem que coloque o cliente em primeiro lugar:

1. **Delegue a alguém a função de diretor de atendimento ao cliente ou diretor de clientes.** Alguém que tenha um mandado da diretoria para definir e entregar a nova empresa voltada para o cliente que você deseja se tornar. Essa pessoa ajudará a responder "**o que você precisa fazer**" e também garantirá que está prometendo o que cumpre de forma consistente.

2. **Indique um agente de mudanças:** alguém que possa fazer acontecer. A mudança e a transformação vão responder à questão "**como precisamos fazer isso**".

3. **Crie uma equipe multifuncional de "capacitação de clientes".** Ela não precisa, necessariamente, ser composta exclusivamente de diretores e gestores de função. Ela ajudará a "manter os pés no chão" se você incluir alguns de seus colegas de setores diferentes de sua

empresa. É um grupo de direcionamento capacitado para garantir que a nova abordagem do "cliente em primeiro lugar" seja oferecida em toda a empresa e em cada uma das principais áreas operacionais.

④ **Converse com seus clientes:** nunca é demais fazer isso. É daqui que seus melhores *insights* virão – não de algoritmos, aprendizado de máquina ou IA.

Um bom lugar para começar é seu ambiente físico, se você tiver um. É só começar a conversar com seus clientes na sua loja, *showroom* de carros, restaurante, banco etc. Também faça uma pesquisa curta e direcionada em seu site. Pergunte aos clientes do que eles gostaram, do que não gostaram, se fizeram ou não uma compra ou se responderam a algum *call-to-action* e, em caso de resposta negativa, por que não. Isso é muito fácil de elaborar, e também tem bom custo-benefício, pelo Survey Monkey ou por qualquer outro site similar de ferramentas de pesquisa. Os líderes mais eficazes com quem já trabalhei são os "incansáveis". Eles conversam com os clientes, e com frequência. Os clientes lhe dirão tudo o que você precisa saber sobre o que é bom e o que não é tão bom em sua empresa.

⑤ **Defina a experiência do cliente para segmentos centrais de clientes:** somente quando tiver determinado o que precisa fazer para proporcionar a experiência certa e construir um relacionamento com seus principais segmentos de clientes você pode prosseguir. Isso ajudará a responder "o que você precisa fazer". Você vai considerar a experiência dos principais segmentos de clientes em todos os canais e pontos de contato de sua empresa, e o que precisa ser feito para seguir adiante.

⑥ **Lidere de frente:** você não precisa ser um nativo digital ou profissional de marketing orientado ao cliente para ter as habilidades certas para proporcionar a mudança que sua empresa exige. Você só precisa ter a visão de Greg Wasson, ex-CEO da Walgreens, que reconheceu não saber necessariamente o que a nova jornada do cliente precisava ser com exatidão, nem a melhor forma de aproveitar a tecnologia para oferecê-la. No entanto, ele sabia como "limpar o caminho" para as pessoas de sua empresa que tinham essas respostas. Esse era o melhor papel que ele poderia desempenhar para garantir a entrega bem-sucedida da nova estratégia centrada no cliente.

VISÃO DE EXPERT

Morgan Tan é a presidente, em Hong Kong, de uma das principais marcas de cosméticos do mundo, a Shiseido, recentemente listada entre os cinquenta principais líderes varejistas de Hong Kong. Perguntei a ela quais são as qualidades que, em sua opinião, são necessárias para um CEO de sucesso nos dias de hoje. Ela respondeu o seguinte: "A coisa mais valiosa que um líder traz para organizações é reconhecer que ele está ali para servir outras pessoas. Ajudar os outros a conseguir atingir os próprios objetivos é o principal propósito de um líder. Atingir resultados torna-se um meio para atingir um fim, e o foco é o desenvolvimento de pessoas e a recompensa de esforços para inovar. O desafio é ter de fazer isso em meio a tantas incertezas e mudanças no cenário atual. Isso porque os consumidores estão mudando a forma como se envolvem e se conectam com as marcas. A diferença entre líderes bons e excelentes é ter coragem e capacidade para fazer coisas que os outros não conseguem".

Gostei muito disso, e, assim como no exemplo anterior de Greg Wasson, Morgan reconhece que empoderar seu pessoal e lhes dar ferramentas para o sucesso é a chave, e um dos trabalhos dela é a capacitação.

❼ **Inicie a mudança cultural:** você precisa olhar seriamente para o próprio umbigo. Você realmente tem uma cultura do cliente em primeiro lugar? Seus valores, o que você defende, como trata seus clientes internos, seus colegas, são fatores extremamente importantes, assim como sua atitude em relação a investimento. Você não pode ser bem-sucedido em completar essa jornada se não deixar de ter apenas um retorno de curto prazo para o foco do acionista. Aposto que isso vai de encontro ao que você sempre teve de fazer. Mas, sem dúvida, se seus investidores puderem ver um cenário complicado à frente e os desafios que você enfrenta *versus* a oportunidade de médio prazo de se tornar uma empresa centrada no cliente e os benefícios comerciais de proceder assim, eles terão um *mindset* diferente? Se não, talvez você precise buscar investidores diferentes.

⑧ Considere, ao mesmo tempo, as pessoas, estrutura, capacidades e tecnologia: a tecnologia pode ajudar a preencher algumas lacunas na capacidade e, na verdade, até ser uma opção melhor. Além disso, é preciso determinar qual tecnologia é necessária para fornecer o nível de foco no cliente que você pretende oferecer.
Pessoas, capacidade e estrutura. É altamente provável que você tenha algumas lacunas óbvias de capacidade. É provável que seja nas áreas de ciência de dados, desenvolvimento de tecnologia, atendimento ao cliente e marketing. No entanto, conforme descrito no Capítulo 7, você também pode precisar se tornar mais integrado e se afastar dos silos de canais que atualmente possui.

⑨ Vá atrás de vitórias rápidas: você não precisa responder a todas as transformações antes de fazer isso. Você pode gerar uma vantagem comercial imediata.
Pense em como você pode melhorar as coisas para os clientes de imediato e, portanto, obter um melhor resultado comercial. Sugiro, em curto prazo, que você se concentre nos itens a seguir:

☑ CHECKLIST

☐ Como aprimorar a experiência e a funcionalidade do site, e eliminar barreiras do caminho de compra do cliente – facilite as compras.

☐ Otimize o marketing com mais marketing experiencial, e garanta que o marketing digital e o de marca trabalhem lado a lado – facilite que as pessoas encontrem você.

☐ Garanta sinergia de conteúdo entre canais e pontos de contato.

☐ Trate as mídias sociais de forma mais estratégica.

> ☐ Todos os seus processos e níveis de serviço são tão voltados para o cliente como poderiam ser? Por exemplo, atendimento de pedidos, devoluções, atendimento ao cliente etc. Provavelmente, não. Agora é a hora de corrigir isso.
>
> ☐ Quais KPIs você pode implementar no curto prazo que lhe darão melhor percepção de como você está se saindo aos olhos de seus clientes? Alguns exemplos são:
>
> - *Net Promoter Score* (NPS);
>
> - níveis de satisfação do cliente;
>
> - classificação e avaliação de seus produtos e serviços.

⑩ **Seja socialmente responsável:** menos corporativo, mais social e responsável. Você precisa viver e respirar isso. Comece implementando um código de conduta para fornecedores e parceiros.

⑪ **Aprimore os processos:** você terá que mudar sua forma de trabalhar. Se está fazendo o que sempre fez, vai receber o que sempre recebeu. Comece percorrendo sua empresa de cabo a rabo, para determinar como cada parte de sua cadeia de valores pode se tornar mais centrada no cliente. Tudo o que você faz, tudo mesmo impactará os clientes de uma forma ou de outra.

⑫ **Organize sua equipe de tecnologia em dois fluxos paralelos de atividade:**

➤ O primeiro está aí para manter as luzes acesas e os negócios funcionando como de costume. Essa equipe cuida de seus sistemas principais: ponto de venda (POS), planejamento de recursos empresariais (ERP), sistema de gerenciamento de pedidos (OMS), sistemas de gerenciamento de armazenamento (WMS), gestão do relacionamento com o cliente (CRM), plataforma da *web* (se *in-house*) e sua tecnologia legada. A segunda existe para implementar todos os novos desenvolvimentos necessários para colocar o cliente em primeiro lugar: isso pode incluir algumas das tecnologias acima, bem como outras, listadas a seguir.

- Quando estiver pronto, troque o antigo pelo novo.
- Crie um roteiro de desenvolvimento de tecnologia que permita começar a implementar melhorias na jornada e na experiência para segmentos diferentes de clientes.

Provavelmente as grandes mudanças incluirão o seguinte:

- Permitir que você tenha uma visão única de estoque e inventário para garantir que o estoque seja alocado para onde está a demanda (ERP).
- Visão exclusiva do cliente e seu comportamento (SCV) por meio de todos os canais e pontos de contato (ingestão de armazenamento de dados e hospedagem de todos os dados do cliente).
- Capacidade de gerenciar devoluções do cliente/logística reversa por todos os canais e pontos de contato, mais provavelmente por meio de um sistema OMS.
- Ferramentas de *business intelligence* (BI) que lhe permitam compreender com mais precisão o comportamento do cliente e, portanto, atender com mais eficácia diferentes segmentos de clientes (Google 360, bancos de dados rápidos no-SQL, ferramentas avançadas de análise, visualização interativa de dados, visão única do cliente – SCV).
- A capacidade de fornecer um atendimento mais eficiente ao cliente (*chat bots*) e sistemas de centro de atendimento integrados a todos os canais e sistemas principais.
- Remoção de atrito na loja, incluindo POS móvel, espelhos digitais e o corredor interminável.
- Remoção do atrito on-line (teste de usuário, Google 360, ferramentas de teste dividido e multivariado – MVT).

- A capacidade de recompensar a lealdade do cliente em todos os canais e também permitir que os clientes resgatem recompensas de lealdade em todos os canais. Aproveite o SCV em tempo real em toda a organização/canais.

- A capacidade de se comunicar de forma mais eficaz com os clientes e construir relacionamentos com os segmentos principais (CRM, gerenciamento de campanhas *omnichannel*). Soluções de personalização que entregam conteúdo personalizado e ofertas de produtos ou serviços. As ferramentas serão uma combinação de SCV, *clientelling*, gerenciamento de campanhas, CMS e ferramentas de *plug-in* de terceiros.

- A capacidade de os clientes personalizarem produtos e serviços (plataforma eCom extensível, CMS flexível).

- A capacidade de ter mais agilidade e controle em torno da criação e gerenciamento de conteúdo (gestão de informações do produto – PIM, sistema de gestão de conteúdo – CMS).

13 Plano de marketing: sua mensagem mudará, será mais voltada para o cliente. Você vai querer que os clientes saibam sua nova cultura e foco, mais centrados neles. Lembra-se do exemplo que citei anteriormente sobre a Avis? Quando eles queriam ganhar participação de mercado contra a líder de mercado Hertz, eles criaram o *slogan* "estamos em segundo lugar, mas nos esforçamos mais". Em outras palavras, não somos os maiores, mas vamos além por você. Qualquer que seja a linha e o posicionamento abrangente que você definir como apropriados, é fundamental ser capaz de demonstrar isso em toda a empresa.

14 Treinamento: até o item acima, você pode precisar treinar seus colegas para levá-los a um lugar onde possam ajudar a garantir que você cumpra o que prometeu aos clientes. No mínimo, você precisará pensar no plano interno de marketing. Afinal, não estou falando de um truque, mas sugerindo uma mudança radical e uma transformação em sua empresa. Uma nova maneira de pensar. Um novo foco. Uma clareza de propósito. Um novo modo de trabalhar.

Uma nova maneira de mensurar o desempenho de seus colegas. Novos processos. Tudo isso exigirá um programa de mudança e transformação e, desde o início, precisa ser comunicado com muita clareza a todos.

15. **Análise da concorrência:** mantenha seus amigos próximos e os inimigos ainda mais próximos – isso também significa saber quem são seus inimigos. Como afirmei no início do livro, seus concorrentes agora incluirão empresas disruptivas como Amazon, Alibaba, Uber, Airbnb, Deliveroo, Instacart e assim por diante. Certifique-se de se concentrar fortemente nelas. Na sua empresa não há ninguém cujo trabalho é ficar de olho na concorrência? Se não, delegue a tarefa a alguém ou contrate uma pessoa para fazer isso. As coisas acontecem tão depressa que, se você não tiver uma visão diária do que a concorrência está fazendo e como o cenário está mudando, terá sérios problemas um dia.

◢ O que você está esperando? Boa sorte na jornada!

Fico extremamente empolgado com as oportunidades disponíveis a muitas empresas quando elas se tornam mais focadas no cliente.

Muito obrigado por ler meu livro. Eu me sinto realmente honrado por você ter dedicado um tempo para lê-lo, e espero, com sinceridade, que ele faça uma grande diferença para sua empresa. ■

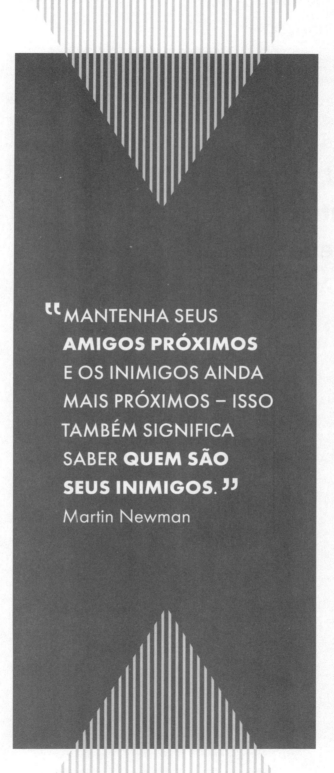

> "MANTENHA SEUS **AMIGOS PRÓXIMOS** E OS INIMIGOS AINDA MAIS PRÓXIMOS – ISSO TAMBÉM SIGNIFICA SABER **QUEM SÃO SEUS INIMIGOS**."
>
> Martin Newman

100 maneiras práticas de melhorar a experiência do cliente

1. Sempre comece com o cliente. De outra forma, como você saberia o que precisa fazer para ser bem-sucedido?

2. Se você não pode superá-los, junte-se a eles: tudo bem se você imitar outros negócios bem-sucedidos.

3. Pense em você como um negócio de serviços que, por um acaso, vende coisas.

4. Pense no empoderamento do cliente: o que você pode fazer em cada etapa para empoderá-lo?

5. Sempre empodere os seus funcionários para entregarem a melhor experiência aos clientes.

6. Produtos exclusivos podem ajudar você a defender sua posição.

7. Ouça a voz do cliente.

8. Não faça tempestade em copo d'água... Plataformas de compras são uma rota eficaz para ganhar mercado.

9. Proporcione uma experiência multicanal exclusiva.

10. Considere oferecer uma proposta de entrega como a da Amazon Prime.

11. Mantenha os amigos por perto e os inimigos mais perto ainda.

12. Percorra a jornada do cliente com regularidade.

13. Repense sua proposta de valor para o cliente.

14. Adote KPIs voltados para o cliente.

15. Aprenda com outras empresas verticais.

16. Treine seus colegas para eliminar o atrito do caminho do cliente até a compra.

17. Sempre comece garantindo que entendeu o básico.

18. Deixe que a ajuda dos clientes defina como você pode aprimorar as coisas para eles.

19. Aproveite o pensamento disruptivo para impulsionar a inovação.

20. Torne-se uma empresa ágil.

21. Crie uma cultura de inovação.

22. Analise continuamente como pode remover o atrito para o cliente por meio de todos os canais e pontos de contato.

23. Pense na maneira como você comercializa e provê descoberta e acesso aos produtos.

24. Utilize tecnologia digital no provador para impulsionar as vendas.

25. Use dispositivos móveis para remover fricção e impulsionar engajamento no ponto da venda.

26. Capture os *Net Promoter Scores* nas lojas (e por meio de todos os canais).

27. Incentive imersão no produto e na marca.

28. Amplie seus alcance e oferta por meio do corredor infinito.

29. Acrescente mais vantagens aos clientes sobre cartões-fidelidade baseados em pontos simples.

30. Sempre pense no *mobile* primeiro.

31. Equilibre a abordagem *apps versus web* móvel.

32 Use os *iBeacons* e o *wi-fi* gratuito para engajar os clientes dentro da loja.

33 Reveja o *checklist* de melhores práticas para aplicativos.

34 Planeje-se para o comércio conversacional.

35 Desenvolva novas funções que possam ajudar a estimular a centralidade no cliente.

36 Dê a alguém a responsabilidade pelo cliente e a sua experiência e, principalmente, a missão de realizar as mudanças necessárias para tornar-se um negócio com o cliente em primeiro lugar.

37 Crie uma cultura do "cliente em primeiro lugar" em toda a empresa.

38 Crie uma equipe multifuncional responsável por colocar o cliente em primeiro lugar.

39 Adote uma estrutura organizacional de dois níveis em áreas como TI, uma focada em *business as usual* (BAU), outra no roteiro para novos desenvolvimentos.

40 Certifique-se de ter um líder que entenda o que realmente significa colocar o cliente em primeiro lugar.

41 Use a estrutura de 6Vs para desenvolver sua cultura empresarial de cliente em primeiro lugar.

42 Surpreenda e agrade os clientes.

43 Lidere pelo exemplo: a cultura vem do topo.

44 Crie um time multifuncional para garantir que a sua cultura seja mantida.

45 Sempre seja 100% transparente com os clientes.

46 Elabore um plano de marketing para comunicar sua cultura a clientes internos e externos.

(47) A cultura come a estratégia de café da manhã. Nunca se esqueça disso.

(48) Esqueça a palavra "corporativo" e foque a responsabilidade social.

(49) Implemente um código de conduta para colegas, fornecedores e parceiros.

(50) Tome decisões de compras que coloquem produtos sustentáveis em primeiro lugar.

(51) Apoie sua comunidade local.

(52) Incentive seus clientes a participar de suas iniciativas CSR.

(53) Implemente um EP&L. Tenha clareza sobre o valor de ser socialmente responsável.

(54) Você consegue facilitar a vida dos clientes permitindo que paguem por uma assinatura ou reposição automática de produtos grandes, volumosos ou frequentemente usados?

(55) Permita que os clientes interajam com um serviço de *chat* on-line.

(56) Quais serviços você pode oferecer para melhorar a experiência de compra do cliente? Você pode ajudá-los a construir, instalar e conservar o que eles adquiriram?

(57) Garanta que haja mensagens claras do tipo "comprar do meu jeito" em todos os canais e pontos de contato.

(58) Use a estrutura de serviços criada.

(59) Escolha o país certo para onde expandir.

(60) Entenda o comportamento do consumidor no mercado local.

(61) Localize a comunicação do cliente.

(62) Localize cultura e clima.

(63) Ofereça serviço ao cliente com base em localização.

(64) Compreenda a cadeia de valores e a proposta de seus concorrentes.

(65) Disponibilize a moeda e tipos de pagamento adequados.

(66) Saiba o que é uma boa conversão e como proporcioná-la.

(67) Considere os canais mais apropriados para comercializar.

(68) Reflita sobre conteúdo localizado.

(69) Funcionários: considere recursos humanos e estrutura para internacionalização.

(70) Determine como você ganhará confiança em novos mercados.

(71) Certifique-se de ter a mistura certa de conteúdo digital, construção de marca e atividade de conscientização.

(72) Impulsione a atribuição de toda atividade de marketing: certifique-se de ter a mistura certa de habilidades e, idealmente, em uma estrutura mais integrada e menos compartimentada.

(73) Certifique-se de focar a retenção de clientes, assim como a prospecção.

(74) Tenha clareza sobre a jornada do cliente e onde os pontos de contato de propriedade comprados e obtidos com o cliente entrarão em cena e como será sua abordagem para cada um deles.

(75) Reflita sobre *growth hacking* e como você pode utilizar marketing viral para fazer a divulgação com maior custo-benefício.

(76) Procure aproveitar o marketing de proximidade para fornecer uma melhor experiência dentro da loja para os clientes.

(77) Concentre-se no marketing experiencial, já que ele estimulará o engajamento e o envolvimento com sua marca, produtos e serviços.

(78) Adote o *customer mix*. Viva-o, respire-o e integre seu método em tudo o que fizer.

(79) Jogue fora o marketing mix. Já se passaram vinte anos de sua data de validade.

(80) Concentre-se no "que vem a seguir" para o cliente.

(81) Entenda uma coisa: se você não cuidar de seus clientes, alguém o fará. Tem uma batalha acontecendo lá fora. Você tem um plano para vencer essa guerra?

(82) Trate as mídias sociais como um incentivo estratégico de oportunidade para sua empresa. Elas não são apenas veículos promocionais.

(83) Forneça as mídias sociais de maneira eficaz. Não basta apenas entregá-los para a pessoa mais jovem da sala cuidar!

(84) Garanta que os níveis de serviço e os tempos de resposta sejam adequados.

(85) Não seja antissocial: o comércio social é uma oportunidade viável.

(86) Pense nas oportunidades e nas ameaças em potencial que atualmente você não está abordando como consequência de ainda tratar a mídia social como uma ferramenta de tática promocional.

(87) Pense em onde a inteligência artificial (IA) pode aprimorar sua cadeia de valores.

(88) Explore a IA para melhorar o serviço ao cliente.

(89) Use a IA para proporcionar experiências mais personalizadas.

(90) Nunca se esqueça que você precisa recuperar quando a inteligência artificial não puder responder à pergunta do cliente!

(91) Proporcione experiências personalizadas para os principais segmentos de clientes.

(92) Proporcione aos clientes a capacidade de personalizarem seus produtos.

(93) Considere a oportunidade de criar produtos ou serviços mais premiumizados.

94 Construa uma relação com os clientes, não faça propaganda enganosa.

95 Entenda a hierarquia do CRM e como ele ajuda os clientes.

96 Segmente a sua base de clientes – não existe uma coisa chamada "cliente".

97 Mensure e trabalhe em prol do valor vitalício dos seus clientes.

98 Construa uma lista do que é importante para o seu negócio como ideias práticas, a fim de melhorar o desempenho.

99 Teste e aprenda: fracasse rápido, aprenda o que funciona melhor e continue aperfeiçoando e aprenda o que não funciona, e não o faça novamente!

100 A lealdade não é algo dado. Ela precisa ser conquistada. ■

Índice remissivo

Nota: As referências dos capítulos, as opiniões dos especialistas, os indicadores-chave de desempenho e as principais dicas práticas de experiência do cliente estão indexadas como tal. Os números de página em *itálico* indicam Figuras, Quadros ou Tabelas.

A

a atribuição de responsabilidades de todas as atividades de marketing: certifique-se de ter a mistura certa de habilidades 259
a hierarquia do CRM 337-344
a proposta dos seus concorrentes 236
a situação de silos de canal 153-156
abordagens atuais à internacionalização 224
adote KPIs voltados para o cliente 88
adote uma estrutura organizacional de dois níveis em áreas como TI: um focado em BAU e outro no desenvolvimento de novos projetos 162
adote o *customer mix* 277
agilidade é a chave (qualquer que seja a estrutura) 156
Airbnb 28, 32, 217, 246
ajudar o cliente a construir, instalar e manter o ele adquiriu 213
Alemanha 34, 53, 221, 312
Alibaba 19, 64, 67-68, 205, 271, 311
    crescimento das vendas no terceiro trimestre (2017) 324
    marca Hema 271
Amazon 23, 28, 64-67, 69-70, 221, 267, 321 *ver também* pesquisa
    Alexa 82, 125, 301
    Amazon Dash Button 96
    aquisição da Whole Foods (2017) 67
    aquisição da Zappos (2009) 174
    livrarias 114
    Prime TV e Netflix 67
    Web Services (AWS) 67

"amigos e inimigos": de olho na concorrência 74
Android 113-114
Ansoff, H. 238
Ansoff, Matriz de – extensão do mercado 238
AO.com 256, 285-286, 332 *ver também* estudos de caso e Roberts, J.
Apple 108-109, 112-113
    App Store 108
    iBeacons 130
    iPhone e Siri 125
    iPods, iPads etc. 101
aplicativos de mensagens 257
aprendizagem de máquina e voz na experiência do cliente 306-307
arquitetura organizacional para colocar o cliente em primeiro lugar 163-165
arquitetura organizacional para colocar o cliente em primeiro lugar 134-165 *ver também* Berners-Lee, Sir T.
Armstrong, A. 75
Arthur, R. 307
Austrália 191, 230-231, 295, 322
    a rede de lojas David Jones e o bar da Johnny Walker 323
    Bunnings e plástico 191-192
    clientes nos Estados Unidos e no Reino Unido 72
    Echo (Alexa) 66, 131, 252
    Fresh (AmazonFresh) Pickup 67
    Go 66
    língua 231
    serviços de pagamento usando IA 307

B
Baker, J. 192
Balenciaga 187, 189, 197
bancos
    Barclays Bank 216
    e CACI Ltd: visitas de clientes correntistas atuais a seus bancos (2015) 57
    Metro Bank 97, 172-173, 258
    on-line: Atom e Monzo 57
    SoftBank (Japão) 304
Berners-Lee, Sir T. 135
Berthelot, T. 302
Best Buy's "Geek Squad" 67, 202, 231, 302
Bezos, J. 65
blogueiros/blogs 253, 257
    Armstrong, H.: Dooce.com 288
Bodson, B (Chief Digital and Marketing Officer, Sainsbury's e Argos) 174
Boots 311, 335, 338
    branding para tornar tangível o intangível 215-216
Burberry 136
    e bot do messenger do Facebook 257, 283
    Burnett, J. (ex-CIO, diretor executivo da House of Fraser) 111, 159-160, 306
    business as usual (BAU) 162
    Butler, S. 177, 195

C
Caffyn, J. 305
Cadeia de hotéis Marriott: hotel-laboratório experimental 98-99
Caixas McDonald's para refeições infantis 217
Card, J. 247
caso para mudança 139-140
    e crie uma cultura em que o cliente venha em primeiro lugar 160
celular como chave num mundo hiperlocalizado 131
centralidade 98
certifique-se de ter a mistura certa de atividades digitais, construção de marca e consciência 259
Chadha, R. 229
Chapman, M. 302
Chapman, R. (co-founder, Matches Fashion) 176
chat ao vivo 208
chat bots 258
chief customer officer (CCO) 157
chief insight officer (CIO) 101 CEOs digitais 158
China 229-230, 231, 238, 271, 276, 288
    e Ásia e os principais líderes de opinião (KOLs) 257
cliente em primeiro lugar 44
clientes nos mercados internacionais, conquistar corações e mentes de 220-241
clichê 180
comece com o cliente para ser bem-sucedido 44-46
comércio social como oportunidade palpável 286-287
comportamento 222
compreender a cadeia de valor e principais considerações 218-219
comportamento do cliente, entendendo 328-349
cliente em primeiro lugar 40-60
    e indicadores-chave de desempenho 52-53
clientes em mercados internacionais *e* 204-219 *ver também* visões de *experts*
"compre um, doe outro" (G1G1) 195
compreendendo o comportamento do cliente 322-323
compreensão do comportamento do cliente (Phillips, R. *e* Tan, M.) 338-339
comunicações 243
corredores intermináveis (quiosques dentro das lojas) 118-119
conteúdo de 181-182
comunicações de marketing centradas no cliente 242-263
considerar os canais mais apropriados para vender 223-224

consumidores – compra além das fronteiras 221-222
Cranfield University School of Management 89
crescimento das vendas no varejo online (2016) 66
criar um time multifuncional para garantir que a sua cultura seja mantida 161-162
criando plano a longo prazo e objetivos claros 195-196
crises financeiras, global (2008) 66
CRM estimula envolvimento, engajamento e vendas 333-334
Cone Communications Millennial CSR (2015) 192
CTOs digital/multicanais 162
cuide dos seus clientes (ou alguém o fará) 366
cultura devora a estratégia de café da manhã 179
cultura de apoio ao cliente em primeiro lugar, 274

D

dados 306-307 *ver também* comportamento do cliente, compreendendo
dados e *insight* acionáveis 339-340
Darzi, Lord 313
Darwin, C. 100
David, A. 127, 128, 130
decisões de compras colocando produtos sustentáveis em primeiro lugar 187-188
declarações de missão 179-183
    e natureza das missões corporativas 181-183
    genérico 179
    importância de 180
de mudança organizacional: modelo de mudança RACI 155-156 *ver também* Jacka, J. M. e Keller, P. J.
Derbyshire, D. 116
definindo a cultura: os 6V, 177
determine como ganhar confiança em novos mercados 224
DHL World Express – declaração de missão mundial 183
direto ao consumidor (D2C) 71, 229-230
dividindo o palco 135-136
disrupção em sua própria empresa 92-102
documentário The True Cost 190-191
Dreams 24, 111, 138
drones da Amazon 305
Dropbox 246
Dropit 207
Drucker, P. 100, 169
Duncan, E. 163
Dunstone, Sir C (Chairman, Dixons Carphone) 163

E

economia circular (Accenture, 2014) 200
Economia Circular: conceitos e estratégias para fazer negócios de forma mais inteligente, sustentável e lucrativa 201
efeito Pareto 224
Elston, D. (former Digital Director Europe, Clarks) 225-226
empoderamento do pessoal para entregar a experiência certa ao cliente 58
Emporium Shopping Center (Melbourne) 46
entrega robotizada (Domino's) 305
EP&L da Kering *197*
equilibre a abordagem *apps* versus *web* móvel 127
equipe (crew): considere os recursos humanos e a estrutura adequados à internacionalização 237
Erdman, Y. (former Head of Brand and Social Media, AO.com) 256
Erikson, J. 311
estimule o pensamento disruptivo para estimular a inovação 96-97
estrutura 6V: use para desenvolver a cultura do cliente em primeiro lugar no negócio 177
equipes de *merchandising* – divididas por 151-152
esclarecendo a mensagem sobre "comprar do meu jeito" 213-214
escuta social 288-289

estimular produtos e imersão de marca 118
estudos de caso 175, 176, 210, 291, 307
Estrutura de jornada de transformação rumo à centralidade do cliente 351-358
Evans, M. (Presidente da Alibaba) 324
explorando o marketing de proximidade para uma melhor experiência do cliente 244
explorando o marketing viral para difundir a mensagem de forma rentável 244

F

Facebook 145, 248, 283, 286, 289 *ver também* Zuckerberg, M.
    hack de crescimento 245-246
        insights 274
        IQ 311, 341
        Messenger 257, 285, 301, 306
facilitando a vida dos clientes: inscrições e/ou recompra automática 212
Faraguna, A. 106
Farrell, S. 75
fases da transformação digital 144-146
fatores críticos de sucesso 227-228
ferramentas de marketing tradicional 258 competências e habilidades requeridas no marketing atual 247-248 e marketing como diversão 248
figuras
    a abordagem centrada no cliente *274*
    a cadeia de valor orientada para o cliente *54*
    canais de clientes *154*
    fase 1 de transformação digital: formação *144*
    fase 2 de transformação digital: crescimento *145*
    fase 3 de transformação digital: florescimento *145-146*
    fatores ambientais que afetam o marketing global *239*
    framework da cultura de inovação *99*
    funções empresariais centradas no cliente *155*
    índice de maturidade digital para o time, talento e modelo de habilidades *146*

mensuração da lucratividade do segmento *165*
o cliente *252*
o ecossistema das redes sociais *284*
o funil do cliente *254*
o mix do cliente *269*
os 6Is do e-marketing *280*
pontos de contato digitais do cliente *255*
transformação centrada no cliente *28*
valor vitalício do cliente *332*
Firth, L. (Founder/Creative Director of Eco-Age) 187-189
foco na retenção de clientes tanto quanto a prospecção 260
foco em marketing de experiência 261
growth hacking 260
fornecer capacitação para clientes que customizem seus produtos 320-321 os varejistas estão começando, lentamente, a se tornar pessoais 322-323
Fourie, L. 308-309
Fritsch, E. 285

G

Gallagher, P. 69
garanta níveis apropriados de serviços e tempos de resposta 294
garantir que o básico seja feito de forma correta 94-95
Gass, M. (Kohl's, CEO) 143
Gauss, A. 197
Geração Z 99, 101, 272
Google 72, 176, 245, 257, 356
    AdWords 243
    Home 131, 252
    TEZ 310
Grayson, D. 196, 197 *ver também* Doughty Centre
Grierson, J. 257
Gunter, J. 289

H

Habilidades digitais 140-141
    e a diretoria 141

Harding, A. (former Chief Customer Officer da House of Fraser) 97
Hazan, E. 163
Hobbs, T. 59
Hotel – motel – Holiday Inn 210-211
Hotmail 246-247
House of Fraser 64, 69, 97, 110-111, 159, 306
Howe, N. 191
Hsieh, T. (CEO, Zappos) 174-175
Hug Your People 171
Hughes, I. 226
Hunkemöller marca de lingerie 113, 142, 288, 333-334

I

IA (inteligência artificial) 126
    e os robôs que assumem 218-219 *ver também* relatórios (Gartner) e robôs alavancam a IA para melhorar o serviço ao cliente 300
    e Otto/Blue Yonder: serviços de pagamento usando IA 307-308
    IA como quarta revolução industrial 159-161, 160
    IA fornece recomendações de produto altamente personalizadas 303-304
    IA gera engajamento multicanal e eficiência da cadeia de suprimentos 301-304 *mas* a IA pode causar dor a curto prazo 301-302
    IA impulsiona o serviço ao cliente e a eficiência 305 *ver também* visões de *experts*
    IA leva à otimização de preços e margens 306-307 *ver também* estudos de caso
    IA, realidade virtual aumentada, aprendizagem de máquina, voz: o impacto na experiência do cliente 298-315
iBeacons e *wi-fi* gratuito para incentivar engajamento na loja 130
IBM 182
    e computação cognitiva de Watson 304-305

Ikea e Task Rabbit 206, 213
imitando negócios de sucesso 50-51
implemente um código de conduta 198
implemente EP&L, entenda o valor de ser socialmente responsável 199
inautenticidade 197
indicadores-chave de desempenho (KPIs) 52-53, *54*, 86, 88, 98, *146*, 149, 171, 236, 253, 274, 334, 339, 345-346, 355
influenciadores 257
introduzindo o *customer mix* 268-277
    excelência no *mobile* 275-276
    produtos e serviços 276
    tecnologia e inovação 276

J

Jacka, J. M. 155-156
Jahshan, E. 332
Jobs, S. 108, 109, 112
"jogue fora o marketing mix" 277
John Lewis 45, 64, 69, 98, 129, 205, 213

K

Keller, P. J. 155-156
Kobe, T. 109, 112 *ver também* Apple
Kodak 43, 182
Kohl's (loja de departamentos) 143, 323

L

lealdade, conquistando 346-347
lealdade do consumidor chinês (KPMG, 2016) 230
legislação (Reino Unido) 330
Lei de Proteção de Dados (1998) 330-331
Leonard, A. 192
listar o que é importante para o seu negócio, como *insights* práticos para melhorar a performance 345-346
logística e entrega 304-308
logística e entrega usando IA: soluções de pagamento 308-309
Logue, M. 23, 111, 138 (CEO da Dreams)
lojas Ikea, listras amarelas e azuis em 217
lucro e perda ambiental (EP&L) 189, 197, 199

Lutz, A. 291
Lux, C. 291

M

Malcolm McDonald sobre propostas de valor 89
mantendo a relevância ao proporcionar serviços 224-225
Marca de moda feminina Missguided 128, 272
marcas de serviço como serviço ao cliente 213-214
marcas estadunidenses precisam viajar mais 230-232
marcas FMCG e CPG – novas rotas de mercado 70-71
marketing 275, 289-290
    marketing como área 320
    marketing de motor de busca (SEM) 247
    marketing de proximidade, e iniciativas de sucesso 234-235
    Marketing Magazine 347 *ver também* Ritson, R.
marketplaces e disruptores 62-77
Marks & Spencer (M&S) 75, 195, 215, 239
Matches Fashion – devolvendo à comunidade 176-177
May, B. (CEO, Sur La Table, US) 142, 222
May, K. 80
McCarthy, E. J. 266
McDonald, Professor M. 58, 75, 89, 100, 119, 131, 163, 179, 199, 214, 238, 261, 279, 296, 312, 325, 347
McKee, S. (diretor de e-commerce e experiência do cliente Schuh) 25, 306
Meddings, S. 106
Meeker, M. 290
Microsoft 89, 215
mídia social estratégica: Pinterest Pets of (P) interest: Petplan 291-292
mídias sociais 52, 148, 192, 229, 245, 256, 283-296, 332, 366
Milnes, H. 116

millennials 99, 101, 188, 191-194, 287, 300
Mix de clientes: o mix de marketing ainda faz sentido? 239
mix do cliente ou 6Ws 264-281
mobile como chave num mundo hiperlocal 124-132
moda feminina 109
modelo de priorização do país *234*
Mountford, P. (CEO, Hunkemöller) 142, 333
mudança cultural a partir de uma perspectiva digital 173-175
mudança cultural para estimular a centralidade do cliente 95
Mulquiney, A. 175
multicanal 286
Munoz, O. (CEO da United Airlines) 289
3M 89, 101
100 maneiras práticas de melhorar a experiência do cliente 360-367

N

não subestime o valor do marketing viral: Ted Baker 248-249
Net-a-Porter 126, 307
    aplicativo da revista Net-aPorter 129
    assistentes pessoais de compras 270
    entregas para EIPs (*extremely important people*) 51
    serviço "você experimenta, nós esperamos" 270
    serviços de pagamento usando IA 307
necessidade de um *app* 130
Newton-Jones, M. (Mothercare, CEO) 143
Nike
    Flagship Store 109, 112
    tecnologia FlyKnitT 201
    VP de Inovação Sustentável 201
novo modelo para o marketing mix *ver* Neatrour, N. (diretora de *e-commerce* da Revolution Beauty) 266-268, 335-336, 345

O

o *customer mix* ou os 6Ws 276

o documentário The True Cost 190-191
o fator "ameaça" 64-68, 65
o grande shopping center da China 229-230
 e principais picos de bloqueadores de negociação on-line 230, 232-233 *veja também* melhores dicas práticas de experiência do cliente
o marketing mix: ainda faz sentido? 266 *ver também* visões de *experts*
o plano A da Marks & Spencer e as outras iniciativas 195-196
o que acontece em uma recessão 325
o surgimento do "izações" para se diferenciar 316-327
o uso de IA e robôs por varejistas no Reino Unido (Gartner, 2017) 300
os 20Ps do Marketing 279, 296 *ver também* Procter & Gamble
ofereça mais benefícios aos clientes 119
meça o *Net Promoter Score* 117 tecnologia digital nos provadores 116
Oliver, G. 89, 119
onde a IA pode melhorar a sua cadeia de valor? 306-309
onde investir o seu orçamento de busca paga 247-248
oportunidades não abordadas e potenciais ameaças 293
os desafios do *branding* de serviços 215-216

P

pagamento e tratamento justo para trabalhadores da indústria da moda 191-192 *ver também* Baker, J.
papéis na loja (Burnett, J.; Kobe, T. *e* Logue, M.) 11-159
papéis requeridos para realizar a mudança 157-160
passar da gestão transacional do cliente (CTM) para o CRM 335-337
 e como as varejistas podem proporcionar um verdadeiro CRM 335-337
Pearson, D. 313 Petplan *veja também* estudos de caso
Pepper Robot 304
 percorra regularmente a jornada do cliente 86
permitindo que clientes interajam com *chat* ao vivo on-line 208
personalização 321
 e o casamento entre a localização e a personalização 321-322
pesquisas e 1-800-Flowers.com – Gifts When You Need 305
pesquisa (sobre) crença do consumidor em mercados alinhados a comunicações (Marketo, 2017) 121
Phillips, R (ex-Diretor Omnichannel da Boots) 311, 338
Pinterest 283, 286-287 *veja também* estudos de caso
planejamento de viagens e férias 291
plano de marketing para comunicar a cultura aos clientes externos e internos 172
plano para comércio conversacional modelo(s) 131
plástico 191
Pope, A. 100
pontuação do índice de maturidade digital 146-150
 estratégia e liderança 147
 estratégia e planejamento de talentos 150
 estrutura 149
 ferramentas de comercialização e seus usos 94
 integração e processos de trabalho 149
 responsabilidades e KPIs 14
por que se tornar prestador de serviços? 203-204
potencialize a sua comunidade 193-194
preço *x* envolvimento incentiva o valor vitalício + defesa = vendas de valor agregado 333
premiumização (Dicionários Oxford, 2017) 317-319
Prime Fashion 61
principais líderes de opinião (KOLs) 257, 288

prioridades de *millennials* e de grandes marcas 194-195
processo de transição de localização 226
Procter & Gamble 89, 279
produtos de luxo, entregues sem luxo (Matches Fashion) 176-177
produtos exclusivos e ajuda para defender sua posição 70
programas de embaixadores 287
programas de fidelização 330, 338
proporcionando uma experiência multicanal exclusiva 72
proporcione experiências personalizadas aos principais segmentos de clientes 324
proposição 73-81
provisão para clientes customizarem produtos 340
4Ps 266, 279, 296
7Ps 266, 268
20Ps 279, 296
"Pulse of the On-line Shopper" (UPS, 2017) 53

Q

qual serviço funcionaria melhor para você? 210-211 *ver também* estudos de caso e as melhores dicas para uma experiência prática do cliente
quem tem o cliente? – títulos de cargos 136-137 *ver também* visão de *expert*

R

recursos efetivos para mídias sociais 293-294
regionalizar a comunicação com o cliente 222
regionalizar a cultura e o clima e oferecer moeda e pagamento apropriados 222
relatórios, tipos de 173-174
removendo o atrito da jornada do cliente 103-121
responsabilidade social 186-201
responsabilidade social corporativa (RSC) 28-29, 85, 170, 186, 188-190, 198-199, 225, 287
Responsibility, Cranfield School of Management 196

Regulamentação Geral Sobre a Proteção de Dados (GDPR, maio de 2018) 326-327, 329-330
retorno sobre o envolvimento (ROI) 331-334, *332*
retorno sobre o gasto com propaganda (ROAS) 247
Richards, K. 170
ritmo de mudança e disrupção 79-80
RH 294
Ritson, M. 347 *ver também* Marketing Magazine
Relações Públicas e marketing de influência 287-289
Roberts, J. (fundador e ex-CEO, AO.com) 162, 175, 179, 285 *ver também* robôs e estudos de caso
robôs trazem vantagens: algumas vantagens-chave da IA em uma empresa voltada para o consumidor *299*
Roche, K. 163
Rowe, S. (Chief Executive, M&S) 195
Rupp, M. 66
Russell, J. 230

S

Sainsbury's 70, 239
e o *app* Olio 195-196
Salesforce 272, 302, 321, 348
segmente a sua base de clientes 345
seja claro sobre a jornada do cliente, onde os pontos de contato com ele entram em jogo e suas abordagens para cada um deles 260
sem motorista/veículos de entrega guiados por robôs 308
serviço ao cliente 283-284
setor automotivo 81-82
setor de alimentos e bebidas 83-84
setor de saúde e lazer 82-83
setor de jornais e mídias 84
Sharma, B. 135
Sheil, S. (L'Oréal) 38
Shop Direct 98, 99
e a marca Very.co.uk 332
"Shop the Look" 286-287

sistemas CRM 348
Smith, C. (diretor comercial digital da Ted Baker) 139, 249
sobre personalização e varejistas 320, 321
sobre os 11C da internacionalização 233
    soluções de pagamento 307-308 *ver também* visões de *experts*
Starbucks 83, 309
Stillwagon, A. 164
Strauss, W. 191 estudos (sobre) surpreender e encantar os clientes 139 transparência com clientes 140 uma cultura verdadeiramente centrada no varejo 43, 46 *ver também* pesquisas

T

Tan, M. (Presidente da Shiseido, Hong Kong) 338-339, 353
tecnologias para melhorar a experiência do cliente 95-96
Ted Baker 136, 139, 212
Tesco and Community Food Connection 196
    Clubcard 335
    como vencedor da Experian Award for Building Stronger Communities (2017) 196
    Express (no Reino Unido) 240
    lançando a Community Food Connection 196
teste e aprenda 343 *veja também* bancos; pesquisa
"The Connected Experience Imperative" (KPMG, 2017) 25
The Times 84
tomando seu *market share* 78-90 *ver também* as melhores dicas para uma experiência prática do cliente
Ticketmaster 247
Timpson, J. (fundador da Timpson) 26
tornando-se um negócio ágil 98
transformação centrada no cliente 40
transformação digital como transformação centrada no cliente 41
transformando sua empresa 351-358
transparência total com os clientes 172

Twitter 257, 283, 285, 286, 289, 292

U

Uber 28, 32, 55, 80, 89, 94, 159, 358
um novo modelo para o marketing mix – o *customer mix* ou 6Ws 265
um mundo baseado na voz 300-301
usando a estrutura de serviços criada 208, 209

V

valores 170-171
vantagem 335
varejistas 189-190
varejo bancário 97
varejo como serviço 213-216
"veja agora, compre agora" – alimente a gratificação instantânea *e* 251
"vendendo a varejo" 333
verificação 172
viralização 172
visão 170
visão de *expert* 142
    criar uma equipe multifuncional com contabilidade para o cliente primeiro 160-162
    dar propriedade ao cliente, sua experiência e autorização para promover a mudança 160
    e o modelo "compre um, doe outro" (G1G1) 195 ver também Negroponte, N.
    garantir que o líder compreenda o sentido de colocar o cliente em primeiro lugar 157
    Ver também visão do *expert* sobre agentes de mudança 159-160
    visão de *expert* 353 veja também Tan, M. *ver também* Firth, L., Turner, M.
vítima ou vitorioso? – você decide 267

W

6Ws 265

Z

Zuckerberg, M. 248.

Leia também

A BÍBLIA DA CONSULTORIA
Alan Weiss, PhD
TRADUÇÃO *Afonso Celso da Cunha Serra*

A BÍBLIA DO VAREJO
Constant Berkhout
TRADUÇÃO *Afonso Celso da Cunha Serra*

ABM ACCOUNT-BASED MARKETING
Bev Burgess, Dave Munn
TRADUÇÃO *Afonso Celso da Cunha Serra*

BOX RECEITA PREVISÍVEL (LIVRO 2ª EDIÇÃO + WORKBOOK)
Aaron Ross, Marylou Tyler, Marcelo Amaral de Moraes
TRADUÇÃO *Marcelo Amaral de Moraes*

CONFLITO DE GERAÇÕES
Valerie M. Grubb
TRADUÇÃO *Afonso Celso da Cunha Serra*

CUSTOMER SUCCESS
Dan Steinman, Lincoln Murphy, Nick Mehta
TRADUÇÃO *Afonso Celso da Cunha Serra*

DIGITAL BRANDING
Daniel Rowles
TRADUÇÃO Afonso Celso da Cunha Serra

DOMINANDO AS TECNOLOGIAS DISRUPTIVAS
Paul Armstrong
TRADUÇÃO Afonso Celso da Cunha Serra

ECONOMIA CIRCULAR
Catherine Weetman
TRADUÇÃO Afonso Celso da Cunha Serra

ESTRATÉGIA DE PLATAFORMA
Tero Ojanperä, Timo O. Vuori
TRADUÇÃO Luis Reyes Gil

INGRESOS PREDECIBLES
Aaron Ross & Marylou Tyler
TRADUÇÃO Julieta Sueldo Boedo

INOVAÇÃO
Cris Beswick, Derek Bishop, Jo Geraghty
TRADUÇÃO Luis Reyes Gil

IOT - INTERNET DAS COISAS
Bruce Sinclair
TRADUÇÃO Afonso Celso da Cunha Serra

INTELIGÊNCIA EMOCIONAL EM VENDAS
Jeb Blount
TRADUÇÃO Afonso Celso da Cunha Serra

KAM – KEY ACCOUNT MANAGEMENT
Malcolm McDonald, Beth Rogers
TRADUÇÃO Afonso Celso da Cunha Serra

MARKETING EXPERIENCIAL
Shirra Smilansky
TRADUÇÃO Maíra Meyer Bregalda

MITOS DA GESTÃO
Stefan Stern, Cary Cooper
TRADUÇÃO Afonso Celso da Cunha Serra

MITOS DA LIDERANÇA
Jo Owen
TRADUÇÃO Afonso Celso da Cunha Serra

MITOS DO AMBIENTE DE TRABALHO
Adrian Furnham, Ian MacRae
TRADUÇÃO Afonso Celso da Cunha Serra

NEGOCIAÇÃO NA PRÁTICA
Melissa Davies
TRADUÇÃO Maíra Meyer Bregalda

NEUROMARKETING
Darren Bridger
TRADUÇÃO Afonso Celso da Cunha Serra

NÔMADE DIGITAL
Matheus de Souza

POR QUE OS HOMENS SE DÃO MELHOR QUE AS MULHERES NO MERCADO DE TRABALHO
Gill Whitty-Collins
TRADUÇÃO Maíra Meyer Bregalda

RECEITA PREVISÍVEL 2ª EDIÇÃO
Aaron Ross & Marylou Tyler
TRADUÇÃO Celina Pedrina Siqueira Amaral

TRANSFORMAÇÃO DIGITAL
David L. Rogers
TRADUÇÃO Afonso Celso da Cunha Serra

TRANSFORMAÇÃO DIGITAL COM METODOLOGIAS ÁGEIS
Neil Perkin
TRADUÇÃO Luis Reyes Gil

VENDAS DISRUPTIVAS
Patrick Maes
TRADUÇÃO Maíra Meyer Bregalda

VIDEO MARKETING
Jon Mowat
TRADUÇÃO Afonso Celso da Cunha Serra

WORKBOOK RECEITA PREVISÍVEL
Aaron Ross, Marcelo Amaral de Moraes

Este livro foi composto com tipografia Adobe Garamond Pro e impresso em papel Off-White 90 g/m² na Formato Artes Gráficas.